ホーンブック

地方自治

〔新版〕

礒崎初仁・金井利之・伊藤正次 / 著

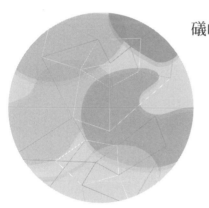

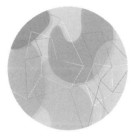

北樹出版

新版まえがき

　本書の第3版の刊行は2014年春であったから、6年前になる。この間、地方創生、連携中枢都市圏、自治体戦略2040問題など、新しい課題や取組みが次々と始まっている。これも本格的な人口減少時代に突入し、自治体を取り巻く環境が急速に変化していることを示している。

　これに伴って、本書の記述も不十分さが目立つようになった。本書を授業等で活用いただいている大学教員の方からも「新版は出ないのですか」という話をいただくようになった。本書の改訂が遅いというより、社会の変化が速すぎるというのが実感であるが、テキストとしての使用期限が迫っているとなれば、対応しないわけにはいかない。

　そこで、執筆者間で協議し、制度の記述やデータの更新だけでなく、今日の状況に合わせて、章・節の構成を含めて見直し、新版としてリニューアルすることとした。すなわち、機構論では、統治構造の章に統治機構の国際比較を統合し（第5章）、首長と執行機関の章（第6章）と議会と議員の章（第7章）を分けて、議会論の記述を充実させた。政策論では、人口減少時代の自治体政策の節（第8章第4節）や人口減少と地方創生の節（第10章第4節）を設け、子育て支援を教育政策に統合した（第14章）。住民論では、自治体による住民の把握（第20章第2節）を設け、コミュニティ論とNPO論を統合した（第21章）。新しい「項」の追加を含めて、全体で4分の1程度が新しい記述になっていると思う。

　新版の刊行にあたっても、北樹出版の古屋幾子さんにご配慮とご尽力をいただいた。心から感謝したい。

　　2020年1月26日

執筆者一同

まえがき

　近年、わが国（日本）の地方自治をめぐる状況は、大きく変容している。

　1995 年から地方分権推進法に基づいて地方分権の本格的な検討が行われ、地方分権一括法によって、2000 年には自治体の法的権限の確立を中心とする「第 1 次分権改革」が行われた。これを受けて、2000 年からは分権後の行財政を担える体制を整備するという目的の下で「市町村合併」が推進され、3000 あまりあった市町村は、2007 年には 1800 あまりまで減少した。さらに、2004 年から 2006 年にかけて第 1 次分権改革で積み残された税財政面の分権化を課題とする「三位一体改革」が行われ、多くの問題点を残しながらも、国庫補助・負担金の削減と地方への税源移譲による自主財源の拡大など一定の改革が行われた。2007 年 4 月には地方分権改革推進委員会が発足し、道州制の導入論も活発化するなど、日本の地方自治は新たな段階に入りつつある。他方で、地方財政の状況は厳しさを増し、（準用）財政再建団体が生じるとともに、新たな自治体財政の健全化・再生法制への移行が図られている。

　また、自治体独自の取組みにおいても、1990 年代以降、行政評価制度の一般化、住民投票制度の採用、住民・NPO との「協働」の導入、まちづくり条例・自治基本条例の制定などの取組みが広がっている。これにより、自治体の自主性・主体性が拡大するとともに、住民自治の仕組みが強化されつつある。しかし他方で、汚職、裏金、官製談合などの不祥事も後を絶たない。

　このような状況では、地方自治の原点を押さえながら、その動向を適切に把握するとともに、長期的・構造的な視点から地方自治の動態を分析する必要がある。地方自治に関する研究、教育の役割はますます大きくなっているのである。

　このような状況を踏まえて、私たちは、地方自治の制度的な枠組みを示すとともに、その政策や組織について実態に即した解説をした教科書・体系書が必要になっていると考え、本書の刊行を企画したものである。地方自治に関しては、すでにいくつかの優れた教科書が刊行されている。そこで、本書の刊行にあたっては 3 人の執筆者で何度か協議を行い、次のような方針によって執筆・編集を行うこととした。

　第 1 に、地方自治の制度的な枠組みを簡明に示すことである。制度変革の時代だ

からこそ、制度の基本的な枠組みや考え方を正確に把握しておく必要がある。しかも、簡潔な記述の中で、ポイントを絞って分かりやすく説明することが重要である。そこで、とくに制度や機構については、基礎的な事項を含めてきちんと取り上げ、かつ簡明に解説することを心がけた。また、政策論や管理論においても、基本となる制度を正確に紹介することとした。

　第2に、地方自治の実態に目を向け、実践的な視点を重視することである。地方自治は、一定の制度を前提としながらも、さまざまな現実の中で展開されており、けっして単純でも画一的なものでもないし、そこに地方自治のおもしろさもある。制度と運用、理論と実践、学界と実務界、客観的評論と主体的運動などの往復とバランスが肝要である。そこで、制度を解説する場合でも、それが現実にどう機能しているか、どんな問題を抱えているかについて触れるようにした。また、自治体の政策や組織管理の内実についても頁数を割き、地方自治の実態に即した紹介・分析を行うようにした。各章の末尾にcolumnを付けたのも、また自治体の内実に関するフィクションをも含んでいる「地方自治小話」を試みたのも、地方自治の現実についてより掘り下げた検討をしておくためである。

　第3に、地方自治を多面的かつ体系的に把握するため、構成上の工夫を行ったことである。本書では、制度論、機構論、政策論、管理論、住民論という5つのパートを設定したが、これはまず制度的な枠組みを理解した上で、その下でどのような政策活動を展開しているかを把握するとともに、そうした活動を支える組織のあり方を学び、最後に自治体と市民の関係について検討する、という考え方に基づいている。また、21のテーマを設定し、それぞれを章として独立させることによって、授業と学習のしやすさにも配慮した。通年25回程度の講義であれば、毎回1つの章を取り上げることで、地方自治の全体を検討できることになる。

　もちろん、本書にもいくつかの限界や不十分な点があると思われる。

　まず、各章の分量を限定したため、各テーマに関する歴史的な分析、学説や論議の状況、自治体ごとの事例等については、最低限の紹介にとどめざるを得なかった。これらの点は、参考文献を示しているので、これらをたどって学習を深めていただければ幸いである。

　また、本書は3人の共著であるため、個々の論点に関する意見に違いがあることはもちろん、各パートによって検討の視点や記述のスタイルがやや異なっているこ

6

とも否定できない。こうした差異は執筆者の個性の違いでもあると考え、あえて無理に統一することはしなかった。もちろん、各章で取り上げる論点は3人の「協議（同意を要する）」によって選定するとともに、記述内容についても、数回にわたる原稿の逐語的な読み合わせをもとに相互に忌憚なく意見を交換した上で、最後は執筆者の「自治」に委ねることにした。また、執筆者ごとに担当するパートを大きく分けて、具体的な記述について矛盾や重複がないよう配慮した。

　以上のほか、予期しない間違いや不正確な記述もありうると思う。この点は、読者各位の率直な指摘、意見をいただいて、修正していきたいと考えている。

　本書が、学部や大学院での講義・演習のほか、自治体職員や市民、自治体議員、シンクタンク関係者など地方自治に関心をもつ方々に広く活用していただけることになれば、幸いである。

　本書の執筆者は、年代や経緯は異なるが、いずれも東京大学法学部または同大学院法学政治学研究科において行政学を勉強した者である。共通の恩師である西尾勝先生（東京市政調査会理事長）と、森田朗教授をはじめとする東京大学行政学研究会の各位には、日頃の学恩に対してこの場を借りて御礼申しあげたい。内容的にはまだまだ不十分であるものの、本書が西尾先生への、ささやかではあるが恩返しとなれば幸いである。

　本書の刊行にあたっては、松井望氏（首都大学東京都市政策コース助教）および稲垣浩（東京都立大学大学院博士課程）、李昌錫（ソウル市庁、元首都大学東京大学院修士課程）、永田智成（首都大学東京大学院博士課程）の各氏に、原稿を読んでいただくとともに、有益な指摘や助言をいただいた。とくに松井氏には、「第4の共著者」ともいうべき厳密さできめ細かく点検していただき、記述の誤りや不正確な点を修正していただいた。厚く感謝したい。

　また、北樹出版の登坂治彦前社長と古屋幾子さんに特段のご配慮とご尽力をいただいたことを厚く感謝したい。

　　2007年6月

　　　　　　　　　　　　　　　　　　　　　　　　　　　　執筆者一同

目　　次

───執筆者と分担一覧───────────────（執筆順）──

伊藤正次（いとう　まさつぐ）　第Ⅰ部：制度論　第Ⅱ部：機構論

　1972 年　東京都生まれ
　現　　職　東京都立大学　法学部・大学院法学政治学研究科　教授
　主　　著　『日本型行政委員会制度の形成』（東京大学出版会）
　　　　　　『はじめての行政学』（共著、有斐閣）
　　　　　　『多機関連携の行政学』（編著、有斐閣）など

礒崎初仁（いそざき　はつひと）　第Ⅲ部：政策論

　1958 年　愛媛県生まれ
　現　　職　中央大学　法学部・大学院法学研究科　教授
　主　　著　『変革の中の地方政府』（編著、中央大学出版部）
　　　　　　『自治体議員の政策づくり入門』（イマジン出版）
　　　　　　『知事と権力』（東信堂）
　　　　　　『自治体政策法務講義（改訂版）』（第一法規出版）など

金井利之（かない　としゆき）　第Ⅳ部：管理論　第Ⅴ部：住民論

　1967 年　群馬県生まれ
　現　　職　東京大学　法学部・大学院法学政治学研究科・
　　　　　　公共政策大学院　教授
　主　　著　『行政学概説』（放送大学教育振興会）
　　　　　　『縮減社会の合意形成』（編著、第一法規出版）
　　　　　　『自治体議会の取扱説明書』（第一法規出版）
　　　　　　『行政学講義』（ちくま新書）など

　＊各章に掲載した column は、各章担当者が執筆した。

ホーンブック

地方自治

第Ⅰ部　制度論

第1章　自治体と地方自治制度

この章で学ぶこと

　地方自治論は、「自治体」を対象とする学問である。では、自治体とは何か。なぜ地方自治が求められるのか。自治体や地方自治のあり方には、国によって違いがあるのだろうか。この章では、自治体の概念や地方自治の存在根拠について解説するとともに、国際比較の視点から、国の統治構造における自治の制度的な枠組みについて概観する。

第1節　自治体とは何か

■都道府県・市町村・特別区

　この教科書を手にした読者はどこにお住まいだろうか。東京都だろうか。北海道だろうか。大阪府だろうか。それとも鳥取県だろうか。都道府県より地理的に限定すれば、市町村、つまり八王子市（東京都）の市民であったり、ニセコ町（北海道）の町民であったり、明日香村（奈良県）の村民であったりするかもしれない。文京区や目黒区等、東京都に23ある**特別区**の区民である読者もいると思う。

　では、このような都道府県・市町村・特別区が、日本にどのくらい存在しているかご存知だろうか。2019年10月1日現在、47都道府県のほか、792の市、743の町、183の村、23の特別区、つまり1741の市区町村が存在している。このうち、都道府県には、人口1300万を超える東京都から56万弱の鳥取県まで、市町村には、約375万の人口を数える横浜市から170ほどの青ヶ島村（東京都）まで、さまざまな規模のものが含まれている。特別区の人口も、93万を

超える世田谷区から5万5000程度の千代田区までばらつきがある。

■地方政府としての自治体

　このように、人口規模はさまざまであるが、都道府県・市町村・特別区には、1つの共通した特徴がある。それは、これらが国とは異なる政治と行政の主体であり、それぞれが**政府**（government）としての性格をもつという点である。

　現在の日本では、住民の選挙によって選ばれた都道府県知事・市区町村長（これらを一括して**首長**と呼ぶ）の下に都道府県庁や市区役所、町村役場が置かれ、これらの組織を通じて地域における行政サービスを提供する仕組みが成立している。たとえば都道府県は、都道府県道の建設・管理、公立高校の設置・運営といったサービスを担っている。また、住民票の交付、図書館や公民館の管理・運営、小中学校を通じた学校教育、介護保険の運営等は、市区町村が行うサービスの一例である。さらに、都道府県・市町村・特別区には、住民の選挙によって選ばれる議員で構成される**議会**（**地方議会**）が置かれ、条例の制定、予算案の審議と議決、首長以下の行政組織が行う活動の監視といった役割を担っている（詳しくは第7章参照）。

　このように、日本の都道府県・市町村・特別区は、国とは異なる主体として一定の自律性をもつとともに、選挙という民主的な手段によって住民が意思決定に参画する仕組みをもつ。つまり、国や他の団体からの一定の自律性という意味での**団体自治**と、住民による自己決定・自己統治という意味での**住民自治**の要素を備えている。こうした団体を、一般に**自治体**（または**地方自治体**）という。自治体が、国の政府（中央政府）とは異なる段階に位置する政府であるという点をとくに強調する場合、これを**地方政府**（local government）と呼ぶこともある。

■地方公共団体

　これに対し、**日本国憲法**や**地方自治法**で使用されている法律上の用語として、**地方公共団体**という言葉がある。日本国憲法は、「地方公共団体は、その財産を管理し、事務を処理し、及び行政を執行する権能を有し、法律の範囲内で条例を制定することができる」（94条）と規定している。この条文は、一般に、地方公共団体の団体自治を保障したものと解されている。さらに地方自治法で

は、「地方公共団体は、住民の福祉の増進を図ることを基本として、地域における行政を自主的かつ総合的に実施する役割を広く担うもの」と規定し（1条の2第1項）、その種類を**普通地方公共団体**（都道府県、市町村）と**特別地方公共団体**（特別区、地方公共団体の組合、財産区）（1条の3）に区分したうえで、両者に法人格を付与している（2条1項）。

　それでは、自治体と地方公共団体の違いは何か。先に述べた自治体の範囲は、普通地方公共団体（都道府県、市町村）と特別地方公共団体（特別区）にまたがっている。自治体とは、各種の地方公共団体のうち、住民自治の単位として、自律的な政府を構成している主体であるということができよう。

図1-1　自治体と地方公共団体の関係

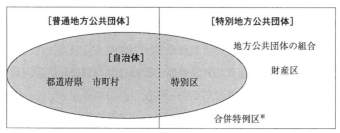

※市町村の合併の特例に関する法律および市町村の合併の特例等に関する法律に規定。

（筆者作成）

　この教科書では、憲法や行政法、地方自治法等の講義で使用される地方公共団体ではなく、自治体という用語を用いる。地方自治論は、都道府県や市町村、特別区の法的な位置づけや権能に加えて、それらをとりまく制度構造やその管理の仕組み、政策活動等、団体自治と住民自治が作動する現実の政治行政過程を観察し、分析することを目的としているからである。

第2節　なぜ地方自治なのか

　現代の多くの国家においては、日本の都道府県・市町村・特別区と同じような自治体が複数設置され、地域における政治と行政を担っている。なぜこのような地方自治の仕組みが取られているのだろうか。ここでは3つの視点から考

えてみよう。

■国家からの自由

　地方自治の存在根拠として、第1に、自治体という自律的な団体を組織することにより、国家の支配からの自由を確保することができるという考え方がある。いわば団体自治を通じた自由主義の実現を期待する地方自治論である。たとえば、多民族国家における少数民族は、自治体を組織することを通じ、中央権力による画一的な支配に抵抗する拠点を築くことができる。他方、フランス革命期のジャコバン派のように、中間団体による自治の超克と国家による自由の実現を強調する立場からは、団体自治を重視する地方自治論は、保守主義的な思想として批判を受けることになる。

■地域民主主義と市民教育

　第2に、国政のみならず地域においても有権者の意思を表明する場を設定し、いわば**地域民主主義**（local democracy）の実践を積むことが、民主主義体制の充実・強化に資するという考え方がある。フランスの歴史家アレクシス・ド・トクヴィルやイギリスの政治学者ジェームズ・ブライスは、人びとは、地域における自治の経験を積む中で、市民としての責務や公共の利益、合意形成に関する認識や知識を体得し、それによって民主主義の実践を学習することができると主張した。「地方自治は民主主義の学校である」というブライスの言葉は、こうした考え方を反映したものである。地域民主主義と住民自治の要素をもつことによって、地方自治には、民主主義体制を支える市民（citizen）の育成、すなわち**市民教育**（civic education）の機能が期待されているといえよう。

■資源配分の効率性と「足による投票」

　第3に、資源配分の効率性に地方自治の存在根拠があるという考え方がある。行政サービスを地域で供給するという目的に照らせば、それぞれに異なる意思を表明する可能性のある自治体の設置を認めるよりも、中央政府の各府省が**地方出先機関**を設置して各種のサービスを供給した方が効率的であるともいえそうである。

　しかし、アメリカの財政学者チャールズ・ティブーは、住民が自分の選好に合ったサービスを提供してくれる自治体を自由に選択し、移動することができ

れば、自治体の側には住民の選好に即したサービスを供給するインセンティブ
が生まれ、資源配分の効率性が達成されると主張した。こうした考え方は、**足
による投票**（voting with one's feet）と呼ばれる。

　住民の退出は、自治体のサービスに対する投票、つまり政治的支持の喪失と
認識され、サービスの品質向上に向けた努力と他の自治体との競争意識を生み
出す。その結果、自治体間のサービス供給をめぐる競争が市場メカニズムに類
似した機能を発揮することが期待される。だが、こうしたメカニズムは、政府
としての性格をもたず、住民の選好に応答する必要のない地方出先機関では働
かない可能性が高い。足による投票が実際に機能しているかどうかについては
議論があるが、住民の選好に即したサービス提供と資源配分の効率性も、地方
自治の存在根拠と考えられる。

　このように、なぜ地方自治が必要なのかという問いに対しては、さまざまな
角度から答えることができる。しかし、現実の地方自治の仕組みや制度を知ら
なければ、地方自治の理念や存在根拠を具体的に語ることは難しい。そこで次
に、地方自治制度を観察・分析するための基本的な視点を紹介することにしよ
う。

第3節　地方自治制度の多様性

■政府体系

　自治体も1つの政府であると考えれば、現代のほとんどの国では、統治権力
を地域的に分割することで、政府を多層的に編成しているということができる。
このような多層的な政府の編成のあり方を、ここでは**政府体系**（governmental
system）と呼ぶ。一定の領域をもつ現代国家では、中央政府を除いて1〜3層
の政府体系をもつ場合が多い。日本は、都道府県—市区町村という2層の政府
体系をもつ二層制の国である。また、たとえばフランスの政府体系は、州
（région）、県（département）、コミューン（commune）の三層制となっている。こ
のように、政府体系は国によって異なっているが、この政府体系によって規定
される中央政府と自治体（地方政府）との関係、つまり**中央地方関係**（**政府間関**

係）や、その枠組みを定める地方自治制度の仕組みも、国ごとの多様性が大きい。

■補完性の原理

こうした多層的な政府体系は、補完性の原理によっても正当化される。補完性の原理とは、キリスト教に由来する社会構成原理であって、小集団を包括する大集団は、小集団の自律的な決定を尊重するとともに、小集団が解決できない問題を補完的に担うべきだとする考え方である。この原理に従えば、個人や家族ができないことは地域社会が担い、地域社会で解決できないことは地方政府が担い、その地方政府で処理できないことは、より広域の地方政府あるいは中央政府が担うべきであるということになる。

これは、住民にもっとも身近な行政主体に権限を与えるべきだとする近接性の原理とも重なる考え方である。

■単一制国家と連邦制国家

政府体系が1つの国家の内部における統治権力の地域的な分割のあり方であるのに対し、主権（他の主体から独立した排他的支配権）の所在という点に着目すると、世界の国々は単一制国家と連邦制国家という2つの類型に分類される。

まず、フランスや日本は**単一制国家**である。1つの中央政府が、憲法等の規定に従い自治体に対して権限を付与する形で政府体系を構成している。自治体がどのような権限をもつのかという点に関する制度的な枠組みは、憲法や中央政府が制定する法律によって規定されている。ただし、すでに述べたように、フランスが三層制、日本が二層制など、後述の連邦制国家と同様、単一制国家においても政府体系は国ごとに多様である。また、中央地方関係も国ごとに異なっている。

こうした単一制国家に対し、**連邦制国家**では、連邦を構成している州・邦・共和国等がそれぞれに主権と憲法をもち、これらの州等がその主権の一部を連邦政府に委譲するという形態が一般的である。連邦制の典型例はアメリカである。アメリカ合衆国（The United States of America）という名称は、アメリカが、主権国家としてそれぞれ憲法をもつ州（state）が集まって1つの連邦政府を構成していることを示している。州の区域は、原則として郡（county）に分割さ

れるが、州の法律によって一定の自治権を獲得した都市地域には、自治体（municipality）が置かれている。つまりアメリカでは、主権の主体はあくまで州であり、そこから外交や通貨政策等、国家として統一性が求められる事項に関する権限を移管する形で連邦政府が構成される一方、教育や警察等、一定の自治権を自治体に与えるという形で、全体の政府体系が構成されている。

連邦制国家は、カナダやオーストラリアといったアングロ・サクソン諸国や、ドイツ、スイス、ベルギーといった西欧諸国、さらにはブラジルやインドネシア、マレーシア、ロシア等、世界各地に存在する。面積が広い国や多民族国家が連邦制を採用する傾向が強いと考えられる。また、連邦制国家においては、各州等がそれぞれの憲法で地方自治制度を定めているのが通例である。したがって、地方自治制度に関する**一国多制度**が採用されているということができる。

ただし、連邦政府が多くの権限をもつ場合もあるなど、連邦制のあり方は国ごとに異なっている。また、福祉国家化が進展した現代国家では、連邦制国家における連邦、州、自治体の関係が緊密化してきており、連邦政府と州政府の関係が、単一制国家における中央政府と自治体の関係と変わらなくなっている。地方自治制度とは、そもそも単一制国家内部または連邦を構成する各州等の内部における中央政府・州政府と自治体の関係を規定する制度的な枠組みを意味するが、以下では、地方自治制度を、連邦制国家と単一制国家とを問わず、中央政府（連邦政府）と州や自治体等の関係を規定する制度的な枠組みとして広く捉えることにしたい。

では、この広義の地方自治制度という観点から見ると、世界の国々はどのように分類できるのだろうか。ここでは、現代民主主義国家の地方自治制度をアングロ・サクソン型とヨーロッパ大陸型の 2 つに大別する行政学者の西尾勝の議論を紹介しよう。

■アングロ・サクソン型の地方自治制度

アングロ・サクソン型は、イギリスを母国とし、オーストラリア、ニュージーランド等の英連邦諸国やアメリカに普及した地方自治制度である。西尾によれば、アングロ・サクソン型には、次のような特徴があるとされる。

　第 1 に、自治体の権限は、連邦制の場合は州、単一制国家の場合は国が法律等で授権することになるが、その権限は個別に列挙される。これを**制限列挙方式**という。アングロ・サクソン諸国の自治体は、原則として、制限列挙方式で授権された権限しか行使することはできない。その範囲を越権する行為を行うと、国や州から訴訟を起こされ、裁判所が違法と判断すれば無効になる。これをアメリカでは**権限踰越（ultra vires）の法理**という。新しい行政課題について自治体と国・州のどちらが行うべきか争いが生じたときも、最終的には司法判断を仰ぐことになる。

　このように、国、州、自治体等、各レベルの政府の権限が明確に分離されているため、第 2 に、国や州が権限をもつ行政サービスについては、自治体から独立した国・州等の下部機関・地方出先機関が、自治体とは別個に提供するのが一般的である。

　第 3 に、次に述べるヨーロッパ大陸型とは異なり、地方自治制度を含めた内政を総合的に所管する官庁、いわゆる内政の総括官庁が存在しないのが通例である。

■ヨーロッパ大陸型の地方自治制度

　フランス、イタリア、ドイツ等のヨーロッパ大陸諸国、さらには日本の地方自治制度は、アングロ・サクソン型とは異なる特徴をもっており、**ヨーロッパ大陸型**と呼ばれる。

　第 1 に、自治体の権限は、制限列挙方式ではなく、**概括例示方式**（概括授権方式）で規定されている。たとえば日本の地方自治法 2 条 2 項は、「普通地方公共団体は、地域における事務及びその他の事務で法律又はこれに基づく政令により処理することとされるものを処理する」と包括的に規定している。

　第 2 に、ヨーロッパ大陸型では、一般に、自治体が地域の**総合行政主体**と位置づけられており、国や州等は、その事務を自治体またはその長に委任して執行する方式が使われる。ヨーロッパ大陸型の自治体は、自治体自身の事務に加え、国や州等の事務も執行するので、幅広い行政サービスの担い手となっているが、他方で事務の執行に際しては、国や州等の統制を受けやすい仕組みになっているといえる。

　第3に、ヨーロッパ大陸型の諸国には内政の総括官庁としての**内務省**が存在し、警察や地方自治制度を総合的に所管している場合が多い。ただし、日本では第二次大戦後、内務省が解体されている（第2章参照）。

　このような地方自治制度の2つの類型は、判例法主義かローマ法主義かという基本的な法制度やナポレオン戦争の影響等の歴史的沿革と関連していると考えられるが、実際には各類型内部にも多様性が存在する。また、ヨーロッパ諸国の地方自治制度は、北欧型と南欧型に分類される場合がある。**北欧型**（スウェーデン、ノルウェー、デンマーク等）では、自治体が担う行政機能や法的裁量が大きいものの、自治体側が中央政府に接触する政治ルートが限定されている。これに対し、**南欧型**（フランス、イタリア、スペイン等）では、自治体が中央政府に政治的に接触することができるが、その行政機能や法的裁量は限定的であるとされている。

　いずれにせよ、アングロ・サクソン型かヨーロッパ大陸型か、という分類と、先述の単一制国家か連邦制国家か、という分類とを組み合わせると、各国の地方自治制度は、きわめて多様であることが分かるだろう（表1-1）。

表 1-1　地方自治制度の多様性

	単一制国家	連邦制国家
アングロ・サクソン型	ニュージーランド	アメリカ　オーストラリア
ヨーロッパ大陸型	フランス　日本	ドイツ　ベルギー

（筆者作成）

■参考文献

秋月謙吾『行政・地方自治』東京大学出版会、2001 年
天川晃「広域行政と地方分権」『ジュリスト増刊総合特集 29　行政の転換期』有斐閣、1981 年
岩崎美紀子『分権と連邦制』ぎょうせい、1998 年
大森彌・佐藤誠三郎（編）『日本の地方政府』東京大学出版会、1986 年
小滝敏之『地方自治の歴史と概念』公人社、2005 年
曽我謙悟『日本の地方政府—1700 自治体の実体と課題』中公新書、2019 年
西尾勝『行政学［新版］』（第 5 章）有斐閣、2001 年
山口二郎・山崎幹根・遠藤乾（編）『グローバル時代の地方ガバナンス』岩波書店、2003 年

Column ①　天川モデル

　各国の多様な中央地方関係を統一的な枠組みで分類する試みとして有名なのが、政治学者の天川晃が提示した、いわゆる**天川モデル**である。緻密な占領史研究で名高い天川は、中央地方関係には2つの異なる軸があることを指摘した。

　第1は、**集権―分権**（centralization―decentralization）の軸である。これは、行政資源（人員、権限、財源、情報等）に関する決定権の所在に関する軸であるといえる。集権とは、行政資源の配分に関する決定権を中央政府が相対的に多くもち、自治体に対して影響力を行使できることをいう。逆に分権は、自治体が行政資源の配分に関する決定権を相対的に多くもっていることをいう。

　この中央集権か、地方分権か、ということは、従来から一般的に議論されてきたが、天川モデルの画期性は、第2の軸にある。それは、**融合―分離**（interfusion―separation）の軸である。融合―分離とは、地域における行政サービスの提供に対し、中央政府と自治体がどの程度関与できるのかという点に関する軸である。融合とは、地域における行政サービスの提供を自治体が総合的に担う一方、中央政府が事務の執行に対して広範に関与する仕組みになっている状態を指す。本文中の地方自治制度の類型論でいうと、融合型は、自治体の権限の概括例示方式や、自治体の長に対する事務の委任方式といった、ヨーロッパ大陸型の特徴に該当する。これに対し、分離とは、行政サービスの提供に関する中央政府と自治体の役割・権限が、相互に明確に分かれている状態をいう。自治体は限定列挙された事項に関する権限しかもたず、地域の行政サービスであっても、中央政府の権限に属する事項については、中央政府が直接執行する。このため、分離型では、自治体と中央政府の地方出先機関が分立することになる。つまり、アングロ・サクソン型の諸国は、分離型という特徴をもっているわけである。これら2つの軸を組み合わせると、**集権・融合型**、**分権・融合型**、**集権・分離型**、**分権・分離型**という4つの類型を導き出すことができる。

　ところで、この天川モデルは、元来、占領期の地方制度改革をめぐるさまざまな構想の方向性を記述するためのモデルとして考案されたものである。天川によれば、集権・融合型であった戦前日本の中央地方関係を改革するに際して、連合国軍総司令部は、アメリカと同様の分権・分離型の自治制度を構想した。これに対し、内務省は、戦前と同様の集権・融合型を主張する一方、自治体に対する不信をもつ内務省以外の各省は、自ら事務を直接執行する姿勢を見せ、集権・分離型を主張した。他方、府県等は、地方分権を主張する一方で、各省による出先機関設置の動きを牽制し、融合型の主張を行った。このような対立の末、戦後日本の中央地方関係は、全体的な方向性として集権・融合型から分権・融合型へと変化したというのが、天川の判断である。

　天川モデルは、その後さまざまな論者により修正が加えられたが、地方自治制度・中央地方関係の比較研究を志す研究者に対し、いまなお理論的な示唆を与え続けている。

第2章　日本の地方自治制度の歴史

この章で学ぶこと

　日本の地方自治制度は、どのような歴史的経緯を経て形成されてきたのだろうか。また、その特徴はどこにあるのだろうか。この章では、日本の地方自治制度の形成過程を明治期に遡って概観した後、その変容と第二次大戦後の改革過程、さらには戦後地方自治制度の展開過程を概説する。

第1節　明治地方自治制度の形成と変容

■大区小区制から三新法体制へ

　1869（明治2）年の**版籍奉還**と1871年の**廃藩置県**により、徳川時代の旧藩を支配下に組み入れた明治政府は、中央集権的な近代国家への道を歩み始めた。ただし、当初は旧藩主が府知事・県令に任命され、府県数も3府302県を数えた。また、琉球は、1872年には琉球藩とされて独立を失い、1879年には沖縄県として、日本に併合された（いわゆる琉球処分）。その後、特例的な制度が置かれた北海道を除き、3府43県として現在の府県名が確立するのは、1888年のことである。また、1873年には地方制度を所管する**内務省**が創設され、大久保利通が初代内務卿に就任した。

　他方、府県より下位の行政機構については、1872（明治5）年から、**戸籍法**に基づき、徳川時代以来の町村と独立して戸籍事務を取り扱う区が設置され、新たな区を大区、旧来の町村を小区として、官選の戸長・副戸長を置く**大区小区制**が導入された。しかし、大区小区制は旧来の町村の反発を招き、各地で混乱が生じることになった。

　そこで、大久保内務卿主導の下、新たな地方制度の整備が開始された。1878（明治11）年に**郡区町村編制法、府県会規則、地方税規則**のいわゆる**三新法**、1880

年には**区町村会法**が制定されたのである。これにより、①区（後の市、都市部）と郡─町村（農村部）の設置、②府県会の設置、③地方税の種類と費目の確定、④区町村会の設置等の制度整備が行われ、大区小区制は廃止された。

■明治地方自治制度の確立

大区小区制の混乱を収めるために設計された三新法体制であったが、府県会規則によって設置された府県会は、明治政府の意図に反し、民権運動の政治的抵抗拠点となっていった。明治十四年の政変後、憲法発布と国会開設が課題となる中で、明治政府は、民権運動を抑えつつ、近代国家にふさわしい地方制度を整備することが求められるに至ったのである。

そこで内務卿の**山縣有朋**は、ドイツから招聘されたアルベルト・モッセの指導を仰ぎつつ、新たな地方制度の整備に着手した。山縣は、憲法制定に先立って地方制度を整備することを強力に主張したが、それは、財産と知識のある名望家が地方で自治の経験を積むことで民権運動の暴発を抑え、国会の運営を政府が制御しやすくなること、また、地方制度を早期に整備することで、中央政局の変動が地方行政に波及する事態を未然に防ぐことを期待したためであった。そこで、大日本帝国憲法発布に先立つ 1888（明治21）年に**市制町村制**が、1890年には同年の第1回帝国議会開設に先駆けて**府県制**と**郡制**が制定された。ここに成立した明治地方自治制度の特徴を、その後の変容過程とあわせてまとめると次のようになる。

■地方団体の二重の役割

第1に、地方団体として、府県、郡、市町村が設置されたが、これらには国の行政区画・地方行政機構という性格と、自治体としての性格という二重の役割が与えられた。このうち、府県と郡は、国の地方行政機構としての性格が濃厚であった。府県には府県会、郡には郡会という議事機関が設置されたものの、府県知事や郡長は内務省が任命する国の官吏であった（**官選制**）。府県庁の幹部も国の官吏であり、国の地方行政機構としての側面は、勅令としての地方官官制に規定されていた。

これに対し、町村は、自治体としての性格を強くもち、公選議員からなる町村会を置き、町村会が町村長を選挙する仕組みが導入された。公選とはいえ、

納税額に応じた制限選挙で選出される町村会議員は、そのほとんどを地方名望家が占めることが可能であったため、山縣の構想に見合う主体として、町村の自治が尊重されたのである。

　他方、明治政府に対抗する政治運動の拠点ともなり得る市は、町村よりも自治権が制約された。市には、市会が設置され、条例の制定権も認められたが、市長は、市会推薦の3候補の中から内務大臣が天皇に上奏して任命することとされた。さらに、国政上重要な東京、大阪、京都には、当初市制特例が敷かれ、これら三市には市長・助役を置かず、それぞれの職務を府知事・書記官が行うこととされた。そして、市町村段階で国の行政サービスを執行する際には、市長や町村長を国の下部機関と見なして事務を委任する仕組みを導入することによって、市町村は、自治体であると同時に国の地方行政機構と位置づけられたのである。この事務委任の仕組みを、**機関委任事務制度**という。

■集権・融合型の地方自治制度

　この結果、第2に、明治地方自治制度は、天川モデル（Column ①参照）でいうところの**集権・融合型**と位置づけられる。機関委任事務制度の存在によって、国の各省が出先機関を通じて事務を直接執行することは例外的となり、内務省が府県・郡を通じて市町村に事務を執行させること、つまり天川モデルでいう融合型の中央地方関係が確立した。また、国は知事官選制や三大市の市制特例等を通じて自治体を統制することが可能であった点で、集権型であったといえよう。

■プロイセン型からフランス型へ

　第3に、明治地方自治制度は当時のプロイセンをモデルに設計され、郡制のほか、府県会・郡会議員の複選制、市会・町村会の等級選挙制等の複雑な仕組みをもっていたが、これらは大正期にかけて廃止され、徐々に簡潔なフランス型の地方自治制度へと接近していったと評価されている。1921（大正10）年には原敬内閣の下で郡制が廃止され、農村部と都市部を通じて府県―市町村の二層制に整理されたのである。

■自治権の拡充と制約

　第4に、大正期から昭和前期にかけて、明治地方自治制度は、自治権の拡充

と制約という変動を経験した。すでに 1898（明治 31）年には三市の運動が実って市制特例が撤廃され、一般市と同様、市長・助役を置くことが認められていたが、第一次大戦後になると、東京、大阪、京都の三市に名古屋、横浜、神戸を加えた六大市は、府県の区域から分離・独立したうえで一般市以上の権限を求める**特別市制運動**を展開した。戦前に特別市制が実現することはなかったが、1922（大正 11）年には、六大市が国の事務の一部を施行する際の府県の許認可が不要になった。また、1926 年には、国政選挙同様、市会・町村会議員選挙にも男子普通選挙制度が導入されるとともに、市長を市会による選挙で選任する仕組みも認められ、市も町村と同等の自治を享受することになった。

　しかし、1936（昭和 11）年の二・二六事件により政党に代わって軍部が影響力をもち始め、戦争への道を突き進む中で、自治権に対しては大きな制約が加えられるようになる。1943 年には、市長は市会の推薦に基づく内務大臣の選任、町村長は町村会の選挙に基づく許可とする制度に改められた。市町村内部でも町内会等の内部団体が整備され、市町村長の指示に従うこととされた。また 1943 年には、首都防衛の観点から東京市を廃止し東京府に合併して東京都を設置する**東京都制**が施行された。さらに同年には、全国 9 地方に地方行政協議会が設置され、敗戦直前の 1945 年 6 月には米軍の本土上陸に備えて軍管区と地方行政区画を合わせた地方総監府が設置された。

　このように、戦時体制下では、自治権に大きな制約が加えられ、元来明治地方自治制度に備わっていた集権的性格がより強化された。このため、第二次大戦敗戦後の日本には、この集権的な制度をいかに分権化するかという課題が課せられることになったのである。

第 2 節　占領改革と戦後地方自治制度の成立

■地方自治制度の民主化と分権化

　1945 年 8 月 15 日に敗戦した日本は、連合国軍総司令部の指導の下、地方自治制度の改革を推進することになった。占領期の地方自治制度改革の内容は多岐にわたるが、その要点のみを示すと、次のようになる。

　第1は、住民自治・政治参加の拡充である。1946年9月の府県制、市制、町村制等の改正によって、府県知事・市町村長の直接公選制と女性の参政権が認められた。とくに総司令部の強い意向に基づいて**知事公選制**が導入されたことは、戦前は国の行政区画としての性格が濃厚であった府県が、市町村と同等の自治体となることを意味した。

　第2に、1947年5月に日本国憲法と地方自治法が同時に施行され、地方自治が制度的に保障された。明治憲法には地方自治に関する規定は存在せず、府県制や市制、町村制といった法律で地方自治制度が規定されていたにすぎなかったが、日本国憲法は地方自治に関する章（8章92条～95条）を置き、憲法レベルで地方自治を保障することを宣言した。また、従来、府県制や市制・町村制等の法律や、地方官官制等の勅令で個別に規定されてきた制度は、**地方自治法**という統一法典で包括的に規定されることになった。この結果、都道府県と市町村はともに地方公共団体と位置づけられるとともに、その長と議会を住民の直接選挙で選ぶ仕組みが成立したのである。

　第3に、1947年12月、内政の総括官庁たる内務省が解体された。戦前の内務省は、府県の知事や幹部職員の任免権を握り、地方行財政から警察、選挙、さらには土木や公衆衛生までを包括的に所管していた。しかし、総司令部は、日本の警察制度を民主化し、地方分権を進めるためには、警察制度と地方行財政制度を総合的に掌握する中央官庁の存在は不要かつ有害であると断じ、その解体を命じた。内務官僚はこれに強く抵抗したが、総司令部の意志は固く、内務省は、全国選挙管理委員会や地方財政委員会、国家公安委員会等の組織に分割されてしまったのである。

　第4に、地方税財政制度が改革された。アメリカから招聘された財政学者カール・シャウプは、1949年9月、中央政府、府県、市町村の行政事務を明確に分離し、それぞれの責任を明確化するとともに、住民にもっとも身近な市町村こそ地方自治の主体であるべきだという主張を盛り込んだ税制改革案を提示した。いわゆる**シャウプ勧告**である。これに従い、国税と地方税の分離、都道府県税と市町村税の分離を目指す税制改革が行われ、中央・地方の財政調整の仕組みとして、**地方財政平衡交付金制度**が導入された。

　第 5 に、戦時体制を精神面で支えた教育行政・警察行政の分権化が行われた。教育の分野では、アメリカの制度を参考に、1948 年 7 月、教育委員会法が制定され、都道府県・市区町村に公選制の教育委員会が設置された。警察については、1948 年 3 月に制定された警察法に基づき、市および人口 5000 以上の市街的町村に自治体警察が置かれることになった。

■逆コースによる再集権化と融合型の持続

　これらの改革により、日本の地方自治制度は集権型から分権型への方向性を強めることになった。さらに、内務省解体やシャウプ勧告に着目すれば、分離型の要素を強めたと評価することもできる。ただし、米ソ冷戦が激化した 1949 年頃を境に、**逆コース**と呼ばれる占領改革の見直しに向けた気運が高まり、自治体警察の廃止と都道府県警察体制の確立（1954 年）、教育委員公選制の廃止と首長による任命制の導入（1956 年）等、警察行政や教育行政の再集権化が試みられた。また、日本の地方自治制度は、占領改革によって融合型から分離型への転換を成し遂げたわけではなかった。明治以来の融合型という基本的性格は、第二次大戦後も持続したということができる。

　第 1 に、地方自治法の制定に際して、明治地方自治制度の下では市町村長に対して適用されてきた機関委任事務制度を、都道府県にも採用することにより、融合型の仕組みが継承された。戦後直後、公選知事に不信感を抱く各省は、地方出先機関を通じて事務を直接執行する分離型を目指す姿勢を示したが、内務省はこれを強く警戒した。そこで内務省は、首長を「国の機関」と見なして事務を委任し、その執行に際して主務大臣の監督を受ける仕組みを府県にも拡大適用することで、公選知事の下で国の事務の執行が滞るのではないかという各省側の疑念を払拭することに努めたのである。いわば都道府県は、完全自治体化の代償として、各省の統制を受ける機関委任事務制度を飲まされたわけであり、融合型という基本的な仕組みは、戦後地方自治制度の下でも続くことになったのである。

　第 2 に、かつての内務省には及ぶべくもないが、地方自治制度に責任をもつ中央官庁が復活した。内務省解体後、中央政府内部において自治体の利益を代弁し、地方自治制度に責任をもつ部局が必要であるとの意見が、旧内務官僚の

みならず自治体関係者からも寄せられるようになった。この結果、占領が終結した 1952 年には地方行財政・選挙行政を担う自治庁が設置され、1960 年には**自治省**に昇格した。2001 年の中央省庁等改革後は、総務庁・自治省・郵政省を統合した**総務省**が地方自治制度を所管している。

　第 3 に、占領終結後、地方税財政制度にも修正が加えられた。シャウプ勧告に基づいて導入された地方財政平衡交付金制度は、1954 年に、国税の一定割合を自治体に配分する現行の**地方交付税制度**に変更され、国税と地方税、都道府県税と市町村税の分離というシャウプ税制の原則も弱められた。この結果、税財政の面でも中央・地方の融合度が高まったのである。

第 3 節　戦後地方自治制度の展開

　占領終結後、一部で再集権化という傾向が見られたとはいえ、戦後の地方自治制度は、1990 年代に至るまで、制度としては安定性を示してきた。しかし、戦後を通じて自治体をとりまく政治・経済・社会の環境は大きく変化し、自治体はさまざまな課題に直面することになった。本節では、1950 年代後半から 1980 年代に至る時期を対象に、地方自治制度の展開過程を概観しよう。

■高度経済成長と地域開発

　1955 年に左右社会党の統一、自由民主党の結成によりいわゆる **55 年体制**が成立した後、安保紛争の収束を経て政治の安定が図られると、日本はようやく戦後復興から脱し、経済大国への道を歩むことになった。だが、1960 年代に本格化した高度経済成長の結果、都市における人口・産業の集中化と農村の過疎化が進み、地域間格差が拡大した。そこで 1962 年には、**第 1 次全国総合開発計画（全総）**が策定され、既存の大都市地域以外に工業開発拠点を形成することによって、「わが国経済の均衡ある安定的発展」が目指されることになった。

　こうした中央政府の地域開発政策に対し、自治体の側は積極的に反応した。1962 年に制定された**新産業都市建設促進法**は、地域開発の核となる区域を新産業都市に指定して産業基盤・都市施設の整備を進めることとしたが、各自治体は新産業都市への指定を求めて地方政治家や国会議員を動員し、中央政府に対

する陳情合戦を繰り広げたのである。これは、自治体が、地域開発をめぐる財源や権限の獲得競争を行う政治主体として成熟を遂げたと評価することもできるが、同時に、地域開発に関する行政資源が、中央政府によって掌握されていたことをも意味している。高度経済成長期の自治体は、集権的な地域開発政策の枠組みの下で、横並び型の行動様式を強いられていたということもできよう。

■革新自治体と環境・福祉政策

高度経済成長下の地域開発と工業化は、物質的には豊かな生活をもたらす反面、水俣病や四日市ぜんそく、イタイイタイ病に代表される**公害**を生み出した。その結果、各地で国や自治体、企業に対して公害対策・環境改善を求める住民運動が活発化した。こうした動きを受け、1960 年代から 1970 年代にかけて、横浜市 (1963 年)、東京都 (1967 年)、大阪府 (1971 年) 等では、当時の国政では野党であった革新政党 (社会党、共産党) の支援を受けて、住民との直接対話や環境政策を重視する首長が続々と誕生した。これらの革新政党に支援を受けた首長によって率いられた自治体を、**革新自治体**という。

革新自治体は、国の規制基準を上回る公害防止対策や大規模宅地開発に対する独自の規制・指導を積極的に進める一方、福祉政策にも重点を置き、老人医療費の無料化や児童手当の支給等の施策を行った。自民党長期政権下の環境・福祉政策に対する都市住民の不満が、革新自治体による政策革新を生み出したといえよう。

■地方行革と「地方の時代」

しかし、2 度の石油危機を経て日本経済が低成長時代に突入すると、中央・地方の政府財政は逼迫し、革新自治体の手厚い福祉政策は、一転して、財政赤字を悪化させる「ばらまき福祉」であるという批判を集めるようになった。1970 年代末には代表的な革新首長が次々と選挙で敗退し、革新自治体の時代は終焉を迎えたのである。そして 1980 年代には、「増税なき財政再建」を打ち出した第 2 次臨時行政調査会 (第 2 臨調) の行政改革論に即して、自治省主導の下、自治体職員数の削減や給与水準の抑制、民間委託の活用等、いわゆる**地方行革**が推し進められることになった。

他方で、1970 年代末から 1980 年代にかけて、地域文化の創造や市民自治の

充実、地域経済の自立を目指す取組みも盛んになった。長洲一二神奈川県知事
が革新自治体としての実践を踏まえて提唱した「**地方の時代**」が流行語となり、
平松守彦大分県知事が推進した一村一品運動は、地域経済の活性化方策として
注目を浴びたのである。

　このように、1950年代後半から1980年代にかけて、日本の自治体はさまざ
まな変化を体験してきた。しかし、憲法や地方自治法に定められた戦後地方自
治制度の枠組み自体は、それほどの変化を経験していないことが分かる。もち
ろん、市町村合併論や二層制廃止論、行政改革に合わせた国と地方の事務再配
分論等、戦後地方自治制度に改革の手を加えようとする試みは繰り返されたの
であるが、自治体関係者、中央省庁、与野党等の利害が複雑に絡み合う中で、
抜本的な制度改革は見送られてきたのである。

　しかし、1990年代に入り、国内外の情勢が大きく変化する中で、戦後地方
自治制度に対しては、地方分権という観点から改革を求める動きが強まってい
くことになる。次章では、2000年に実現した地方分権改革の内容と、その後
の展開を明らかにすることにしたい。

■参考文献
天川晃『天川晃最終講義・戦後自治制度の形成』左右社、2017年
市川喜崇『日本の中央−地方関係—現代型集権体制の起源と福祉国家』法律文化社、2012年
小早川光郎他（編）『史料日本の地方自治』（全3巻）学陽書房、1999年
鈴木俊一『官を生きる—鈴木俊一回顧録』都市出版、1999年
西尾勝『行政学［新版］』（第6章）有斐閣、2001年
橋本勇『地方自治のあゆみ—分権の時代にむけて』良書普及会、1995年
村松岐夫『地方自治』東京大学出版会、1988年
山中永之佑『日本近代地方自治制と国家』弘文堂、1999年

Column ②　村松岐夫の中央地方関係論

日本官僚制の実証研究でも有名な行政学者の村松岐夫は、1970 年代後半から地方自治・中央地方関係に関する議論を精力的に展開した。村松は、アメリカの中央地方関係論に示唆を受けて、福祉国家化した現代国家においては、中央政府と自治体の関係が緊密化し、両者が**相互依存関係**に置かれているという認識から議論を開始する。相互依存関係とは、人員や財源等の行政資源について、中央政府と自治体が相互に依存し合う関係にあるということである。たとえば、中央政府の福祉政策を実施するには、地域のニーズを的確に汲み上げ、政策を実施するための人員が必要である。逆に自治体の側でも、福祉や教育、環境等に関する住民の行政需要に応えるには、中央政府からの補助金という財源に依存せざるを得ない。このように、戦後日本を含む先進民主主義国家においては、中央・地方が相互依存関係にあるというのが、村松の基本認識である。

この基本認識を踏まえ、村松は、中央・地方の相互依存関係を解明するには、中央政府と自治体の行政的な結びつきのみならず、両者の政治的な結びつきをも重視すべきだと主張した。村松によれば、辻清明に代表される従来の行政学者は、戦後日本の中央地方関係の行政的側面、つまり事務・権限の配分や、中央政府による自治体への関与・統制という側面のみを見て、戦前の中央集権的な体制が、戦後にも引き継がれている点を批判的に捉えてきたという。村松は、こうした通説的な見解を、**垂直的行政統制モデル**と呼ぶ。このモデルは、地方自治制度における戦前と戦後の連続性を主張することから、**戦前戦後連続論**とも位置づけられる。

これに対し村松は、戦後の自民党長期政権の下で、自治体が地元選出の国会議員等の政治家を動員し、政治ルートを通じて自らの要求の獲得競争を展開してきた点を重視する。この新たな視点が、**水平的政治競争モデル**である。このモデルは、戦後に保障された自治体の政治的主導性を重視する観点をもつことから、**戦前戦後断絶論**と捉えられる。従来の垂直的行政統制モデルでは、行政ルートを通じた上からの統制の存在を指摘し、これを否定的に捉えていた。これに対して、村松の水平的政治競争モデルは、政治ルートを通じた下からの要求を単に補助金獲得のための分捕り合戦と批判するのではなく、自治体の活動量の増大を図り、地域住民に便益をもたらす活動として、地方自治の 1 つのあり方と捉え、これを積極的に評価したのである。

このような村松の地方自治論・中央地方関係論は、地方自治の理念を重視し、地方分権を推進しようとする論者から、現状肯定的であるとの批判を浴びた。また、市川喜崇は、1930 年代以降の行政機能の拡大と専門分化が各省の出先機関の新設・拡充と国から地方への補助金の増大・財政調整制度の整備を促し、占領期にかけて**機能的集権体制**とも呼ぶべき中央地方関係が成立したという見解を提示している。ただ、中央・地方の相互依存関係や、中央・地方をつなぐ政治ルートの重要性を指摘した村松の研究は、日本の中央地方関係論・地方自治研究を大きく進展させる契機となり、後進の研究者にも多大な影響を与えた。村松の中央地方関係論は、日本の地方自治研究者の誰もが向き合わなければならない 1 つのパラダイムを構成しているのである。

第 3 章　地方分権改革

この章で学ぶこと

　前章で述べたように、日本の地方自治制度は、第二次大戦後の占領改革によって分権化された。しかし、自治体関係者の多くは、戦後の中央地方関係は依然として集権的であると批判してきた。とくに、自治体の首長を国の下部機関として事務を執行させる機関委任事務制度は、地方自治の発展を阻む要因として批判の対象になってきた。こうした批判にもかかわらず、戦後地方自治制度は長い間抜本的な改革を免れてきたが、1990年代後半以降、地方分権改革が進められ、新たな地方自治制度が確立した。本章では、1990年代後半に始まった地方分権改革の経過を明らかにしたうえで、改革が生み出した新しい地方自治制度の構造やその後の動向を検討することにしよう。

第 1 節　第 1 次地方分権改革

■機関委任事務体制

　戦後の地方自治制度は、知事公選制の導入に見られるように、明治地方自治制度に比べて分権的な性格をもっている。しかし、自治体関係者や地方自治研究者の多くは、この集権型から分権型への転換は相対的なものにすぎず、戦後の中央地方関係は依然として集権的であるという批判を行ってきた。中央省庁が、補助金や通達といった手段を用いて自治体を統制していることが問題視されるとともに、戦後の中央地方関係に残存した融合型の特徴、具体的には機関委任事務制度の存在も、地方自治の発展を阻む要因として批判の対象になった。国の事務である機関委任事務の内容については、自治体の議会が関与することは許されず、事務の執行を拒む首長に対しては**職務執行命令訴訟制度**が用意されるなど、戦後、都道府県にも拡大適用された機関委任事務制度は、中央政府

が自治体を統制する制度としての側面をもっていたのである。

そこで、自治体関係者や学界などは、戦後日本の中央地方関係を**機関委任事務体制**と位置づけ、その変革を通じた地方自治の充実・強化を主張してきた。しかし、中央地方関係を改革しようとする動きは、なかなか実現しなかった。中央省庁の側では、機関委任事務制度は、中央省庁で決定した事項を全国一律に迅速に執行させるうえで優れた仕組みであると考えていたのである。

だが、1980年代以降、少子高齢化や国際化が進む中で、地域の課題については、全国一律の対応よりも自治体が地域の実情に応じて取り組むべきであるという議論が有力になった。また、バブル期の東京一極集中に対する不満が高まる一方、1981年に設置された第2臨調以来、中央・地方の双方で行政改革の必要性が継続的に唱えられたことも、地方分権にとっての追い風となった。

さらに1990年代に入ると、第3次臨時行政改革推進審議会（第3次行革審）で中核市や広域連合の構想が議論された（第4章参照）。そして、1993年7月の政権交代に至る過程では、政官の癒着や公共事業を中心とする利益誘導型政治と決別するには、政治資金制度改革や選挙制度改革等の政治改革に加えて、地方分権改革が必要であるとの気運が高まりを見せたのである。

■第1次地方分権改革とその成果

政治改革をめぐって国政が激動していた1993年6月に、国会の衆参両院において**地方分権の推進に関する決議**が超党派で行われた。ここから、地方分権改革が具体的な政治課題として浮上することになった。以後、1995年5月に制定された**地方分権推進法**に基づいて、当時の総理府に設置された**地方分権推進委員会（分権委）**による調査審議を踏まえ、各種の制度改革が行われた。最終的に2000年4月の**地方分権一括法**の施行に至るこの改革は、後に続く地方分権改革の出発点となったことから、**第1次地方分権改革**と呼ばれている。この第1次地方分権改革は、具体的には次のような成果を上げた。

第1は、機関委任事務制度の廃止である。分権委は、自治体の首長を国の下部機関と見なして事務を執行させる機関委任事務制度の存在によって、国と地方が上下・主従の関係に置かれてきたと批判し、国と地方の対等・協力の関係を構築するため、機関委任事務制度自体を廃止することを決断した。具体的に

は、従前の機関委任事務のうち、ごく例外的に事務そのものを廃止したものや
国の直接執行事務としたものを除いて、すべて自治体の事務である**自治事務**と
法定受託事務に振り分けた（図3-1）。

図3-1　新しい事務区分

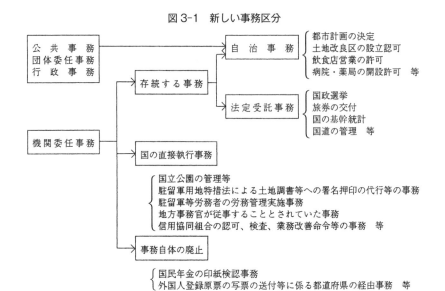

出典）山谷成夫・川村毅『自治体職員研修講座―地方自治制度・地方公務員制度・地方財政制度』学陽書房、
2006年、53頁、第1図を一部修正。

　法定受託事務とは、法令により自治体が処理することとされる事務のうち、
「国が本来果たすべき役割に係るものであって、国においてその適正な処理を
特に確保する必要があるもの」である（地方自治法2条9項）。たとえば、基幹統
計事務、国政選挙事務、旅券の申請受理・交付、一般国道や一級河川・二級河
川の管理等がこれに該当する。そして、法定受託事務以外の事務は、すべて自
治事務とされている。建築確認事務、都市計画の決定等が自治事務に該当する。
重要なのは、旧来の機関委任事務が国の事務であり、条例の対象外とされ、自
治体の議会の関与が限定されていたのに対し、法定受託事務はあくまで自治体
の事務であり、条例制定の対象となったという点である。機関委任事務制度の
廃止によって、自治体が自己決定できる領域は大きく広がったといえよう。

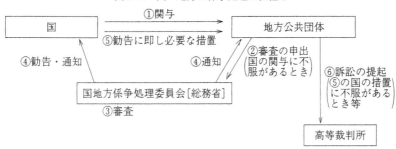

図3-2　国・地方の係争処理の仕組み

出典）山谷成夫・川村毅『自治体職員研修講座―地方自治制度・地方公務員制度・地方財政制度』学陽書房、2006年、157頁、第2図

　第2は、国による自治体への**関与のルール化**である。従来、各省庁は、機関委任事務の円滑な執行のため、省令や通達、通知等を発して、自治体に対しさまざまな助言や勧告、指導を行ってきた。とくに機関委任事務については、主務大臣の包括的な指揮監督権が規定され、各省庁が自治体を統制する仕組みが採用されてきた。そこで新たな地方自治制度の下では、こうした国の関与は、法定主義の原則、一般法主義の原則、公正・透明の原則という3つの原則に従ってルール化されることになった。

　第3は、自治体の人事権や組織編成権を制約する**必置規制**の廃止・緩和である。従来、国は、特定の行政機関や特別の資格・職名を有する職員の設置を自治体に義務づけてきた。分権委は、こうした必置規制の廃止・緩和にも取り組んだ結果、たとえば、公立博物館の学芸員の定数規制や図書館の司書の配置基準、児童相談所等の施設・職員に関する名称規制が廃止された。

　第4に、先述の関与の一般ルールを国が守ることを担保するため、国と地方の係争処理制度が創設された。まず、国の関与に対して自治体が不満をもつ場合、総務省に設置された**国地方係争処理委員会**に審査の申し出をする。同委員会は審査のうえ、国に勧告を行う。国は勧告に即して必要な措置を講ずるが、さらに不服がある場合、自治体は高等裁判所に提訴できることになった（図3-2）。

■第1次地方分権改革の特徴

　この第1次地方分権改革には、次のような特徴がある。

　第1に、実効的な改革を実現するため、分権委は、**グループヒアリング**と呼ばれる手法を採用した。地方分権推進法では、分権委は、調査審議活動を踏まえて勧告を作成して内閣に提出し、内閣はこれを尊重して**地方分権推進計画**を策定することになっていた。当時の橋本龍太郎首相から実現可能な勧告の作成を強く求められた分権委は、1996年3月の中間報告で機関委任事務制度の廃止を宣言した後、第1次勧告から第4次勧告の作成に至る過程で、従来の機関委任事務を新たな事務区分に振り分ける作業を行った。そこでは、分権委の委員・参与を務める行政学者・行政法学者・財政学者で構成されるグループが、各省庁の担当者と1件1件膝詰め交渉するグループヒアリングの方式を採用し、地方分権に抵抗する各省庁との合意形成を図っていった。

　こうして作成された勧告を踏まえ、政府は第1次（1998年5月）、第2次（1999年3月）の地方分権推進計画を閣議決定した。これを受けて、1999年7月には総計475本の関係法律を一括して改正する地方分権一括法が制定され、2000年4月から施行された。その結果、地方自治法は抜本的に改正され、日本の地方自治制度は新たな展開を迎えることになったのである。

　第2に、第1次地方分権改革は、国から自治体への権限移譲ではなく、自治体が自己決定できる領域の拡大、すなわち自治体の自由度の拡大に焦点をあてた改革であった。分権委の活動を主導した西尾勝は、地方分権改革が目指す方向性を、国から自治体への権限移譲を中心とする自治体の**所掌事務拡張路線**、国から自治体への関与を縮小することを主眼とする自治体の**自由度拡充路線**の2つに整理した。この西尾の整理に従えば、機関委任事務制度の廃止や国の関与のルール化を中心とした第1次地方分権改革は、自治体の自由度拡充路線に即した改革であったといえる。

　そのため第3に、自治体の所掌事務拡張路線、すなわち具体的な権限移譲を伴う改革は、以後の改革に先送りされた。分権委は、1998年11月に一部の国道・河川等の管理権限を都道府県に移譲することや、国庫補助負担金の整理合理化を行うこと等を盛り込んだ第5次勧告を内閣に提出したが、与党や各省庁の反対によって実現しなかった。加えて、分権委が第2次勧告で提起した地方税財源の充実強化や、最終報告（2001年6月）で言及した住民自治の拡充を目

的とした諸改革は、第 1 次地方分権改革の残された課題と認識されたのである。

第 2 節　三位一体改革と第 2 次地方分権改革

■三位一体改革

　第 1 次地方分権改革の残された課題のうち、地方税財政に関わる課題については、小泉純一郎内閣の下で、**三位一体改革**という形で推進された。三位一体改革とは、国庫補助負担金（補助金）の削減、国から自治体への税源移譲による歳入の自治の確立、地方交付税制度の改革を総合的に推進する改革である。各々の改革は、各省庁によって賛否が異なるため、単体での実現が難しい。

　補助金の削減は、国の財政再建につながるため、財務省は賛成するが、補助金を所管する事業官庁は反対する。総務省や自治体は、個別の補助金の削減分を地方交付税に振り替えることができれば、自治体の財政的な自由度が拡大するので、削減に賛成する。税源移譲は、自治体の自主財源が増えるので、総務省・自治体は積極的であるが、国の税源が減るため財務省は反対する。総務省が所管する地方交付税の削減は、自治体の財政運営を困難にする可能性があるので、総務省・自治体は反対するが、国の財政再建に寄与するので財務省は積極的である。こうした地方税財政をめぐる「三すくみ」状態を「三方一両損」の形で解消するため、三位一体改革が追求されたのである。

　三位一体改革は、当初、分権委の後継機関として設置された**地方分権改革推進会議**で議論された。ところが、同会議の委員・事務局は、国の財政再建を重視し、地方交付税制度の抜本的な見直しを求める財政再建派（財務省派）と、国から地方への税源移譲を先行し、地方交付税制度の維持を強調する地方分権派（総務省派）に分裂した。結局、三位一体改革は、小泉首相の政治決断によって、全国知事会が自治体側の補助金削減案をとりまとめたうえで、関係閣僚と自治体側が協議し、約 4 兆円の補助金削減、約 3 兆円の税源移譲、約 5 兆円の地方交付税削減という形で決着を見た。

　三位一体改革の結果、自治体の財政的な自由度は確かに拡大された。しかし、とくに地方交付税の削減は、自主財源に乏しい小規模な自治体の財政運営を困

難にし、**地財ショック**とも呼ばれた。三位一体改革は、大都市部と農村部の自治体の格差を拡大させたという批判も呼ぶことになり、2000 年代以降、人口減少と高齢化が進行する中で、大都市部と農村部の格差是正が政策課題として浮上することになったのである。

■第 2 次地方分権改革

2000 年代後半になると、自治体の自由度拡大路線をさらに追求するとともに、自治体の所掌事務拡張路線、すなわち第 1 次地方分権改革では着手できなかった国から自治体への権限移譲を実現する改革が進められることになった。2006 年 12 月に**地方分権改革推進法**が制定され、2007 年 4 月に**地方分権改革推進委員会**（分権改革委）が内閣府に設置されたのである。

分権改革委は、自治立法権、自治行政権、自治財政権を有する完全自治体としての地方政府の確立を提唱し、4 次にわたる勧告や各種意見等を通じて、国から自治体への権限移譲、国による義務付け・枠付けの見直し、出先機関の整理統合、地方税財源の充実確保等の提言を行った。このうち、権限移譲や出先機関の整理統合は、自治体の所掌事務拡張路線に即した改革であり、国による義務付け・枠付けの見直しは、自治体の自由度拡大路線に即した改革である。

国による義務付け・枠付けとは、自治体の自治事務について、国が法令で事務の実施やその方法を縛っていることを指す。第 1 次地方分権改革によって国の関与はルール化されたが、たとえば保育所の児童一人当たりの面積や保育士の配置については厚生労働省が定めた基準に従わなければならないなど、国の義務付け・枠付けによって自治体の自由度は依然として制約を受け、独自の基準を条例で定めることも認められていなかった。分権改革委は、義務付け・枠付けを許容するメルクマール（判断基準）を設定したうえで、これに該当しない条項の見直しに取り組み、自治体が条例で規定できる範囲の拡大を目指した。

具体的には、第 3 次勧告（2009 年 10 月）において、事務の執行方法や施設等に関する法令の基準の一部を条例でするものとしたうえで、国は、①参酌すべき基準（自治体が十分参酌すれば地域の実情に応じて異なる基準を条例で設定できる）、②標準（法令の基準が標準であるが、合理的な理由がある範囲内で異なる基準を条例で制定できる）、③従うべき基準（法令の基準とは異なる内容を条例で定めることは原則とし

て許容されない）を定めることができるものとした。ただし、分権改革委が当初検討していた条例による**上書き権**（自治体が必要と考える法令の条項を独自の条例で上書きすることができる権限）については、制度化が見送られた。

　また、都道府県から市町村への権限移譲については一定の成果が見られたものの、国から自治体への権限移譲に関しては十分な検討が行われなかった。さらに、出先機関の整理統合や地方税財源の拡充については、分権改革委内部でも十分な合意形成ができなかった。しかも、2009年9月の政権交代によって、それまで進められてきた地方分権改革は、新たな展開を迎えることになった。

第3節　地域主権改革から再び地方分権改革へ

■地域主権改革の提唱と頓挫

　2009年8月の総選挙で民主党が圧勝した結果、同年9月に鳩山由紀夫内閣が発足した。鳩山内閣は、民主党のマニフェストに基づき、**地域主権改革**の実現を最重視する姿勢を明確にした。地域主権改革とは、明治以来の中央集権体質から脱却し、地域のことは地域に住む住民が責任をもって決めることのできる活気に満ちた地域社会をつくっていくことを目指す改革と位置づけられた。

　鳩山内閣は、内閣総理大臣を議長とする**地域主権戦略会議**を設置し、分権改革委の勧告等が提言した改革の実現に加え、**国と地方の協議の場**の法制化、地方政府基本法の制定等を目指したが、2010年6月に退陣した。後継の菅直人内閣、さらに野田佳彦内閣の下では、国と地方の協議の場に関する法律が制定され、権限移譲や義務付け・枠付けの見直しを盛り込んだ第1次・第2次地方分権一括法の制定も実現した。

　しかし、2010年7月の参院選後の「ねじれ国会」の下で、野党からは「地域主権」という用語への疑義が提起された。実際、一括法の制定に際しては、地域主権改革は法律用語としては用いられず、「地域の自主性及び自立性を高めるための改革」と呼称されることになった。他方、出先機関改革について、野田内閣は、都道府県が構成する広域連合に出先機関の権限を移管する内容の法案をとりまとめたが、2012年11月の衆議院の解散により廃案となった。

■地方分権改革の再出発

　2012年12月の総選挙で民主党が敗北し、自民党・公明党を与党とする第2次安倍晋三内閣が成立した。第2次安倍内閣は、地域主権改革に代えて、あらためて地方分権改革の推進を課題とし、第1次安倍内閣が設置した分権改革委の路線に従い、第3次・第4次の地方分権一括法を制定して権限移譲と義務付け・枠付けの見直しを進めるとともに、内閣府に**地方分権改革有識者会議**（有識者会議）を設置した。有識者会議は、地域交通や雇用、農地転用等の分野における国から自治体への権限移譲にも取り組んだ。

　また、有識者会議は、2014年8月に提案募集検討専門部会を設置し、**提案募集方式**という新たな手法によって地方分権改革を推進する方針を決定した。従来の地方分権改革は、分権委や分権改革委といった審議機関の勧告を受けて内閣が改革の推進計画を策定する方式（委員会勧告方式）によって進められてきた。これに対し、提案募集方式とは、義務付け・枠付けの存在や権限の制約によって自治体の現場で生じている各種の支障を解消するため、個々の自治体の提案に基づいて権限移譲や義務付け・枠付けの見直しを実現していく方式である。

　具体的には、毎年度、自治体から寄せられた提案について、提案募集検討専門部会がヒアリングを通じて関係府省と折衝したうえで、合意が図られたものについて、毎年年末に対応方針として政府が閣議決定し、法律や政省令、通知の改正等が行われている。このうち、法律の改正については、原則として第5次以降の地方分権一括法を制定する形で対応されている。

　第2次地方分権改革は、第1次地方分権改革や三位一体改革とは異なり、地方行財政に関わる抜本的な制度改正を目指すというよりも、個別分野の権限移譲や義務付け・枠付けの見直しを必要に応じて進めるという特徴をもっている。第2次以降の安倍内閣は、地方分権改革を政権の最重要課題に位置づけているわけではなく、地方分権改革に対する国民の関心も高くない。ただし、提案募集方式では、法定受託事務に対する義務付け・枠付けも提案の対象に含まれており、個々の自治体の創意によって自由度の拡大と所掌事務の拡張という2つの方向性をさらに追求する改革が試みられているのである。

■参考文献

北村喜宣『第2次分権改革の検証―義務付け・枠付けの見直しを中心に』敬文堂、2016年
木寺元『地方分権改革の政治学―制度・アイディア・官僚制』有斐閣、2012年
地方自治制度研究会（編）『地方分権　20年のあゆみ』ぎょうせい、2015年
西尾勝『未完の分権改革』岩波書店、1999年
西尾勝『地方分権改革』東京大学出版会、2007年
西尾勝『自治・分権再考―地方自治を志す人たちへ』ぎょうせい、2013年
宮脇淳『創造的政策としての地方分権―第二次分権改革と持続的発展』岩波書店、2010年

Column ③　内閣主導・首相主導・政治主導と地方分権改革

　1995年の地方分権推進法制定以来、地方分権改革は四半世紀にわたって続けられてきた。この間の改革過程を振り返ってみると、各種の制度改革を志向して行政官僚制に対する主導権を握ろうとする政権の下では、地方分権改革が混乱する傾向が見られる。

　第1は、「内閣主導」を掲げた橋本内閣である。地方分権推進委員会は、第4次勧告提出後の1997年12月、当時の橋本龍太郎首相から、公共事業の地方移管と補助金の見直しに関する審議活動を要請された結果、政治の渦中に巻き込まれることになった。当時の建設省・農水省等の公共事業官庁は猛烈に反発し、これと連携した自民党の族議員が分権委に対する批判を展開したのである。公共事業官庁は、グループヒアリングにおいて、もはや学者グループを交渉相手とは見なさなくなり、混乱の中でとりまとめられた第5次勧告は、国の直轄公共事業の範囲の見直しや補助金の整理合理化の考え方を示すにとどまるという不十分なものになってしまった。

　第2は、「首相主導」を演出した小泉内閣である。本文でも明らかにしたように、分権委の後継機関として設置された地方分権改革推進会議は、当時の小泉首相から三位一体改革に関する具体的な検討を指示されるに及んで、財政再建派と地方分権派に内部分裂した。小泉内閣の下では、地方分権改革審議機関が内部対立によって機能不全に陥り、政権の側が全国知事会をはじめとする自治体側に直接接触し、首相主導で三位一体改革の決着を付けることで事態打開が図られたのである。

　第3は、「政治主導」を掲げた鳩山内閣である。鳩山由紀夫首相は、地域主権改革を霞が関改革の「一丁目一番地」と位置づけ、国務大臣と有識者で構成される地域主権戦略会議を設置した。しかし、普天間基地移設問題や「政治とカネ」の問題で批判を浴びて鳩山首相は2010年6月に退陣し、地域主権改革の行方は不透明になった。その後、菅内閣の下で、地域主権戦略会議は、新たな一括交付金制度の創設や出先機関改革の方針を示したが、2010年7月の参院選における民主党の惨敗と2011年3月の東日本大震災の発生によって、改革の推進力は失われた。

　このように、首相がリーダーシップを強調し、地方分権改革に意欲を燃やすと、他の制度改革との整合性が問われたり、審議機関の内部対立が発生したりして、地方分権改革が混乱に陥る可能性がある。しかし、こうした混乱を収めるのもまた、首相に期待される役割である。通算で歴代最長となった安倍内閣は、強力な「官邸主導」体制を確立する一方、提案募集方式による地方分権改革を推進しているが、地方分権改革そのものに対する首相の関心はそれほど高くないように見える。地方分権改革を成し遂げていくためのリーダーシップのあり方は、今後も探究され続けなければならない課題であろう。

第4章　都道府県と市区町村

この章で学ぶこと

　日本は、1921年の郡制廃止以来、府県－市町村の二層制を採用してきた。この二層制の政府体系は、画一性と安定性を特徴としているが、広域行政需要に対応するための制度や自治体内部の地域自治を実現するための制度、都市自治体を対象とする特例的な制度等も整備されている。さらに平成期には、市町村合併が急速に進展し、二層制の政府体系自体を変革する構想も提示された。本章では、二層制の基本的な枠組みや広域行政制度、地域自治制度について概観した後、大都市等の特例制度を検討し、さらに市町村合併の進展や新たな広域連携の取組み等、従来の二層制をとりまく状況の変化を明らかにする。

第1節　二層制の政府体系

■基礎的自治体と広域的自治体

　第1章第1節で明らかにしたように、日本では、都道府県―市区町村という2層にわたって自治体が設置されている。帰属争いのある地域が部分的に存在するものの、日本の国土は市区町村という自治体によって分割されており、市区町村の区域を包括する形で、47の都道府県が置かれている。したがって、われわれは、ある特定の市区町村の住民であると同時に、ある特定の都道府県の住民でもあるということになる。

　このように二層制を構成する自治体のうち、市区町村は、住民にもっとも身近な第1層の自治体であることから、**基礎的自治体**と呼ばれる。これに対し、都道府県は、基礎的自治体を包摂する第2層の自治体であり、**広域的自治体**と位置づけられている。

　「広域」ということの具体的な意味内容については、地方自治法に定めがあ

り、都道府県は、「市町村を包括する広域の地方公共団体」として、広域事務、連絡調整事務、補完事務の 3 つの役割をもつと解されている（2 条 5 項）。**広域事務**とは、地域総合開発計画の策定、防災・警察、環境保護等、複数の市区町村にまたがる広範な区域において処理することが求められる事務を指す。**連絡調整事務**とは、市区町村間の調整や市区町村に対する各種の助言・勧告等に関する事務である。**補完事務**とは、高等学校や大規模施設の設置等、一般の市区町村が単独に処理するのが困難な場合がある事務である。

　ただし、基礎的自治体としての市区町村と広域的自治体としての都道府県の役割をどのように分担するかという点は、一義的に定まるわけではない。たとえば、都道府県は、条例により、市区町村に対してその事務の一部を移譲することができる（**条例による事務処理の特例制度**）。地域の実情や事務の性質に応じて、基礎的自治体の役割を拡大することも可能なのである。他方、市区町村では対応できない広域事務や補完事務が存在するからといって、それらを直ちに都道府県の事務とする論理必然性があるわけでもない。実際、地方自治法は、自治体が連携・連合して広域行政需要に対応するための制度を整備している。

■広域行政の制度

　地方自治法では、複数の自治体にまたがる広域行政や事務の共同処理の仕組みとして、法人の設立を要しない簡便な方式と、別法人として特別地方公共団体を設立する方式の 2 つが設けられている（表4-1）。前者の例としては、協議会、機関等の共同設置、事務の委託がある。後者の代表例は、地方公共団体の**組合**である。このうち、**一部事務組合**は、清掃や上下水道、火葬場やゴミ処理施設の設置・運営など、一部の事務を近隣の自治体が共同して行うために設けられる組合であり、広く活用されている。

　また、1994 年に制度化された**広域連合**は、介護保険など、広域的に処理することが必要な事務について、連絡調整を図るほか、国や都道府県からの一定の事務・事業の受け皿となることができる。2010 年 12 月に設立された**関西広域連合**は、関西地方の 2 府 6 県 4 政令指定都市を構成団体とし、防災、観光・文化振興等の分野の広域行政課題に取り組んでおり、東日本大震災の際には、各構成府県が被災地各県をカウンターパート方式で支援して注目を集めた。広域

連合の長と議会は、住民の直接選挙で選ぶこともできるが、実際には、広域連合を構成する自治体の長・議会の構成員から選ぶ方式が採用されている。また、2012年の地方自治法改正によって、広域連合に執行機関として長に代えて理事会を置くことができるようになった。

　さらに、地方圏における人口減少と高齢化を踏まえ、2010年代末以降、新たな広域連携の取組みを進めるための制度が整備されている。これについては、第4節で取り上げることにしたい。

表 4-1　地方自治法が定める広域行政・共同処理の仕組み

	共同処理制度	制度の概要
法人の設立を要しない簡便な仕組み	連携協約	地方公共団体が、連携して事務を処理するに当たっての基本的な方針・役割分担を定めるための制度。
	協議会	地方公共団体が、共同して管理執行、連絡調整、計画作成を行うための制度。
	機関等の共同設置	地方公共団体の委員会・委員、行政機関、首長の内部組織等を複数の地方公共団体が共同で設置する制度。
	事務の委託	地方公共団体の事務の一部の管理・執行を他の地方公共団体に委ねる制度。
	事務の代替執行	地方公共団体の事務の一部の管理・執行を当該地方公共団体の名において他の地方公共団体に行わせる制度。
別法人の設立を要する仕組み	一部事務組合	地方公共団体が、その事務の一部を共同して処理するために設ける特別地方公共団体。
	広域連合	地方公共団体が、広域にわたり処理することが適当であると認められる事務を処理するために設ける特別地方公共団体。国または都道府県から直接に権限や事務の移譲を受けることができる。

出典）総務省 HP（http://www.soumu.go.jp/main_content/000196080.pdf）を一部修正。

■地域自治の制度

　自治体の区域を超える広域行政需要が存在する一方、市町村合併の進展（第4節参照）とも関連して、住民生活に密着したサービスの提供や合意形成を図るために、基礎的自治体より狭域の地域自治組織を整備すべきであるという議論が高まった。そこで2004年に、新たに**地域自治区**の制度が設けられた。

　地域自治区には、市町村内部を複数の地域に分割して設置するものと、合併

後の旧市町村を単位として設置するものがある。両者とも、市町村の事務を分掌する区の事務所を置き、地域の意見をとりまとめる場として、首長が選任する**地域協議会**が設けられる点では共通しているが、後者については、首長が任命する特別職の区長を設置することができ、旧市町村の名称を住居表示に使用できる。ただし、地域自治区は法人格をもたず、区長・地域協議会とも直接公選制を採用していないため、自治体としての性格を備えていない。

　このように、日本では、広域行政制度や地域自治制度が設けられてはいるが、自治体によって構成される政府体系という観点から見ると、基礎的自治体と広域的自治体の二層制が全国画一的に施行されている。しかし、人口稠密で経済的集積の進んだ大都市地域については、二層制を基本的な枠組みとしつつも、特例的な制度が適用されている。第2節と第3節では、大都市等の特例制度を概観することにしよう。

第2節　政令指定都市制度と中核市制度

■特別市制度から政令指定都市制度へ

　人口が集中する大都市地域特有の行政需要に対応するため、大都市自治体に一般の市以上の権限を付与し、特例的な地位を与えるべきであるとの考え方は、戦前の特別市制運動（第2章第1節）以来の伝統をもっている。東京都制（後述）の施行によって離脱した東京を除く五大市（大阪、京都、名古屋、横浜、神戸）は、第二次大戦後の占領改革が進められる中で、特別市制運動を再開した。この結果、1947年に公布された地方自治法には、人口50万以上で法律により指定する特別地方公共団体として、**特別市**を創設する制度が盛り込まれた。これが**特別市制度**である。特別市は、都道府県から独立した自治体であり、都道府県と市の事務を併せもつとされた。

　ところが、この制度は、特別市を抱える府県の反対に直面した。特別市が置かれると、府県は、その残余の区域に関する行政のみを担当することになり、府県としての一体性を維持できないばかりか、大都市地域からの税収を期待できないことへの不満を表明したのである。しかも特別市を法律で指定するにあ

たっては、日本国憲法 95 条に定める住民投票の問題が浮上した。府県側は、当該府県の住民すべてを対象とする住民投票の実施を主張したのに対し、市側は、特別市の区域内の住民で足りると主張して激しく対立したのである。

　この結果、特別市制度は実施の目途が立たず、1956 年の地方自治法改正によって、実施に移されることなく特別市制度に関する条文は削除されることになった。この改正で、特別市制度に代わって、いわば妥協の産物として登場したのが、今日まで続く**政令指定都市**（指定都市）の制度である。人口 50 万以上で政令により指定する市は、児童福祉、生活保護、都市計画等に関する事務が都道府県から移譲され、その内部に**区**（**行政区**）を置くものとされる。政令で指定することとされたのは、憲法 95 条の問題を回避するためである。指定都市は戦後漸増し、旧五大市のほか、北九州（1963 年）、札幌、川崎、福岡（以上 1972 年）、広島（1980 年）、仙台（1989 年）、千葉（1992 年）、さいたま（2003 年）、静岡（2005 年）、堺（2006 年）、新潟（2007 年）、浜松（2007 年）、岡山（2009 年）、相模原（2010 年）、熊本（2012 年）の計 20 市が指定を受けるに至っている。

　なお、指定都市に置かれる行政区（たとえば名古屋市中村区、京都市左京区等）には、区長が置かれるものの公選職ではなく、議会も存在しない。次節で述べる都の特別区とは異なり、行政区は、自治体としての性格を備えていない点に注意する必要がある。

　他方、2014 年の地方自治法改正により、指定都市は、行政区に代えて**総合区**を設置できるようになった。総合区の区長は特別職であり、区職員を任免する権限や、区に関する予算の執行や当該予算について市長に意見具申をする権限が与えられている点が、一般の行政区とは異なっている。ただし、総合区も行政区と同様に自治体としての性格は備えていない。なお、2019 年 10 月 1 日現在、総合区を設置した例はない。

■中核市制度

　1980 年代後半からは、市の規模・能力に応じて事務・権限を移譲すべきであるという議論が高まり、1994 年の地方自治法改正によって、**中核市**の制度が設けられた。中核市の要件については変遷があったが、現在は、人口 20 万以上の市とされている。県庁所在都市（宇都宮市、金沢市、鹿児島市等）や首都圏・

図 4-1　指定都市・中核市・施行時特例市の主な事務指定

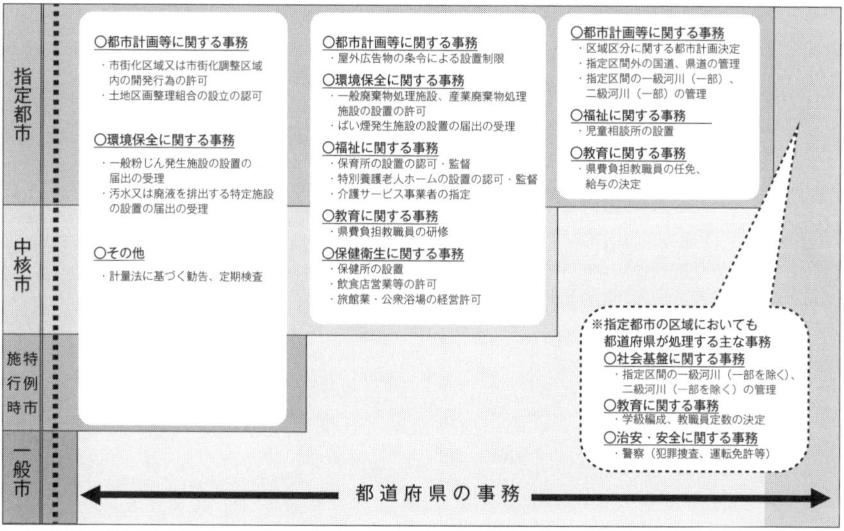

出典）総務省 HP（http://www.soumu.go.jp/main_content/000153148.pdf）

近畿圏の大都市（横須賀市、船橋市、高槻市等）など、全国で 58 市が指定を受けている（2019 年 4 月 1 日現在）。中核市は保健所設置市（人口 20 万以上）となるため、保健所に関する事務のほか、都市計画等に関する権限を都道府県から移譲されるが、その範囲は指定都市よりも狭く設定されている。

　なお、第 1 次地方分権改革の過程で、1999 年の地方自治法改正によって特例市の制度が設けられたが、2015 年に中核市制度と統合され、廃止された。かつての特例市のうち、中核市に移行していない 27 の市は、**施行時特例市**として、旧特例市の事務権限を保持している（2019 年 4 月 1 日現在）。

■「特別自治市」構想と大都市制度改革

　こうした大都市等の特例制度については、2010 年代に入って改革構想が提起された。従来から指定都市と道府県の間では、施設や施策（たとえば美術館や中小企業支援）の重複が見られ、二重行政の無駄が指摘されてきた。指定都市の側では、こうした二重行政の解消に加えて、少子高齢化に伴う医療・福祉需要の増大や大規模災害への対応、老朽化した社会資本の更新等を効率的に推進す

ることを目的として、「特別自治市」構想を提起した。**特別自治市**は、かつて
頓挫した特別市と同じく、道府県から分離独立し、道府県と市の権能を併せも
つ自治体として、大都市行政を一元的に担うことが想定されている。

　こうした「特別自治市」構想や後述の「大阪都」構想を受けて、第 30 次地
方制度調査会の答申を踏まえ、2014 年に地方自治法が改正された。その結果、
前述した指定都市における区の役割を拡充するための総合区制度が創設され、
二重行政の解消を目的として、指定都市と都道府県が事務処理に関する連絡調
整を行うための指定都市都道府県調整会議が設置されることになった。ただし、
特別自治市の制度化は課題が多いとして見送られた。代わって 2015 年に施行
された第 4 次地方分権一括法によって、県費負担教職員の給与等の負担や都市
計画マスタープランに関する都市計画決定等に関する権限が、都道府県から指
定都市に移譲された。

第 3 節　都区制度

■東京都制から都区制度へ

　指定都市制度と並ぶ大都市特例制度である**都制度**（都区制度）は、太平洋戦争
中に施行された東京都制にその起源をもつ。戦争激化に伴い、首都防衛体制の
強化という観点から、東京府と東京市の二重行政の解消が目指され、1943 年 7
月から**東京都制**が施行された。この結果、東京市は東京都に吸収され、旧東京
市の 35 区は都の内部団体と位置づけられた。敗戦後は、東京都長官も直接公
選職の東京都知事になった。そして、1947 年に制定された地方自治法では、
都と特別区に関する規定が整備され、東京に大都市特例制度としての都区制度
が適用されることになった。

　35 区を再編して設置された 23 の特別区は、戦後、区長直接公選制が廃止さ
れていた時期もある。しかし、1974 年には区長直接公選制が復活し、2000 年
の都区制度改革の結果、長年の懸案であった清掃事業等の都からの移管が実現
した。したがって、現在の特別区は、直接公選の区長・区議会を備えた基礎的
自治体と位置づけられる。

■都区制度の特徴

　都区制度の特徴としては、次の点を挙げることができる。第1に、戦後拡大を続けてきた指定都市制度とは異なり、都区制度は、首都東京のみを対象としてきた。その意味で、都区制度は、事実上の**首都制度**としても機能している。

　第2に、都と特別区の権限関係は、都と一般の市町村、あるいは他の道府県と市町村の権限関係と異なっている。地方自治法上、広域的自治体としての都は、通常の府県の事務に加えて、特別区の区域において、「市町村が処理するものとされている事務のうち、人口が高度に集中する大都市地域における行政の一体性及び統一性の確保の観点から当該区域を通じて都が一体的に処理することが必要であると認められる事務」（281条の2第1項）、いわゆる**大都市事務**を処理することとされている。具体的には、消防や上下水道、バスや地下鉄といった都市交通、病院、港湾管理等が、都が一体的に行うべき大都市事務に該当するとされ、特別区の区域においては、各区に代わって東京都がこれらの事務を行っている。他方で、特別区は、保健所設置市の事務等、一般の市町村が行わない一部の事務を処理することも認められている。

　第3は、**都区財政調整制度**である。これは、人口規模や産業構造が多様な23区の税収格差を是正するとともに、東京都が行う大都市事務の財源確保を目的とした制度である。23区の区域においては、本来は市町村税として各特別区が徴収するはずの固定資産税、市町村民税法人分、特別土地保有税を、いわゆる**調整3税**として都が一体的に課税・徴収し、その収入額の一定割合を特別区財政調整交付金として、各区の財政需要に応じて交付している。収入額の残りは、都が行う大都市事務等の経費にあてられる。都区財政調整制度は、都と特別区の間にのみ存在する固有の財政調整制度である。他の道府県と市町村、あるいは東京都と多摩・島嶼部の市町村の間には、このような財政調整の仕組みはなく、すべて地方交付税制度が適用され、道府県、市町村とも、国との間での財政調整が行われていることに留意する必要がある。

■「大阪都」構想と大都市地域特別区設置法

　都区制度は、これまで東京にのみ適用されてきたが、2010年代に入り、東京の都区制度に倣って大阪府・大阪市等を再編する**「大阪都」**構想が提案され

た。これは、大阪の経済的停滞の打破や大阪府・市の「二重行政」の解消等を目指して、地域政党・大阪維新の会の代表・橋下徹大阪府知事（当時）が提案した構想である。具体的には、大阪市等を解体して複数の特別区を置く一方、大阪府を「大阪都」に再編し、「大阪都」と特別区の財政調整制度を創設したうえで、広域的自治体である「大阪都」が大都市行政を担うという構想であった。

そして、大阪維新の会の政治的影響力の高まりを受けて、2012年8月に議員立法により**大都市地域特別区設置法**が制定された。同法は、指定都市を含む人口200万以上の大都市地域（札幌、さいたま、千葉、横浜、川崎、名古屋、京都、大阪、堺、神戸の各市が該当）をもつ道府県が、大都市地域に市町村に代えて特別区を設置することを可能にするものである。ただし、同法は、当該道府県を「都」に改称することを規定していないため、「大阪都」構想は、「特別区」設置構想という形で制度化されたことになる。

この大都市地域特別区設置法に基づき、大阪市を廃止して5つの特別区を設置することの是非を問う住民投票が2015年5月に実施されたが、僅差で否決された。その後、区割り案の再検討や大阪府知事・大阪市長の出直し選挙（2019年4月）を経て、「特別区」設置構想の実現に向けた模索が続けられている。

第4節　市町村合併の進展と新たな広域連携施策

■明治の大合併

日本の基礎的自治体は、明治以来、2度の大きな合併を経験してきた。その第1が、**明治の大合併**である。近代国家の建設を目指す明治政府にとって、徳川時代以来の伝統的集落としてのムラ、いわゆる**自然村**は、教育や戸籍業務、徴税、土木等の行政を行う単位としてはあまりに小さかった。そこで、1888年の市制町村制の制定に合わせ、約300～500戸を単位として自然村を合併し、町村とすることとされた。この結果、市制町村制が施行された翌1889年には、従来約7万1000を数えた自然村が、約1万6000の市町村へと整理された。

■昭和の大合併

日本が経験した第2の合併は、**昭和の大合併**と呼ばれる。第二次大戦後、日

本の民主化を実現するために、再び市町村合併を推進する動きが生まれた。戦後改革によって市町村の事務とされた新制中学校の設置・管理や社会福祉、保健衛生関係の事務を処理するためには、市町村規模の拡大が不可欠であった。そこで、1953年に**町村合併促進法**、次いで1956年に**新市町村建設促進法**が制定され、期限を定めて市町村合併が強力に推進されることになった。その際、新制中学校1校を効率的に管理・設置できる人口8000を目途に、市町村数を3分の1程度に減少させることが目標として掲げられた。これらの法律により、新市町村建設促進法が一部失効した1961年までに、日本の市町村数は、敗戦時のおよそ3分の1、約3500にまで減少した。

　以後、市町村合併を継続的に促進するため、1965年に10年の時限立法である**市町村合併特例法**が制定され、期限切れごとに改正・延長されることが続けられた。しかし、1960年代後半以降、都市自治体への人口流入が続く一方、農村地域では過疎化が進み、昭和の大合併の目標とされた8000人を割り込む市町村が増加していったにもかかわらず、1990年代に至るまで、日本の市町村数は約3300でほとんど変化しないという状態が続いていた。

■平成の大合併

　ところが、1990年代後半以降、さらなる市町村合併を推進する動きが急速に展開されることになった。いわば「第3の波」としての**平成の大合併**である。この大合併の動きは、第1次地方分権改革の進展につれて沸き起こった。

　前章で述べたように、第1次地方分権改革は、国から自治体への権限移譲よりも、自治体の自由度を拡大する改革を優先した。これは、自治体への権限移譲に反対する各省庁が、現行の都道府県や市町村は分権によって拡大した事務・権限の受け皿としてふさわしくないという議論、いわゆる**受け皿論**を主張すると、実効的な改革が不可能になる点を懸念したためである。しかし、第1次地方分権改革が進められる中で、財界や政界からは、少子高齢化等に伴う広域行政需要に対応し、自治体行財政の効率化を推進するため、市町村合併を強力に進めるべきだという議論が沸き起こった。

　この結果、2000年12月に閣議決定された行政改革大綱では、合併後の市町村の総数を約3分の1の1000にまで削減するという大胆な目標が掲げられた。

そして、市町村合併特例法には、合併特例債等による財政支援が盛り込まれ、国の財政支援を通じて市町村合併を促進する姿勢が明確にされた。こうした合併推進方策は、旧市町村単位で設置できる合併特例区（法人格をもつ特別地方公共団体で 5 年以下の時限組織）および地域自治区（第 1 節参照）の制度の創設や、人口 3 万以上で市とする特例措置、定数特例による議員身分の当面の保障等という形で、2010 年 3 月末まで続けられた。

■市町村合併から新たな広域連携へ

　平成の大合併の結果、1999 年 3 月末時点で 3232 あった市町村の数は、1718 にまで減少した（792 市 743 町 183 村、2019 年 10 月 1 日現在）。平成の大合併に対しては、基礎的自治体の行財政運営の効率化と基盤強化をもたらしたという積極的な評価の一方、旧市町村単位のコミュニティの希薄化、周辺地域の衰退や人口減少、合併特例債で建設された施設の後年度負担等をもたらしたという消極的な評価の両面が寄せられている。

　また、結果として財政的に余裕がある大都市圏では市町村合併が進まず、中山間地域や離島といった条件不利地域の一部では、規模の経済が働かないために合併から取り残される自治体が残存した。政府が当初目標にしていた 1000 という数値目標は結果として実現できず、1999 年以来 10 年間続いた合併推進運動は、合併推進法が期限を迎えた 2010 年 3 月末で一段落とされたのである。

　このように平成の大合併は終息を迎えたが、今後、日本の地域社会で進行する急速な人口減少と高齢化を前提とすると、とくに小規模な市町村が単独で総合的に行政サービスを提供する体制を維持することが困難になると予想される。そのため、2000 年代末以降、総務省は、自治体間の連携と補完によって行政サービス提供体制を維持する方向での施策を打ち出している。

　まず、自治体間の広域連携を推進する施策として、定住自立圏と連携中枢都市圏の構想がある。このうち、2009 年度から全国展開された**定住自立圏**は、医療や地域交通、買い物等の機能について一定の集積がある人口 5 万程度以上の市が中心市宣言を行い、近隣市町村と定住自立圏形成協定を締結して形成する。

　連携中枢都市圏とは、人口 20 万以上の中核性を備える市が連携中枢都市宣言を行い、経済成長の牽引、高度都市機能の集積・強化、生活関連機能サービス

の向上を図るため、近隣市町村と連携して圏域を形成する取組みであり、2014年度から全国展開されている。この連携中枢都市圏の形成に際しては、2014年の地方自治法改正で制度化された**連携協約**が活用されている。

　これらはいずれも、三大都市圏以外の地方圏の自治体を対象とし、大都市圏への人口流出に歯止めをかけるための取組みであること、中心となる都市が近隣自治体と個別に協定・連携協約を結んで圏域を形成していること、国による財政支援を受けるための枠組みとして機能していることという共通点をもつ。

　他方、2014年の地方自治法改正では、**事務の代替執行**の制度（自治体の事務の一部の管理・執行を当該自治体の名において他の自治体に行わせる制度）も創設された（表4-1を参照）。これは、単独で行政サービスを提供することが難しい基礎的自治体を他の基礎的自治体や都道府県が支援・補完する仕組みとして想定されている。このように、さらなる市町村合併の推進が困難である中で、人口減少社会への対応策として、連携と補完を基軸とする地方行政体制の再構築が模索されているのである。

■参考文献

今井照『「平成大合併」の政治学』公人社、2008年

大森彌・（公財）特別区協議会（編）『特別区制度改革の軌跡』学陽書房，2013年

金井利之『自治制度』東京大学出版会、2007年

北村亘『政令指定都市―100万都市から都構想へ』中公新書、2013年

塚田博康『東京都の肖像―歴代知事は何を残したか』都政新報社、2002年

東京市政調査会（編）『大都市のあゆみ』東京市政調査会、2006年

橋下徹・堺屋太一『体制維新―大阪都』文春新書、2011年

室﨑益輝・幸田雅治（編著）『市町村合併による防災力空洞化―東日本大震災で露呈した弊害』ミネルヴァ書房、2013年

Column ④　道州制論

市町村合併によって基礎的自治体の規模が大きくなれば、当然のことながら、広域的自治体である都道府県の存在意義があらためて問われることになる。そこから、現行の都道府県よりも広域の団体として、道や州を設置すべきであるという議論が展開されることになる。いわゆる**道州制論**である。

道州制論は、1927年に田中義一政友会内閣が準備した**州庁設置案**に代表されるように、戦前から繰り返し提唱されてきた議論である。戦時体制下では、地方行政協議会や地方総監府の設置という形で、国の行政区画のブロック化と軍管区との統合が試みられたものの、第二次大戦後、占領改革によって道州制論は一時的に中断された。

しかし、占領終結後、知事公選制への不満や出先機関の整理合理化等の観点から再び道州制論が活発化した。1957年には、第4次地方制度調査会（地制調）が**「地方」案**を提出した。旧内務省出身の委員が中心となって提出した同案は、都道府県を廃止して全国7〜9ブロックに新たに「地方」を設置し、国の総合出先機関としての「地方府」を設置すること、「地方」と「地方府」の長（「地方長」）は官選（国による任命制）とすることを内容としていた。これは、戦後分権化した地方自治制度を再び集権化する一方、各省の出先機関（農政局や建設局、通産局等）を統合しよう

としていた点で、さらなる融合化を目指した改革構想であったといえる。だが、「地方長」の官選制を主張する「地方」案に対しては、廃止の対象となる府県等から強い批判が寄せられ、結果として「地方」案の実施は見送られた。以後、官選制の復活という集権的要素を含む道州制の構想は、鳴りを潜めることになる。その後も1960年代に広域的な地域開発を目的とした都道府県合併論が提起され、1980年代には、関西の経済団体等から、東京一極集中の是正を目的とする道州制論が提唱されたが、いずれも具体化するには至らなかった。

その後、2000年代に入ると、平成の大合併等の影響を受けて道州制論は一時活性化した。第28次地制調は、具体的な区割り案に踏み込んで道州制実現に向けた課題を整理し、2006年12月には、北海道を当面の対象とする**道州制特区法**（道州制特別区域における広域行政の推進に関する法律）が制定された。しかし、道州制に消極的な民主党政権、道州制導入には積極的ではあるものの具体的な争点には上げない第2次以降の安倍内閣の下で、2010年代以降、道州制論は再び沈静化している。

100年近くにわたって「通奏低音」のように浮上と沈降を繰り返す道州制論が具体化し、日本が道州制に移行する日は来るのだろうか。

第Ⅱ部　機構論

第5章　自治体の統治構造

この章で学ぶこと

　第5章から第7章までの第Ⅱ部では、自治体の統治機構について解説する。本章では、戦後日本における自治体統治機構の基本構造を規定する二元代表制という制度原理について考察する。国の統治構造や他国の自治体が採用している統治構造と比較しつつ、日本の自治体における二元代表制の制度原理と動態を明らかにすることが本章の目的である。

第1節　二元代表制の統治構造

■二元代表制と議院内閣制

　第二次大戦後の日本では、日本国憲法と地方自治法の制定に伴い、都道府県知事と市町村長を住民が直接選挙で選ぶ仕組みが導入された（第2章参照）。憲法93条2項は、「地方公共団体の長、その議会の議員及び法律の定めるその他の吏員は、その地方公共団体の住民が、直接これを選挙する」と定めている。つまり、戦後日本の自治体の議会と首長は、住民によって直接選ばれるという意味で、ともに住民の代表機関として位置づけられるのである（ただし町村は、議会を置かず、全有権者からなる**町村総会**を置くことができるが、現在その例はない）。

　このように、戦後日本の自治体は、首長と議会という2つの代表機関をもつ。このような統治構造を、一般に、**二元代表制（二元的代表民主制）**と呼ぶ。ここでは、他の統治構造と比較しながら、日本の自治体における二元代表制の特徴を描き出すことにしよう。

　まず、国と自治体の統治構造を比較してみよう。日本では、国の統治構造と

して、**議院内閣制**が採用されている。国民が国会議員を選挙し、国会議員の中から内閣総理大臣が指名される。内閣総理大臣は、国務大臣を任命し、内閣を組織するが、その過半数は国会議員でなければならない。つまり、議院内閣制では、行政権の主体としての内閣は、立法権の主体である国会の多数派に政治的基盤をもつという意味で、行政権と立法権が融合しており、**一元代表制**ともいえる統治構造となっている。

　これに対し、自治体の二元代表制は、国の議院内閣制とはまったく異なる統治構造である。議院内閣制では、首相を国民が直接選挙で選ぶことはできないのに対し、二元代表制の下では、首長も議会も、住民の直接選挙で選ばれる代表機関としての性格をもつ。2つの代表機関は、「車の両輪」にたとえられることもあるが、相互に対抗・牽制し合う関係にある。議院内閣制が権力の一元的な融合を重視するのに対して、二元代表制では、権力の分立と抑制均衡（check and balance）が重視される。このような代表機関同士の抑制均衡を重視する考え方を、**機関対立主義**という。議院内閣制が内閣・与党と野党の間の対立関係を前提としているのに対し、二元代表制は2つの代表機関の間に対抗関係を認める仕組みなのである。

■二元代表制と大統領制

　この抑制均衡と機関対立主義を基本とする二元代表制は、**大統領制**に近い統治構造であるといえる。とくにアメリカの大統領制は、有権者が連邦議会議員と大統領の双方を選挙で選び、両者の権力を抑制均衡させる考え方に立脚しており、日本の自治体の二元代表制にも、アメリカ大統領制の影響が見られる。

　たとえば、地方自治法は、議会の議決について異議がある場合、首長は議会に対して**再議**に付すことができると定めている（176条）。条例の制定・改廃や予算に関する議決に対し、首長の再議が付された場合、議会がこの異議を乗り越えるには3分の2以上の特別多数決が必要であるが（条例・予算以外の議決の再議決要件は過半数）、これらの規定は、アメリカの大統領の拒否権に関する規定を参考にしたと考えられている。

　しかし、日本の自治体の二元代表制は、アメリカの大統領制とは異なる特徴をもつ。第1に、アメリカの大統領制では、大統領に法案や予算案の提出権が

与えられておらず、これらは連邦議会の権限に属するのに対し、日本の自治体では、首長は、条例案や予算案等を提出する権限をもっている。

　第2に、アメリカの大統領には、緊急時以外、議会を招集する権限は認められていないが、日本の自治体では、首長が議会招集権をもっている。日本の自治体では、議長等の臨時会の招集請求に対して首長が招集しないときに、議長が臨時会を招集することができるにとどまる。

　第3に、日本の自治体の首長には、議会の解散権が認められている。議会が首長の不信任を議決（3分の2以上の出席、出席議員の4分の3以上の賛成が必要）したとき、首長は10日以内に議会を解散することができる。解散しない場合、首長は失職する。議会の解散は、議院内閣制の下においては首相や内閣が議会との政治的一体性を確保するために必要な制度であるが、アメリカの大統領制の下では、連邦議会と大統領を常に対抗関係に置くことが想定されているので、連邦議会には大統領の弾劾権が認められているものの、大統領には連邦議会の解散権は与えられていない。

　このように、日本の二元代表制は、機関対立主義を採用するという点ではアメリカ型大統領制に近いものの、首長側にかなり大きな権限を与えている。この首長優位という特徴から、日本の二元代表制は、**首長制**（**首長主義**）と呼ばれることがある。しかも日本の自治体の首長は、議会との関係において解散権を保持しているので、アメリカの大統領よりも強力なリーダーシップを発揮することができる。日本の二元代表制は、アメリカ型の大統領制に議会の解散可能性という議院内閣制的な要素を加味することによって、首長を中心に強力な政治的リーダーシップを発揮し得る仕組みとなっているのである。

■二元代表制の規範的含意

　日本の自治体の統治構造を二元代表制と表現するようになったのは、1970年代の革新自治体期以降である。第二次大戦後、都道府県知事・市町村長の直接公選制が導入されたとはいえ、それまでは議会を第一義的な住民代表機関と見なす考え方が強かった。

　しかし、革新自治体では、住民直結を掲げる首長が独自の環境・福祉政策を展開した（第2章第3節）。これに対し、保守派が多数を占める議会の側は、住

民代表機関である議会を迂回する意思決定であると批判したが、日本の自治体の統治構造を二元代表制と捉える議論は、こうした**議会迂回説**に対抗する言説として登場した。すなわち、議会と同様、直接公選される首長も正統な住民代表機関であって、革新系首長が住民と直結して政策革新を行うことを肯定する文脈で、二元代表制という用語が使用されるようになったのである。

　ところが、1990年代後半以降、地方分権改革が進展し、首長の権限や役割に対する関心が高まると、二元代表制は、むしろ議会の権限強化という文脈で語られるようになった。議会関係者の間では、首長優位の体制を牽制しつつ、議会が首長と対等の住民代表機関にふさわしい権限を獲得するためのスローガンとして、二元代表制が強調されるようになったのである。

第2節　二元代表制の動態

■首長選挙と議会議員選挙

　第二次大戦後、都道府県知事・市町村長の直接公選制が導入されたことを受けて、1947年4月に初の**統一地方選挙**が挙行された。以後、首長・議員の任期である4年ごとに統一地方選挙が行われてきたが、その**統一率**（統一地方選挙執行件数の地方選挙全体に対する割合）は、首長の辞職や議会の解散等の例が積み重なってきたことを受けて年を追うごとに低下しており、第19回統一地方選挙（2019年4月）では、27.27％となっている。

　また、二元代表制の下では、首長と議会多数派の党派性が一致するとは限らない。首長選挙と議会議員選挙が同時に行われる場合、有権者は、自らの政党支持に従って首長選挙と議会議員選挙で一致した投票行動をとることもあれば、候補者の人柄や世論のムード、政策争点に従って、首長選挙と議会議員選挙で異なる投票行動をとる、いわゆる**分割投票**（split voting）を行う場合もある。そのため、かつての革新自治体における革新系首長と保守系議会、あるいは1990年代以降の無党派首長と「総野党」議会という組み合わせが出現し、議会と首長が政治的に対立する場合がある。

　さらに、首長選挙と議会議員選挙の時期が一致していない自治体においては、

議会議員選挙が首長の行政運営に対する任期途中の中間評価、いわゆる中間選挙としての意味をもつ場合がある。また、首長選挙の候補者が特定の政党の公認や推薦を受けるか否か、議会議員選挙で首長がどの会派の候補を応援するか、といった点が争点となり、これらがその後の自治体政治行政に大きな影響を与えることもある。二元代表制は、元来、一元的・安定的な統治権力を生み出す仕組みではなく、機関対立主義を組み込むことによって、政治的な不確実性と変動性を内包する統治の仕組みであるといえよう。

　こうした機関対立主義は、自治体の政治過程のさまざまな場面で発現する。ここでは、地方自治法に規定された首長と議会の権限を行使した例として、首長不信任議決と議会の解散、首長の拒否権に基づく再議、首長の専決処分とそれに対する議会の対応という3つの場面を取り上げてみたい。

■首長不信任議決と議会の解散

　議会が首長の不信任を議決したとき、首長は10日以内に議会を解散するか、議会を解散せずに失職する（第1節参照）。ただし、首長は、失職した場合、あるいは議会解散後に自らも辞職した場合、さらに、解散後初めて招集された議会において再度不信任議決が行われて失職した場合（この場合の不信任議決は議員数の3分の2以上の出席、その過半数の賛成で可決）、出直し選挙に出馬できる。

　では、こうした首長不信任議決と議会の解散等は、実際にどの程度行われているだろうか。総務省の調査によれば、2007年度から2017年度末までの11年間に首長の不信任議決案が都道府県・市区町村議会に上程されたのは66件であり、そのうち15件が可決された。その15団体のうち、3団体の首長は議会を解散せずに失職し、12団体の首長が議会を解散した。議会を解散した12団体のうち、首長が自ら辞職したのは4団体、新たな議会成立後、再度首長の不信任議決案が可決されたのは7団体、首長が続投したのは1団体である。また、これらによって失職または辞職した14団体の首長のうち、5団体の首長が出直し選挙に出馬しているが、首長が当選したのは1団体のみである（図5-1）。

　この1団体とは、阿久根市（鹿児島県）である。阿久根市では、2008年8月に当選した市長が、職員給与明細の公表や議会への出席拒否等を行って議会と対立を深めた。そこで、議会が2009年2月に市長不信任議決案を全会一致で

図 5-1　首長の不信任議決事案の概要（2007 年 4 月 1 日〜 2018 年 3 月 31 日）

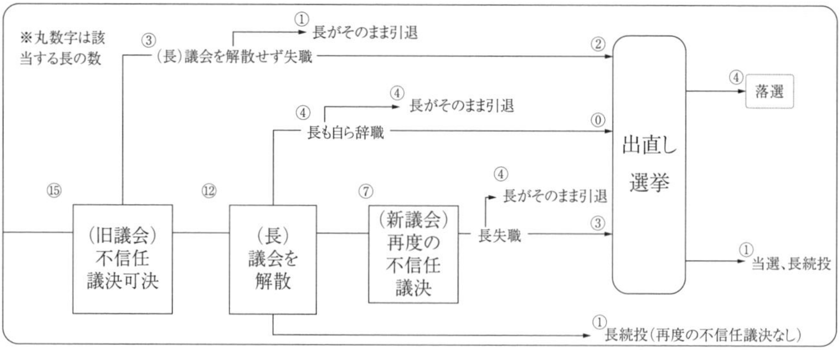

出典）総務省「地方議員・議会に関する研究会報告書（2017 年 7 月）・参考資料集」、36 頁、および総務省『地方自治月報』第 59 号に基づき筆者作成。

可決したのに対抗して、市長は議会を解散した。2009 年 4 月の選挙を経て招集された議会は再度不信任議決を行い、市長は失職した。しかし、同年 5 月の出直し市長選挙でこの市長が再選された（ただし、2010 年にこの市長に対する解職請求が行われ、同年 12 月の住民投票を経て失職、再度の出直し市長選挙では落選した）。

　このように、首長に対する不信任議決とそれに対抗した議会の解散という議院内閣制的な要素を組み込んだ二元代表制の下では、首長と議会の対立が長引く可能性がある。

■首長の拒否権に基づく再議

　首長が議会の議決に異議がある場合に付す再議には、条例案・予算案等の一般的な議案の議決に対するものと、首長に義務づけられているものとがある。前者は**一般的拒否権**に基づく再議であり、後者は、議会が違法な議決・選挙を行った場合や、予算案の義務的経費や災害復旧費の削除・減額の決議を行った場合に付されるものであり、**特別的拒否権**に基づく再議と呼ばれる。

　これらの再議について、2007 年度から 2017 年度末までの 11 年間の動向を見てみよう。同期間に都道府県知事が都道府県議会に付した再議の総計は 15 件であり、このうち 1 件では、前の議決どおりに再議決されている。つまり、議会は首長の拒否権を乗り越え、当初の意思を貫徹している。これに対し、知事の意向が通って再議が認容されたのは 8 件であった。また、同じ期間におい

て、市区町村長が市区町村議会に付した再議は189件であった。このうち70件が前の議決どおりに再議決され、20件が修正議決されたのに対し、58件で市区町村長の再議が認容されている（表5-1）。

表5-1　首長による再議等（2007年4月1日〜2018年3月31日）

		再議に付した件数	再議の結果			
			当該事件不成立	前の議決どおり再議決	修正議決	再議を認容
都道府県分	一般的拒否権	14	3	0	3	8
	特別的拒否権	1	0	1	0	0
	計	15	3	1	3	8
市区町村分	一般的拒否権	106	23	22	15	45
	特別的拒否権	83	17	48	5	13
	計	189	40	70	20	58

注）市区町村分・一般的拒否権には閉会中継続審査1件が含まれるため、再議に付した件数と再議の結果の数値が一致しない。
出典）総務省『地方自治月報』第55号〜第59号に基づき筆者作成。

　件数のみに着目すれば、首長と議会多数派の意思が異なる場合において、都道府県では相対的に知事の意向が認容される傾向があるのに対し、市区町村では議会が市区町村長の拒否権を乗り越えるケースも少なくないことが分かる。首長優位の二元代表制といえども、議会多数派の意思を首長が拒否権によって乗り越えることはそれほど容易ではないといえよう。

■**専決処分**

　専決処分とは、議会が議決すべき事件について必要な議決が得られない場合に、議決に代えて首長が行う処分である。専決処分は、議会が成立しないときや緊急時で議会を招集する時間的余裕がないとき、議会が議決すべき事案を議決しないとき等に行われる。具体例としては、毎年度の税制改正に伴う地方税法の改正を受けて、各自治体では地方税条例等の改正が必要になるが、年度末にずれ込むことが多いため、首長の専決処分で対応するという場合がある。

　専決処分を行った場合、首長は議会に報告し、議会の承認を得る必要があるが、議会は、首長の対応を不服として、不承認とする場合がある。しかし、この不承認には、法的効果はなく、議会同意が必要な副市長の選任を専決処分で

行う市長（前出の阿久根市長）が登場するなど、専決処分を「濫用」する事例も
あった。そのため、2012年の地方自治法改正により、副知事・副市区町村長
の選任を専決処分の対象から外すとともに、条例・予算の専決処分について議
会が不承認としたときは、首長は必要と認める措置を講じ、議会に報告しなけ
ればならないこととされた。

　では、首長による専決処分はどの程度行われ、議会はどのように対応してい
るのだろうか。議会の不承認の件数を確認できる直近の期間（2011年1月1日〜
2017年12月31日）の市区町村における状況を見ると、議会の不承認を受けた専
決処分はごくわずかであることが分かる（表5-2）。2012年の地方自治法改正後
においても、議会の不承認には法的拘束力がないため、首長の専決処分は幅広
く認められている。専決処分の制度運用の局面では、首長の優位性が保たれて
いるといえよう。

表5-2　専決処分の審議結果別件数（2011年1月1日〜2017年12月31日）

	件数	承認	不承認
市区	30,764（100%）	30,754（99.97%）	10（0.03%）
町村	35,600（100%）	35,568（99.91%）	32（0.09%）

出典）全国市議会議長会『市議会の活動に関する実態調査結果』平成24〜30年度版、
全国町村議会議長会『町村議会実態調査結果の概要』第58〜64回に基づき筆
者作成。

第3節　自治体統治構造の国際比較

■自治体統治構造の類型

　自治体統治構造を国際比較という観点から見ると、実は二元代表制を画一的
に採用している国は珍しい。各国の自治体統治構造を分類する軸としては、第
1に、自治体統治構造を画一的に定めているか（画一型）、自治体ごとに異なる
統治構造を採用することを認めているか（多様型）、という区分がある。第2に、
画一型を採用する場合であっても、日本のように二元代表制を採用せず、議会
が執行機能を兼ねる一元代表制を採用している国もある（表5-3）。

　本節では、一元代表制を画一的に採用しているフランス、自治体ごとに多様

な統治構造を採用す
ることを認容してい
るアメリカの例を概
観することによっ
て、日本の二元代表
制を国際比較の観点
から捉えることにしよう。

表 5-3　自治体統治構造の分類

	画一型	多様型
二元代表制	日本　韓国	アメリカ ドイツ
一元代表制	フランス スウェーデン	イギリス （イングランド・ウェールズ）

（筆者作成）

■フランスの自治体統治構造

　日本と同様、フランスは、単一制国家であり、ヨーロッパ大陸型の地方自治
制度を採用している（第1章参照）。政府体系は州、県、コミューンの三層制を
採用しており、州と県には国の行政官である知事が派遣されている。フランス
は、ナポレオンの改革以来、国から派遣された県知事が県の行政を主導する仕
組みを採用しており、きわめて中央集権的な国家として知られていた。戦前日
本の地方自治制度が当初プロイセンをモデルにしながら、徐々にフランス型に
接近していったことは、第2章でも述べたとおりである。

　しかし、1982年に地方制度改革が行われ、県を包括する広域的自治体とし
て州が設置されるとともに、県知事に代わって県議会議長が県を代表する執行
機関となった。州と県には従来どおり国の行政官としての知事が置かれるが、

図 5-2　フランスの自治体統治構造

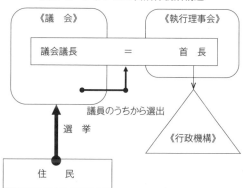

出典）（財）自治体国際化協会『フランスの地方自治』2002年、地方制度調査会資料に基づき筆者作成。

その権限は域内の出先機関を調整することにある。州・県を代表し、その行政に責任を負う執行機関は、州議会議員・県議会議員から互選される議長である。議長には議会多数派のリーダーが選ばれるのが通例であり、誰が議長に就任する予定であるか、議員選挙時にあらかじめ分かっていることが多い。ただ、形式的には執行機関である議長を直接公選することはできず、議会が議長＝執行機関を選任する仕組みになっているので、一元代表制を採用しているといえよう。コミューンも、基本的に州・県と同様の一元代表制を採用している。コミューンは全国に3万6000以上あるが、直接公選されたコミューン議員の中からコミューンの長（市長）を選ぶ仕組みは全国一律である。

■アメリカの自治体統治構造

連邦制を採用しているアメリカでは、主権は州に属し、自治体（municipality）は、州法の規定に従って、住民共同の発意により、自治体法人として設立される（これを incorporation という）。各州にはカウンティ（郡）が置かれ、その理事会の理事が住民の直接選挙で選ばれる場合も多く、自治体が置かれていない地域における治安や消防等を含め、広域的な事務を行っている。ここでは、法人として設立される自治体の統治構造について検討しよう。

自治体は、人口規模によって、市（city）、バラ（borough）、町（town）、村（village）等、さまざまな名前で呼ばれるが、その統治構造は自治体ごとに異なる。第1に、**住民総会**（Town Meeting）の制度を採用している自治体がある。議事機関として、有権者すべてが集う住民総会を通常年1回開催する一方、総会から選ばれた理事会が執行機関として行政を担当するのが一般的である。植民地時代の名残で、北東部諸州の小規模自治体で採用されている。

第2は、**理事会型**（Commission Form）である。これは直接公選された理事で構成される理事会が議事機関と執行機関を兼ねる仕組みであり、市長は理事の互選で選ばれるが、名目的・儀礼的な存在にすぎない。理事会は3～5名程度の少数の理事によって構成され、各理事が政策領域を分担し、行政各部を指揮監督する。理事会型は、中小規模のごく少数の自治体で採用されている。

第3は、全米の35％強の自治体が採用しているといわれる**市長－議会型**（Mayor-council Form）である。市長と議会議員を直接公選する二元代表制である

が、この市長－議会型には2つのタイプがある。1つは、直接公選される市長は名目的・儀礼的な存在にとどまり、議会が行政各部を指揮監督する権限を掌握している**弱市長型**（Weak-mayor Type）である。現在ではこの弱市長型はきわめて稀な形態であり、ニューヨーク等の大都市を含む自治体では、**強市長型**（Strong-mayor Type）と呼ばれるタイプが一般的である。強市長型は、市長が執行機関として行政各部を監督する一方、議会が市長の活動を監視し、議案の審議を行う機能を有するため、抑制均衡を組み込んだ構造となっている。戦後日本の二元代表制も、この強市長型を参考にしたといわれている。

図5-3　アメリカの自治体統治構造

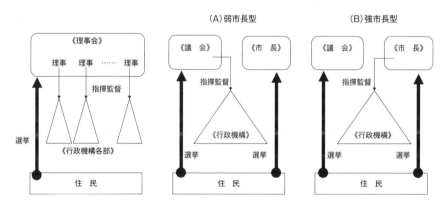

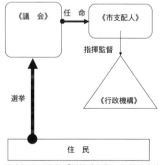

出典）山下茂他『増補改訂版・比較地方自治』第一法規出版、1992年に基づき筆者作成。

　最後に、**議会－支配人型**（Council-manager Form）と呼ばれる類型がある。これは、議会が政策の決定に関する権限をもちつつ、議会が行政運営の専門家である市支配人（city manager）を任命し、政策の執行をこの市支配人に委ねる仕組みである。議会は、条例制定権や調査権をもち、市支配人の活動を監視する一方、市支配人は、予算編成や組織の編成、部局長の任免等を自由に行いながら行政運営を行い、任期終了までに成果を出すことを目指す。つまり、議会－支配人型は、政策の決定と執行を分離し、双方の責任を明確にすることによって、能率的な行政運営を目指す統治構造であるといえる。

　この議会－支配人型は、19世紀末から20世紀初頭にかけて展開された**市政改革運動**によって普及した。19世紀までのアメリカでは、弱市長型の下で1つの政党が恒常的に自治体政治を支配することが一般的で、汚職と腐敗が蔓延していた。そこで理事会型の採用が試みられたが、政治責任が不明確である点が問題視されたため、議会－支配人型の統治構造が提唱されたのである。現在、全米の50％弱の自治体で議会－支配人型が採用されており、中規模の都市では一般的な統治構造となっている。

　このように、連邦制を採用しているアメリカでは、自治体が統治構造を選択できる仕組みを採用しているため、きわめて多様な形態が見られる。

■自治体統治構造の二元化と多様化

　各国の自治体統治構造は、それぞれの歴史的経緯に基づいて形成されてきたが、1990年代以降、ヨーロッパ各国では、二元代表制の導入を中心とする自治体統治構造改革が行われた。たとえば、従来、州ごとに多様な自治体統治構造を採用してきたドイツでは、3つの都市州を除く各州において、市町村長の直選公選制が導入された。

　二元化に加え、自治体統治構造の多様化の試みも行われている。イギリスの自治体は、伝統的に委員会制と呼ばれる一元代表制を採用してきたが、1998年の住民投票を経て、首都ロンドンに、議会（カウンシル）と直接公選市長からなる二元代表制が適用されることになった。2011年の改革以降は、イングランドとウェールズでは、委員会制に加え、議院内閣制に類似した「リーダーと内閣」制、直接公選された首長が議員とともに内閣を組織する「直接公選首長

と内閣」制という 3 つの統治構造の中から選択できる仕組みを採用している。実際に「直接公選首長と内閣」制を採用している自治体は少数であるものの、イングランドとウェールズでは、二元代表制への転換を可能にすることによって、自治体統治構造の多様化が試みられているのである。

■参考文献

有馬晋作『劇場型首長の戦略と功罪—地方分権時代に問われる議会』ミネルヴァ書房、2011 年
宇賀克也『アメリカ行政法［第 2 版］』弘文堂、2000 年
小滝敏之『アメリカの地方自治』第一法規出版、2004 年
砂原庸介『地方政府の民主主義—財政資源の制約と地方政府の政策選択』有斐閣、2011 年
曽我謙悟・待鳥聡史『日本の地方政治—二元代表制政府の政策選択』名古屋大学出版会、2007 年
千草孝雄『アメリカの地方自治研究』志學社、2013 年
東京都都民生活局（編）（西尾勝執筆）『都民参加の都政システム』1977 年
山下茂『体系比較地方自治』ぎょうせい、2010 年

Column ⑤　地方六団体

　全国の自治体は、都道府県、市、町村ごとに、それぞれ首長と議会議長の連合組織を構成している。全国知事会、全国都道府県議会議長会、全国市長会、全国市議会議長会、全国町村会および全国町村議会議長会の地方六団体である。このうち、もっとも古い歴史をもつのが、1898（明治 31）年 5 月に結成された関西各市聯合協議会に起源をもつ**全国市長会**である（1930 年から全国市長会として発足）。次いで、1921 年 2 月に全国町村長会（1947 年に**全国町村会**と改称）、1923 年 3 月に道府県会議長会（1943 年に都道府県会議長会、1948 年に**全国都道府県議会議長会**と改称）、1932 年 5 月には全国市会議長会（1948 年に**全国市議会議長会**と改称）が設立された。さらに、戦後、知事公選制の導入に伴い、1947 年 6 月から順次発足した地方自治協議会（地方ブロック別の知事の協議機関）の全国組織として、全国地方自治協議会連合会が設立され、1950 年 10 月に**全国知事会**と改称した。また、1949 年 11 月には、全国町村議会議長会が設立された。なお、六団体のほかにも、指定都市市長会や中核市市長会、全国施行時特例市市長会、特別区長会といった組織があるが、これらの市区の首長と議会議長は、それぞれ全国市長会と全国市議会議長会のメンバーでもある。

　六団体は、地方自治法 263 条の 3 に定める「全国的連合組織」として、内閣に対する意見の申し出や国会への意見書の提出を行うことができるほか、代表者が各種審議会等に委員として参加することを通じて、自治体の意思を国政の場で主張する役割を担っている。また、六団体は、地方分権改革や三位一体改革の過程では、自治体の利害を調整する役割を担った。2011 年 4 月には、六団体代表と関係閣僚で構成される**国と地方の協議の場**が法律に基づいて設置され、地方財政対策のほか、社会保障と税の一体改革、東日本大震災からの復興政策等に関する協議が行われてきた。

　他方、市町村合併の推進や道州制の導入等、改革の争点によっては六団体も一枚岩で対応できるとは限らない。人口減少・超高齢化が進む中で、六団体は、自治体全体の利益代表機能や政策提言機能を発揮し続けていくことはできるだろうか。今後も六団体の活動に注目していく必要がある。

第6章　首長と執行機関

> **この章で学ぶこと**
>
> 　地方政府としての自治体は、住民代表機能を担う政治主体であると同時に、地域住民に対して公共サービスを提供する行政主体でもある。こうした自治体の政治と行政を主導し、統括するのが、住民によって直接選挙される首長である。この章では、首長の権限と役割について整理した後、首長の権力に対する制約要因として、執行機関多元主義の組織原理と、国による組織統制・人事統制について取り上げる。なお、首長が指揮監督する行政機構の実際の管理・運用をめぐる問題については、第16章で検討する。

第1節　首長の権力

■政治的リーダーとしての首長

　首長の政治的リーダーシップは、制度的な権限に由来する面も大きいが、同時に、首長が直接公選職として民主的正統性をもつという側面にも支えられている。首長は、政党や各種団体の支援を受けながら選挙戦を闘う政治家としての性格をもち、住民の政治的代表として自治体を対外的に代表する存在でもある。では、政治的リーダーとしての首長は、具体的にどのような属性を備えているのだろうか。

　第1に、首長選挙の被選挙権は、都道府県知事については満30歳以上、市区町村長については満25歳以上の日本国民であり、首長の任期は4年である。首長は、当該自治体の住民でなくてもよいが、自治体全域を選挙区として選出されることから、自治体全域の政治的代表としての性格をもつといえよう。首長の当選回数に法律上の制限はなく、多選・長期の政権を担う首長もしばしば存在するが、首長は地域の政治権力の中核に位置する強大な存在であるため、

多選批判や、当選回数の制限という改革案が提起されることもある。

　第2に、首長の党派性には、時代による変化が見られる。1960年代までの首長は保守系無所属が多かったが、1960年代後半から1970年代にかけて、都市部の自治体を中心に革新系首長が登場した（第2章第3節）。その後、1980年代には各党の**相乗り候補**が多数当選することになり、1990年代に入ると、とくに都道府県・指定都市の首長選挙では、政党の推薦・支持をあえて受けずに、**無党派・改革派**であることを前面に打ち出す傾向が強くなった。さらに2010年代以降、大阪維新の会や減税日本等、地域政党を率いる首長も登場した。

　第3に、首長の経歴は多彩である。自治体の首長は、いわば「一国一城の主」であり、政治家としても魅力ある地位である。そのため、多様な経歴をもつ者が首長選挙に立候補する。ただし、都道府県知事47人と政令指定都市の市長20人を就任直前の職で分類してみると、都道府県知事は、国家公務員出身者が多く、指定都市の市長は、国会議員や都道府県議会議員といった政治家出身者が多数を占めていることが分かる（表6-1）。しかも、都道府県知事の就任直前職からさらに経歴を遡ってみると、副知事出身の知事7名中6名が旧自治省・総務省等の国家公務員出身者であることをはじめ、全体では47名中29名（61.7%）が国家公務員出身者である。

表6-1　都道府県知事・指定都市市長の就任直前職

都道府県知事（47）	国家公務員（14）、国会議員（12〈衆議院議員8、参議院議員4〉）、副知事（7）、市長（4）、都道府県職員（2）、都道府県議会議員（1）、その他（ジャーナリスト、実業家、大学教授等）（7）
指定都市市長（20）	国会議員（6〈衆議院議員5、参議院議員1〉）、都道府県議会議員（5）、副市長（2）、国家公務員（2）、都道府県知事（1）、市議会議員（1）、市職員（1）、その他（民間企業等）（2）

注）2019年10月1日現在。
出典）全国知事会・指定都市市長会HPより筆者作成。

　第4に、女性の首長は少数である。47人の都道府県知事のうち、女性は2人（4.3%）にとどまる（2019年10月1日現在）。女性の市区長（指定都市市長を含む）は全国で815人中24人（2.9%）、女性の町村長は925人中わずか7名（0.8%）しかいない（2018年12月31日現在）。

■執行機関としての首長

地方自治法は、「普通地方公共団体の執行機関は、当該普通地方公共団体の条例、予算その他の議会の議決に基づく事務及び法令、規則その他の規程に基づく当該普通地方公共団体の事務を、自らの判断と責任において、誠実に管理し及び執行する義務を負う」（138条の2）としたうえで、「普通地方公共団体の長は、当該地方公共団体の事務を管理し及びこれを執行する」（148条）と規定している。自治体の議会が**議事機関**（憲法93条1項）であるのに対して、首長は**執行機関**と位置づけられているのである。次節で述べるように、自治体の執行機関は首長に限られるわけではないが、執行機関としての首長は、自治体行政の統括者として、広範な権能を有している。

第1に、首長は、議会に対して条例案や予算案等を提出する権限をもつ（第5章第1節）。このうち、予算案の編成と議会提出にかかる権限は首長に専属しており、首長は、自治体行財政全般の企画・立案に関する権限を掌握している。

第2に、首長は、法律・政令に違反しない限りにおいて規則を制定する権限をもつ（地方自治法15条）。議会には条例制定権が認められるが、首長は執行機関であると同時に規則制定権という準立法的機能を併有しているといえる。

第3に、首長は自治体職員の人事権を掌握している。首長は、後述の**特別職職員**（副知事・副市区町村長等）の任免権のほか、**一般職職員**の人事権をもっている。中央府省の場合、人事管理権は各省の大臣にあり、採用も各省単位で行われるが、自治体の場合、首長部局の職員は、原則として自治体に一括して採用され、その人事管理権は首長に属することになる。このため、首長は、制度上、広範な人事権を行使することができるのである。

第4に、首長は**組織編成権**をもつ。首長は、自らが所管する局・部・課などの本庁組織や、地方事務所、支所・出張所等の編成に関し、条例案を作成したり、規則等を制定したりする権限をもっている。

■首長の補佐機構

このように、執行機関としての首長には、広範な行政権限が与えられている。しかし、自治体の行政運営を細部にわたって首長個人が主導することは不可能である。そのため、首長のリーダーシップを補佐し、政策助言を与えるための

役職が必要となる。

　第1に、首長の行政運営を補佐する役職として、**副知事**（都道府県）・**副市区町村長**（市区町村）が置かれる。ここでは、両者をまとめて**副首長**と呼ぶことにしたい。副首長は、首長が自治体行政機構内外の人材から自由に登用することができるが、特別職の職員として、任命に際しては議会の過半数の同意が必要となる。副首長の任期は4年であり、任期中でも首長は自由に解職できる。条例により副首長を置かないこともできるが、都道府県や大都市自治体では、複数の副首長（2〜4人）を置き、担当する事務や行政組織を分掌させているのが通例である。なお、かつては市区町村の副首長は助役と呼ばれていたが、2006年の地方自治法改正によって、首長を補佐する権限が明確化されたうえで副市区町村長に改称された。

　第2に、都道府県・市区町村教育委員会を統括する**教育長**も、自治体の幹部職員として、首長の政権を支える重要な役割を担っている場合がある。次節で述べるように、教育委員会は首長から独立した執行機関であり、その委員（教育委員）は任期4年の特別職である。2015年の教育委員会制度改革によって、教育委員を兼務する教育長が教育委員会の会務を総理し、代表することになった（教育長の任期は3年）。教育行政は、とくに都道府県・指定都市では予算上も人員上も大きな割合を占め、住民の関心も高い分野であるため、教育長の役割は重要である。

　なお、かつては自治体の会計事務をつかさどる特別職の職員として、出納長（都道府県）・収入役（市区町村）が置かれていた。出納長・収入役は、会計事務の執行について首長から独立した審査権限をもつとされていたが、実際には首長の政治的立場に近い局長・部長等の経験者が選任される場合も多く、首長・副首長とともに三役として、自治体行政機構を総括する機能を担ってきた。しかし、財務会計の情報化に伴い、特別職として出納長・収入役を置くことの必要性に対する疑問が寄せられるようになったため、2006年の地方自治法改正で出納長・収入役は廃止され、**会計管理者**が置かれることになった。

　その他、局長・部長等の幹部職員に加え、首長の秘書、外部有識者等のブレーンが首長を補佐する場合もある（Column ⑥参照）。

　首長は、これらの補佐機構の助力を得て、自治体行政機構を掌握し、円滑な政権運営を期することになる。しかし、自治体行政機構には、公式・非公式のさまざまな制度的制約が課せられており、首長の権力もこうした制約に影響を受ける場合がある。第2節と第3節では、首長を中心とする自治体行政機構の編成と運用に影響を与える制約について検討することにしたい。

第2節　執行機関多元主義

■執行機関多元主義

　首長は、自治体の代表的な執行機関であるが、唯一の執行機関ではない。地方自治法は、「普通地方公共団体にその執行機関として普通地方公共団体の長の外、法律の定めるところにより、委員会又は委員を置く」(138条の4第1項)と規定している。すなわち、自治体の執行機関には、首長以外に、各種の委員会・委員が存在することが明らかにされている。このように、首長と並んで複数の委員会・委員を執行機関として設置するという編成原理を、**執行機関多元主義**と呼ぶ。前章で扱った二元代表制を、自治体統治構造を規定する第1原理とするならば、執行機関多元主義はその第2原理であるといえる。

■行政委員会制度

　ところで、執行機関として列挙されている委員会・委員は、監査委員を除くと、複数の委員で構成される合議制の組織であり、いわゆる**行政委員会**に該当する。一般に、行政委員会とは、複数の委員で構成される合議制行政組織であって、内閣等行政権の主体から一定の独立性を保ち、規則制定権という準立法的機能をもつとともに、行政審判等の準司法的機能を併せもつ場合がある。国のレベルの行政委員会には、公正取引委員会や中央労働委員会などがある。

　このような行政委員会の制度は、19世紀末から20世紀にかけてアメリカで発達し、第二次大戦後、占領改革を通じて日本に導入された。この行政委員会制度が、国と同様、自治体にも導入され、各種の委員会が首長から相対的に独立した執行機関と位置づけられるに至ったのである。

　では、なぜ自治体に行政委員会制度が導入され、執行機関多元主義が採用さ

表6-2　自治体に置かれる委員会・委員

	委員会・委員名	根拠法	任務・目的等	定数	任期
都道府県・市町村に置かれる委員会・委員	選挙管理委員会	地方自治法	国・自治体等の選挙管理	4人	4年
	教育委員会	地方教育行政の組織及び運営に関する法律	学校等の管理、学校の組織編成、教育課程、教科書、教職員の身分取り扱い、社会教育、文化・学術等	4人（教育長を兼任する教育委員を除く。条例で都道府県・指定都市は5人以上、町村は2人以上も可）	4年
	人事委員会 公平委員会（人口15万以下の市町村等）	地方公務員法	人事行政の調査、研究、企画、勧告等、職員の採用試験・選考、勤務条件に関する措置要求、不利益処分の審査等	3人	4年
	監査委員	地方自治法	財務に関する事務の執行、経営に係る事業の管理の監査	4人以上（都道府県・25万人以上の市）2人以上（他の市・町村）	4年（識見委員）または議員任期（議選委員）
都道府県に置かれる委員会	公安委員会	警察法	都道府県警察の管理	5人（都道府・指定都市を包括する県）3人（その他の県）	3年
	労働委員会	労働組合法	労働組合の資格証明、不当労働行為に関する調査・審問・命令、労働争議の斡旋・調停・仲裁等	使用者委員・労働者委員・公益委員各13人、各11人、各9人、各7人または各5人（条例により各15人も可）	2年
	収用委員会	土地収用法	土地の収用に関する裁決等	7人	3年
	海区漁業調整委員会	漁業法	漁業調整のため必要な指示、海区内の漁業に関する事項の処理	15人（条例により10〜20人の範囲内で増減可）	4年
	内水面漁場管理委員会	漁業法	漁業調整のために必要な指示、内水面における漁業に関する事項の処理	10人（農林水産大臣は、特定の委員会について別段の定めをすることが可能）	4年
市町村に置かれる委員会	農業委員会	農業委員会に関する法律	農業生産力の増進、農業経営の合理化等	農業者数・農地面積に応じた政令の基準に従い、条例で定める	3年
	固定資産評価審査委員会	地方税法	固定資産課税台帳に登録された価格に関する不服の審査決定等	3人以上	3年

注）海区漁業調整委員会については、2018年に改正された漁業法（2020年1月1日現在未施行）の規定による。

（筆者作成）

れたのであろうか。一般的な説明としては、教育や選挙管理、人事行政等、**政治的中立性**の確保が求められる領域に対して、首長が過度に介入したり干渉したりするのを防ぐという点が挙げられる。第1節で述べたように、首長には条例案・予算案等の提出権や人事権、組織編成権等、広範な権限が与えられている。このような強大な首長が、恣意的・党派的な教育行政や選挙干渉を行う危険は皆無とはいえない。そこで、こうした政策領域を担当する行政委員会を首長と並ぶ執行機関として設置することで、首長の権力に対する牽制効果と当該政策領域における政治的中立性の確保を図ることが期待されているのである。

■執行機関多元主義をめぐる論点

　執行機関多元主義は、日本の自治体行政機構を特徴づける重要な原理であるが、その意義をめぐってはさまざまな問題が指摘されている。第1に、執行機関多元主義は、戦後の地方制度改革において、明確な方針として掲げられていたわけではない。この点は、憲法で保障されることになった二元代表制の原理とは異なる。占領改革の過程で創設された合議制組織が執行機関としての位置づけを与えられたのは、1952年の地方自治法改正による。つまり、執行機関多元主義とは、憲法レベルで採用された二元代表制とは異なり、個別に行政委員会が設置されていった結果を追認するために地方自治法レベルで規定された原理であることに留意する必要がある。

　第2に、各委員会・委員には、首長の権力を牽制する役割が期待されているといっても、首長の優位性は確保されている。各委員会の委員は特別職であり、その任免権は首長に属する（任命に際しては議会の過半数の同意が必要）。また、地方自治法上、各委員会・委員は、規則制定権をもち、その内部の人事や組織編成に関する権限をもつとはいえ、条例案や予算案の提出権は認められておらず、これらはすべて首長を通じて議会に提出することになっている。さらに、執行機関相互の連絡調整や権限の調整は首長に属することとされており、首長の**総合調整権**が保障されているのである。

　他方、第3に、委員会・委員が、法律による必置機関とされていること、すなわち**執行機関法定主義**が、柔軟な行政組織編成や首長による地域総合行政を阻害しているという批判がある。たとえば、住民の関心が高く、量的にも自治

体行政の重要部分を占める学校教育行政においては、文部科学省—都道府県教育委員会—市区町村教育委員会という上意下達の統制経路が存在するため、首長のリーダーシップが発揮されにくいと指摘されてきた。また、委員会・委員の構成は 1952 年以来基本的に固定化されている一方、建築審査会や情報公開審査会等、中立的な第三者機関としての役割が求められる組織には執行機関としての位置づけが与えられておらず、地方自治法上の附属機関として位置づけられるにとどまる。執行機関法定主義については、自治体の自治組織権の確保という観点から、再検討される必要があろう。

第3節　自治体行政機構に対する国の統制

■組織統制

　自治体行政機構は、執行機関法定主義以外にも、国が定める制度によって、組織面における統制を受けてきた。

　第1は、必置規制である。国は、自治体に対して、特定の行政機関の設置を義務づけてきた。必置規制については、第3章で述べたように、第1次地方分権改革によって緩和・廃止が行われた。その後も地方分権改革推進会議によって組織名称の弾力化等の方向性が示されており、必置規制の緩和・廃止に向けた継続的な取組みが期待されている。

　第2に、都道府県の内部組織の種類や数について、かつては国の統制が存在した。地方自治法制定当初は、戦前の地方官官制を受け継ぎ、都道府県の知事部局について、具体的な局・部の名称と数を指定する**局部法定制**がとられていた。この局部法定制は、中央政府の縦割り行政を都道府県内部に貫徹させ、都道府県の自治組織権を著しく侵害するものであるため、1956 年の地方自治法改正により、都道府県の人口段階に応じて標準的に設置すべき局・部を定める**標準局部制**へと緩和された。その後、1991 年の地方自治法改正により、人口段階ごとに都道府県の局・部の数のみを規定する**法定局部数制**へと緩和され、さらに 2003 年の地方自治法改正の結果、現在では都道府県の法定局部数に関する規定は廃止されている。

　ただし、都道府県に限らず、首長の「直近下位の内部組織の設置及びその分掌する事務については、条例で定めるものと」され、「内部組織の編成に当たつては、当該普通地方公共団体の事務及び事業の運営が簡素かつ効率的なものとなるよう十分配慮しなければならない」とされている（地方自治法158条1項・2項）。また、支庁、地方事務所、支所、出張所等についても、条例で設置することになっている（地方自治法155条）。首長直近下位の局・部等や支庁・支所等を、議会の議決が必要な条例で定めるとする国の制度によって、首長の組織編成権は、議会との関係において一定の制約を受けているのである。

　第3に、自治体の執行機関に置かれる審議会・協議会等の**附属機関**については、法律または条例に基づいて設置することとされている。実態としては、法律・条例に基づかない審議会等も多数設置されているが、附属機関を法律で設置しなければならない場合は、まさに必置規制に該当し、自治体に対する国の組織統制として機能する。他方、附属機関を条例で設置しなければならないという制度は、首長直近下位の局・部等や支庁・支所等の場合と同様、首長の組織編成権を、議会との関係において制約する機能を果たしているといえる。

■人事統制と人事交流

　自治体は、人事の側面でも、国からの統制を受けてきた。特別の資格・職名を有する職員の配置を自治体に義務づける必置規制は、制度による公式の人事統制の例である。

　これに対し、非公式の人事統制の仕組みとして、自治体行政機構の運用に影響を与えてきたのが、国家公務員の自治体への出向、いわゆる**天下り**である。戦前の府県が国の行政機構であったことの影響を受ける形で、戦後、とくに都道府県・指定都市では、各府省のキャリア官僚を幹部に迎える人事が行われてきた。もちろん、各府省の官僚の受け入れに消極的な自治体もあり、時期によってもその多寡は異なる。しかし、国土交通省（旧建設省・運輸省）や農水省の官僚は公共事業関係部局、厚生労働省（旧厚生省）の官僚は衛生関係部局、総務省（旧自治省）の官僚は副知事・副市区町村長や総務・財務系部局、といった具合に、国から自治体への出向人事が行われてきたのである。

　こうした自治体への出向人事に対しては、中央府省の縦割り行政が自治体行

政機構にもち込まれる弊害や、出向元（「本省」）と出向先（自治体）での役職格差（たとえば本省課長補佐が出向先の自治体では部長に就任）、昇進機会の減少による自治体職員の意欲の低下等の問題点が指摘されてきた。他方で、出向人事は、むしろ自治体側のニーズに基づいているという指摘もある。

　すなわち、自治体は、中央府省から公共事業関係の補助金を獲得するためのパイプ役として、むしろ積極的に出向を受け入れているとする見方がある。また、首長としては、地方政界のしがらみのない国の官僚（たとえば旧自治省の官僚）を総務・財務等の部局の要職に迎え、大胆な行財政改革を行うための指南役ないし憎まれ役として活用したいという思惑をもつ場合もある。

　では、国と自治体はどの程度人事交流を行っているのだろうか。内閣人事局の調査によれば、2018 年 10 月 1 日現在、国から自治体への出向者数は 1814 人で、うち都道府県への出向者数は 1168 人、市町村への出向者は 646 人である。府省別では、国土交通省（492 人）がもっとも多く、次いで警察庁（458 人）、総務省（302 人）の順になっている。

　これに対し、自治体から国への出向者数は 2874 人で、うち都道府県からの出向者数が 2408 人、市町村からの出向者数が 466 人となっている。府省別に見ると、警察庁への出向者数が 1678 人と圧倒的に多い。これは、都道府県警察を中心とする警察制度の下で、警察庁採用の国家公務員と都道府県警察採用の地方公務員について、事実上一体的に人事運用を行っているという特殊な事情による。次いで、自治体からの出向者が多い府省は、国土交通省（376 人）、外務省（174 人）、農林水産省（101 人）などとなっている。外務省が比較的多いのは、外交実務研修として、自治体職員を外務省や在外公館に受け入れているためであると考えられる。

　なお、役職別では、国から都道府県への出向者 1168 人中 132 人、市町村への出向者 646 人中 301 人が、部長級以上のポストに就いている。これに対し、国の室長級以上ポストへの出向者は、都道府県からは 3 人、市町村からは 1 人という状況である。

　こうした自治体から国への出向者数は、近年は増加傾向にある。これは、国の各府省では業務量に比して人員が足りないため、自治体からの出向者を積極

的に受け入れているという事情があると考えられる。

　国と自治体の人事交流は、双方の人材育成にとって大きな刺激となり得る。とくに各府省の官僚にとって、自治体への出向は、政策が実施される現場を体験する貴重な機会であって、キャリア形成のうえでも重要である。しかし、自治体行政機構の自律的な運営を期するためには、国による天下りの一方的な押しつけや、特定ポストの「指定席化」を排し、対等・協力の立場で相互交流を図る必要があろう。

参考文献
青山佾『東京都副知事ノート―首都の長の権力と責務』講談社、2007年
礒崎初仁『知事と権力―神奈川から拓く自治体政権の可能性』東信堂、2017年
稲継裕昭『人事・給与と地方自治』東洋経済新報社、2000年
片岡正昭『知事職をめぐる官僚と政治家―自民党内の候補者選考政治』木鐸社、1994年
喜多見富太郎『地方自治護送船団―自治体経営規律の構造と改革』慈学社、2010年
田村秀『自治体ナンバー2の役割―日米英の比較から』第一法規出版、2006年
松下圭一・西尾勝・新藤宗幸（編）『自治体の構想4　機構』岩波書店、2002年

Column ⑥　首長ブレーン

　本文でも触れたように、首長が行政機構を掌握し、円滑な政権運営を行うためには、その補佐役が必要不可欠である。その中でも、首長の厚い信任を得て政権運営を補佐したり、政策的な助言を与えたり、あるいは裏方に回って利害調整を行ったりする人びとのことを、首長ブレーンと呼ぶことができる。とくに、議会や行政機構内部に支持基盤をもたず、「落下傘」的に就任した首長にとっては、自らの腹心となるブレーンの組織化が急務となる。1970年代に全盛を迎えた革新自治体でブレーンの登用・活用が顕著になったのは、そのためである。ただ、現在でも首長ブレーンが活躍する自治体は珍しくない。この首長ブレーンには、さまざまなタイプがあるが、次のような2つの軸で分類することができる。

　第1は、行政機構内部の常勤ポストに就いているか、それとも庁外から助言を与えるにとどまっているかという軸である。とくに重要な副首長については、庁内あるいは中央府省から有為な人材を抜擢するケースも多いが、首長と個人的なつながりをもつ庁外の人材が副首長に登用され、首長ブレーンとして権勢を振るう場合がある。ただし、外部から幹部ポストへの抜擢人事を行う場合は、議会や庁内の反発に見舞われるのが通例であり、その実現は必ずしも容易ではない。これに対し、自治体の公式な役職をもたない人材を、顧問や参与、審議会等の会長・委員という非常勤ポストに就けたり、あるいは一切そうした役職に就けないまま、実質的な相談役・指南役として活用したりするケースも存在する。

　第2は、政策面での専門知識を請われて首長ブレーンとなったのか、それとも首長との政治的・個人的な関係によってブレーンとしての役目を担っているのかという資質・出自に関わる軸である。前者は、大学教授等の有識者や専門家、後者は、首長の支援政党・団体の職員や調査員、あるいは秘書や親族等がその典型である。

　これら2つの軸を組み合わせると、以下の表のようになる。

　これまで、首長ブレーンの役割や機能に関する体系的な研究はほとんど存在しなかったが、近年、自らの知事ブレーンとしての体験を踏まえた著作が刊行されている（礒崎初仁『知事と権力』東信堂、2017年）。今後、さらなる研究の蓄積が期待されよう。

		庁内・常勤	庁外・非常勤
政策的専門能力		Ⅰ　専門家登用型 ex.　飛鳥田横浜市政：田村明（環境開発センター→企画調整部長・企画調整局長）	Ⅱ　専門家活用型 ex.　土屋埼玉県政：大森彌（東京大学教授・当時）
	長所	専門的・科学的自治体行政の実現	政策課題に応じた柔軟な助言・補佐
	短所	庁内人事慣行との齟齬による不満の蓄積、政治的調整能力・行政運営能力の欠如による混乱	政策結果に対する責任の所在が曖昧化
政治的・個人的関係		Ⅲ　側近登用型 ex.　石原東京都政：濱渦武生（秘書→副知事）	Ⅳ　側近活用型 ex.　美濃部東京都政：小森武（東京都政調査会常務理事）
	長所	首長による庁内統制の実現、政治的意思の貫徹	「黒子役」による円滑な調整、支援政党・団体等との関係緊密化
	短所	「側近政治」によるブレーン権力の肥大化、自治体職員の萎縮	「密室政治」による意思決定過程の不透明化

第7章　議会と議員

```
この章で学ぶこと
```

　自治体の議会は、首長と並ぶ住民代表機関として、自治体の政治過程に
おいて中心的な役割を担っている。本章では、自治体の議会の機能や権限、
議会やその構成員である議員の活動の実態について検討する。また、近年
試みられている議会改革や、議会・議員をめぐる諸課題を整理することに
したい。

第1節　議会の機能と権限

　憲法93条1項は、「地方公共団体には、法律の定めるところにより、その議
事機関として議会を設置する」と規定している。この**議事機関**としての議会に
は、首長とともに二元代表制の一翼を担う役割が期待されている。二元代表制
における議会の機能や権限について、住民代表、行政監視、政策形成という3
つの側面から検討を加えることにしたい。

■住民代表機能

　自治体の議会は、首長と並ぶ住民代表機関であり、住民の利益や意見を的確
に代表することが求められる。では、地域住民の代表である議員は、どのよう
に選出されるのであろうか。

　まず、都道府県・市区町村議会の議員の被選挙権は満25歳以上で、当該自
治体に引き続き3カ月以上居住する者となっている。任期は首長と同じく4年
である。議員の定数の上限は、かつては人口規模に応じて地方自治法で規定さ
れていたが、2011年の改正により同規定は撤廃された。

　次に、自治体の議会の選挙制度については、国政選挙と同様、公職選挙法に
定められているが、やや複雑な仕組みを採用している。まず、都道府県と指定

都市については、選挙区が置かれる。都道府県の場合はその区域内の郡・市を単位として選挙区が設置されていたが、平成の大合併によって郡の存在意義が変化したことなどから、2013年に公職選挙法が改正された。その結果、都道府県議会の選挙区は、①一の市の区域、②一の市の区域と隣接する町村の区域を合わせた区域、③隣接する町村の区域を合わせた区域のいずれかによることを基本とし、条例で定めることとされた。また、指定都市の区域における道府県議会議員の選挙区は、従来は行政区単位で置くこととされていたが、この改正によって、複数の行政区を単位とする選挙区を設定することができるようになった。他方、指定都市の議会の選挙区は、行政区を単位として設置される。

各選挙区の定数は人口規模に応じて1〜17人となっており、小選挙区制と大選挙区制の混合制である。これに対し、市区町村議会議員の選挙は、原則として全区域を1つの選挙区とする大選挙区制である。ただし、合併で誕生した広域の市などの場合、条例でその内部に選挙区を置くことができる。

1人を選ぶ小選挙区制によって選出される首長には、まさに自治体全域を代表する政治的リーダーであることが期待される。これに対し、自治体内部のさまざまな地域から選出される議員には、地域に密着した日常的な政治活動(いわゆるドブ板活動)が求められる。議員には、地域の行事や集会等に積極的に顔を出し、住民や支援団体の陳情や請願を受け付け、地域と自治体政治行政をつなぐパイプ役としての役割を果たすことが期待されているのである。

■行政監視機能

自治体の議会には、首長以下の行政機構の活動を監視し、首長の政治権力を牽制する役割も期待されている。前章で見たように、首長優位の二元代表制の下で、首長の権力はきわめて強大である。また、広範に及ぶ自治体の行政活動には、無駄や不正が見られる場合がある。したがって、抑制均衡や行政統制の観点から、議会には、首長以下の行政機構を監視し、牽制するための権限が与えられている。

第1に、首長の議案・予算案の提出権に対応して、議会は、議案・予算案の議決権をもつ。議会の議決がなければ条例や予算は効力を発揮しないので、議決権は、首長を牽制するうえで大きな意味をもつ。ただし、第5章で明らかに

したとおり、首長は議会の議決に対して再議に付することができ、条例・予算に関する議決への再議の場合、これを乗り越えるには議会の側の特別多数決（出席議員の3分の2以上の同意）が必要である。また、予算案の提出権は首長のみが有し、一般に、議会はその予算案の趣旨を逸脱するような増額修正はできないと解されているので、首長優位の体制であることに変わりはない。

　第2に、議会は首長の**不信任議決権**をもつ。議会は、3分の2以上の出席、出席議員の4分の3以上の賛成で首長の不信任を議決できる。この点も第5章で述べたとおりだが、議会の意に添わない首長を自治体政治の舞台から引きずり降ろすことも可能であるという点で、やはり首長への牽制になる。ただし、首長は議会を解散でき、失職した場合でも返り咲きする可能性があるという点で、牽制手段としての不信任議決権は、議会が期待した政治的効果を発揮しない場合もある。

　第3に、議会は、副知事・副市区町村長等の**特別職**の任命に対する同意権をもつ。首長は、副知事・副市区町村長や行政委員会の委員等の特別職を任命する権限をもつが、その際、議会の過半数による同意が必要である。この特別職人事の同意権は、首長の政権運営に影響を及ぼすことができる点で、首長の権力に対する強力な牽制手段となる。

　第4に、議会には検閲・検査権や監査の請求権、調査権が与えられている。議会は、事務の執行状況についての検閲・検査を首長などの執行機関に対して行うことができ、事務に関する監査を監査委員に請求することができる（地方自治法98条）。また、地方自治法100条に基づき、国会の国政調査権と同様、自治体の議会には広範な調査権（いわゆる**百条調査権**）が与えられている。

　第5に、議会は、首長が行った専決処分に対し、不承認とすることができる。ただし、議会が不承認とする場合が例外的であることについては、第5章第2節で明らかにしたとおりである。

■政策形成機能

　二元代表制における議会の政治的役割は、単に行政監視ということにとどまらない。立法府としてのアメリカ連邦議会が、法律の制定を含む政策の立案・形成活動を行っているのと同様に、日本の自治体の議会には、自治体の区域に

おける地域的な法規範としての条例を立案し、これを十分に審議する機能が期待されているといえる。こうした条例の立案・審議・制定を含む機能を、ここでは広く政策形成機能と捉えておくことにしたい。

　自治体の議会は、国会同様、委員会制を採用している。議会には政策領域ごとに**常任委員会**と**特別委員会**が置かれ、各委員会が専門的な観点から議案を検討することが期待されている。また、議員には、条例案を含む議案の提出権、つまり**議員提案**も認められている。議員定数の 12 分の 1 以上の賛成が得られれば、議員は議案を提出することができる。ただし、予算案の提出については、先述のとおり、首長の専権事項に属する。

第 2 節　議会と議員の活動実態

■住民代表機能の実態

　自治体の議会には住民代表機能、行政監視機能、政策形成機能という 3 つの機能が求められるが、実際に議会やその構成員である議員は、これらの機能をどのように発揮しているのだろうか。まず、住民代表機能について見てみよう。

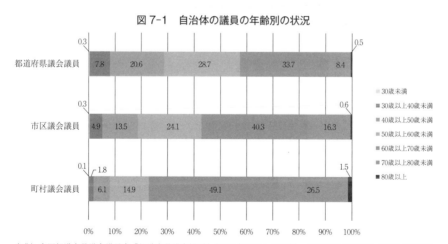

図 7-1　自治体の議員の年齢別の状況

出典）全国都道府県議会議長会「都道府県議会提要」（2015 年 7 月 1 日現在）、全国市議会議長会「市議会議員の属性に関する調」（2018 年 8 月 1 日現在）、全国町村議会議長会「第 64 回町村議会実態調査結果の概要」（2018 年 7 月 1 日現在）に基づき筆者作成。

　代議制民主主義の理念からは、議会は、地域における有権者の構成、すなわち性別や年齢・世代、職業などの構成をできるだけ反映していることが望ましい。では、実態はどうだろうか。

　まず、都道府県議会・市区町村議会における女性議員の割合を見ると、全国の都道府県議会議員2609人のうち、女性議員は262人（10.0%）である。また、女性の市区町村議会議員は、指定都市を含む市区議会議員1万8930人中2892人（15.3%）、町村議会議員1万909人中1105人（10.1%）である（2018年12月31日現在）。全国の自治体の議員の約9割を男性が占めている。

　次に、議員の年齢構成を見てみよう。図7-1によれば、都道府県議会議員の4割以上、市区議会議員の5割以上、町村議会議員の7割以上が60歳以上であり、高齢の議員が多数を占めていることが分かる。

　図7-1の出典と同様のデータで職業別に見ると、都道府県議会議員の5割以上、市区議会議員の4割以上が議員専業であるが、町村議会議員の議員専業は2割程度であって、約3割の町村議会議員が農林業に従事している。第2次・第3次産業従事者は、自治体の議員の中では少数派である。

　都道府県や大都市の議員の多くが議員専業であるのに対し、町村議会議員に兼業が多いことは、議員の報酬等とも関係している。表7-1のように、議員の平均報酬月額は、自治体の規模によって大きく異なっている。町村議会議員の平均報酬月額は、指定都市を除く市議会議員の平均報酬月額の5割強にとどまっている。人口規模の小さな農山村部の基礎的自治体の議員は、農林業等との兼業を前提とした報酬しか受けていないといえよう。

表7-1　議員の平均報酬月額（2018年4月1日現在）

	議長	副議長	議員
都道府県	986,721 円	881,981 円	812,906 円
指定都市	963,915 円	867,390 円	792,375 円
市	493,819 円	436,552 円	406,816 円
特別区	919,248 円	788,704 円	612,474 円
町村	291,688 円	236,245 円	214,409 円

出典）総務省「平成30年地方公務員給与実態調査結果」に基づき筆者作成。

さらに、所属党派別では、都道府県議会は政党化が進んでおり、都道府県議会の所属党派は、自民党47.3％、公明党7.9％、共産党5.7％などとなっている。無所属は19.7％である。これに対し、市区町村議会では無所属が70.2％と圧倒的に多く、以下、公明党9.1％、共産党8.8％、自民党6.8％と続いている。これらの無所属議員のほとんどは、保守系の議員が占めている。

図7-2　自治体の議員の所属党派別の状況

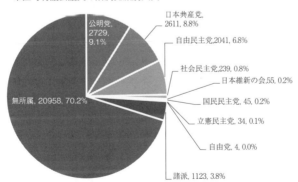

出典）総務省「地方公共団体の議会の議員及び長の所属党派別人員調等（平成30年12月31日現在）」に基づき筆者作成。

　なお、自治体の議会では、議会活動を共にする複数の議員によって、**会派**が結成されていることが多い。会派は、届出によって政務活動費（第3節参照）の交付を受ける主体となり、規模によっては議会運営の交渉主体となるなど、議員の政治活動や議会の意思決定にとって重要な役割を果たしている。自民党や保守系無所属の議員は、地元選出の都道府県議会議員や国会議員の所属派閥等の系列、あるいは人的関係等によって、複数の会派を構成する例も多い。

■行政監視機能の実態

　首長以下の行政機構に対する議会の監視機能にはさまざまなものがあるが、監視機能が適切に発揮されるためには、議会が審議する時間を十分確保し、首長以下の行政機構に対して効果的な質問を行って、住民・議会に対する応答を引き出していく必要がある。ここでは、まず、議会の会期日数と質問方式について見てみよう。

　自治体の議会は、期日を定めて定例会・臨時会を開催する会期制を導入している場合が多い。定例会は年に4回程度（2月または3月、6月、9月、12月が通例）開催され、その他臨時会が随時開催されている。

　他方、2012年の地方自治法改正によって、自治体の議会は条例で**通年制**を選択できるようになった。通年制には、**通年会期制**と**通年議会**がある。前者は定例会・臨時会の区別を設けず、条例で定める日から翌年の当該日の前日までの1年を会期とし、定例的に会議を開催する日を定める制度で、1県、9市区、24町村が採用している。これに対し、通年議会は、定例会の会期を1年とし、その間は議会の判断で必要に応じて会議を開催できるようにする制度である。都道府県議会には採用例がないが、22市区、30町村が採用している。

　では、会期制を採用している議会は、年間でどの程度の日数を審議に費やしているのだろうか。平均会期日数は、都道府県議会で111.4日（2014年1月1日〜12月31日）、市区議会で88.9日（2017年1月1日〜12月31日）、町村議会で42.8日（2017年1月1日〜12月31日）となっている。

　こうした会期日数で行政監視機能を十分に発揮できているかどうかを判断することは難しい。単純な比較は許されないが、通常国会の会期が150日で、これに加えて臨時国会も召集されることと比べると、自治体の議会の会期日数は

少ないといえるかもしれない。

　では、議員は、限られた会期日数の中で、行政機構の応答性を効果的に引き出すような質問を行っているのだろうか。かつては、多くの自治体の議会では、全国都道府県議会議長会、全国市議会議長会、全国町村議会議長会がそれぞれ作成した標準会議規則に従い、①一般質問の文書通告制（議員が質問を事前に文書で議長に通告し、首長等はこれをもとに答弁書を作成）、②一括質問・一括答弁方式（一問一答方式ではなく、質問者が質問を連続して発言し、これにまとめて答弁者が答える）、③質問回数・時間の制限等を採用していた。そのため、議会審議は形骸化・儀礼化し、議会が行政監視機能を十分に発揮していないという批判が存在した。

　しかし、現在では、**一問一答方式**を採用したり、質問回数・時間の制限を撤廃あるいは緩和したりする議会も増えている。たとえば、全市区の80.0％（651市区）、全町村の78.7％（730町村）の議会で一問一答方式が採用されている。依然として98.4％の市区議会、81.9％の町村議会が質問時間の制限を設けているものの、質問回数については、70.0％の町村議会で制限を設けていないなど、質問方法等の見直しが進められている（2017年12月31日現在）。

　他方、議会の行政監視活動は、こうした日常的な審議活動に限定されているわけではない。前節で明らかにしたように、地方自治法には、議会の権限として、検閲・検査権および監査請求権と百条調査権が規定されている。以下では、これらの権限に基づく議会の行政監視の実態について見てみよう。

　自治体の事務に関する書類・計算書の検閲と、事務の執行状況や出納に関する検査は、都道府県では5件、市区町村では302件実施されている（2007年4月1日～2018年3月31日の合計。以下、本項の数値は同期間の件数）。議会による検閲・検査は、各種の事業会計や決算認定について行われる場合が多い。

　これに対し、議会による監査の請求は、都道府県では0件、市区町村で64件と概して低調である。監査の請求は、事務委託や公共施設の指定管理等に関して行われる場合が多い。

　次に、百条調査は、都道府県で9件、市区町村で183件実施されている。百条調査は、議会が特定の事件を指定したうえで、**百条委員会**（常任委員会または特別委員会）に対して調査を委任して実施される。正当な理由のない議会への

出頭拒否、記録提出拒否、証言拒否や虚偽の陳述に対しては、禁固刑を含む罰則が科されており、これらの罰則に関して議会には告発が義務づけられている。近年では、2017年2月に東京都議会が豊洲市場移転問題に関する調査特別委員会（百条委員会）を設置し、同年7月に元副知事らを告発した例がある。ただし、実際に告発に至ったケースは、都道府県で4件、市区町村で34件であり、限定的な運用がなされているといえる。

■政策形成機能の実態

　自治体の議会は、政策形成機能に関する活動をどの程度行っているのだろうか。ここでは、議案の提出状況と議員・会派の政策形成活動を支える補佐機構について見てみよう。

　まず、議案の提出について、年間平均議案件数を見ると、全議案のうち議員または議会の委員会が提出した議案が占める割合は、都道府県では14.7%、市区では8.9%、町村では7.6%である（表7-2）。議案のうち、2017年1月1日から12月31日の1年間に全国の市区議会と町村議会に提出された条例案について見ると、市区議会に提出された2万5626件の条例案のうち、首長提出のものが2万4650件（96.2%）と圧倒的多数を占め、議員・委員会が提出した条例案は976件（3.8%）にとどまっている。町村議会では、1万9068件の条例案のうち、首長提出のものが1万8604件であったのに対し、議員・委員会が提出した条例案は464件（2.4%）にすぎない。

　次に、議会にはその活動を補佐するために事務局が置かれているが、その人員は自治体の規模によって差がある。議会事務局の平均職員数は、都道府県議

表7-2　議案の提出状況

	年間平均議案件数	首長提出	議員・委員会提出
都道府県	233.6 (100%)	199.3 (85.3%)	34.3 (14.7%)
市区	122.3 (100%)	111.4 (91.1%)	10.9 (8.9%)
町村	87.7 (100%)	81.0 (92.4%)	6.7 (7.6%)

注）都道府県は2014年1月1日〜12月31日、市区および町村は2017年1月1日〜12月31日。
出典）総務省・地方議会・議員のあり方に関する研究会「地方議会に関する基礎資料」（2019年6月）、全国市議会議長会「市議会の活動に関する実態調査結果：平成29年中」に基づき筆者作成。

会では 40.3 人（2015 年 7 月 1 日現在）であるが、市区議会で 7.9 人（2018 年 8 月 1
日現在）、町村議会では 2.5 人（2018 年 7 月 1 日現在）にすぎない。議員や会派の
政策形成活動を支える補佐機構の人的資源は、必ずしも十分に確保されていな
い状況にあるといえるだろう。

第 3 節　議会・議員をめぐる課題と改革

■議会の機能不全

　自治体の議会には、住民代表、行政監視、政策形成という機能が求められて
いるが、前節で明らかにしたように、議会や議員の実態を見ると、こうした期
待に十分に応えているとはいい難い状況にある。議会や議員は、期待される機
能や権限を十分に発揮できていないといえる。

　日本の自治体の議員は、その多くを高齢男性が占めているため、女性や若年
層、専門職や給与所得者の利益が十分に反映されていない可能性があり、議会
の住民代表機能には疑問がある。議会の行政監視機能については、質問方法等
の改善が認められるものの、検閲・検査権や監査請求権等の行使は抑制的であ
り、会期日数も概して限られている。政策形成機能についても、とくに議員・
委員会が提出する条例案の件数は少なく、議員・会派を補佐する事務局体制も
貧弱である。議会事務局の職員の人事権は議長が有しているが、職員の昇進・
異動などの人事管理は首長部局と一体で行われている。事務局職員の専門性・
独立性が低いことは、議会が政策形成機能のみならず行政監視機能を発揮する
うえでも制約要因となっている可能性がある。

　さらに、議員の立法調査活動を支援するために支給される**政務活動費**（2012
年の地方自治法改正前は政務調査費）についても問題が多い。政務活動費は、「議員
の調査研究その他の活動に資するため」に会派または議員に対して支給され、
その使途の範囲は条例で規定される。しかし、2010 年代以降、不正・不適切
な使途が相次いで明らかになった。こうした議会・議員をめぐる金銭面での不
祥事は、住民の議会に対する信頼の低下をもたらしているといえる。

■議員のなり手不足と議会制度の改革

　こうした機能不全に加え、近年、自治体の議会・議員にとって深刻な課題と受け止められているのが、議員のなり手不足という問題である。平成の大合併に伴う市町村数の減少によって、とくに町村の議員数は、1998 年時点の 4 万559 人から、2018 年では 1 万 909 人と、20 年間で約 4 分の 1 になっている。

　それにもかかわらず、2019 年 4 月の統一地方選挙における町村議会議員選挙や、町村を選挙区とする都道府県議会議員選挙においては、約 4 分の 1 が**無投票当選**となっている。前節で見たように、町村議員の報酬は専業で議員活動を行えるほど高くはなく、人口減少が進む農山村部では、自治体の議員は魅力のある職業ではなくなっているといえる。そのため、議会の将来的な持続可能性が問われる事態になっている（column ⑦参照）。

　これらの課題のうち、自治体の議会の中には、議会の機能不全を解消するために、自主的な改革に取り組んでいるところもある。たとえば、議会の責務や役割を明確にするために、**議会基本条例**を自ら制定している議会は、797 団体に上っている（2017 年 4 月 1 日現在。出典は自治体議会改革フォーラム HP）。また、議会の下に附属機関や調査機関を設置し、政策形成機能の向上に努めている議会もある。こうした取組みを踏まえ、2012 年に地方自治法が改正され、本会議における公聴会の開催や参考人の招致ができるようになった。さらに、一部の議会では、首長や職員に議員質問に対する反問権を認めることによって、議会審議の活性化に努めている。

　また、給与所得者が傍聴でき、議員に立候補しやすい環境をつくるために、休日議会や夜間議会を開会している議会もある。子ども議会、女性議会、模擬議会等、住民代表機能を補完する試みも行われている。さらに、インターネットや SNS 等を活用し、広報広聴活動を積極的に行う議会も登場している。

　他方、議員のなり手不足を解消し、議会の機能を向上させるための議会制度改革には課題も多い。総務省は、2017 年に町村議会のあり方に関する研究会を設置し、小規模自治体の議会の持続可能性を高めるために、新たな議会のあり方を自治体が条例で選択できるようにすることなどを検討した。また、住民代表機能を強化するには議会の選挙制度改革が重要であるとして、一部の政治

学者は、都道府県議会議員選挙への比例代表制の導入等を提唱している。

　しかし、こうした抜本的な議会制度改革に対しては、議会関係者は消極的である。議会の機能不全を解消し、住民の信頼を高めるための取組みは、今後も継続的に行われていく必要があろう。

参考文献

礒崎初仁『自治体議員の政策づくり入門─「政策に強い議会」をつくる』イマジン出版、2017 年
江藤俊昭『自治体議会学─議会改革の実践手法』ぎょうせい、2012 年
江藤俊昭『議会改革の第 2 ステージ─信頼される議会づくりへ』ぎょうせい、2016 年
金井利之『自治体議会の取扱説明書─住民の代表として議会に向き合うために』第一法規出版、2019 年
辻陽『日本の地方議会─都市のジレンマ、消滅危機の町村』中公新書、2019 年
廣瀬克哉（編）『自治体議会改革の固有性と普遍性』法政大学出版局、2018 年
馬渡剛『戦後日本の地方議会─1955-2008』ミネルヴァ書房、2010 年
村松岐夫・伊藤光利『地方議員の研究─日本的政治風土の主役たち』日本経済新聞社、1986 年

Column ⑦　町村総会への移行は可能か

　2017 年 6 月、大川村（高知県）の村長が地方自治法に定める町村総会を設けることを検討する旨の発言を行い、話題となった。大川村は、当時人口が 400 人あまりと離島以外では日本でもっとも人口が少なく、議員定数も 6 人であったが、2015 年の村議選は無投票当選で、議員のなり手不足に悩んでいた。村長の発言は、議会の持続可能性に対する危機感から発せられたものであった。

　町村総会は、1888 年に制定された市制町村制に起源をもち、第二次大戦後に制定された地方自治法に受け継がれた制度である。同法 94 条は、「町村は、条例で、〔普通地方公共団体に議会を置くと定めた〕第 89 条の規定にかかわらず、議会を置かず、選挙権を有する者の総会を設けることができる」と規定している。戦前には芦之湯村（神奈川県足柄下郡）、戦後には宇津木村（東京都八丈支庁管内）で町村総会を設置していた例がある。しかし、芦之湯村は人口 36 人、有権者（公民）数 6 人（1925 年 4 月時点）、宇津木村は人口 65 人、有権者数 38 人（1951 年 1 月時点）ときわめて小規模な団体であり、前者は 1947 年 4 月に議会を設置し、後者は 1950 年に八丈町に編入された。以後、町村総会の設置例はなく、そもそも議会を廃止して町村総会に移行する手続に関しては、地方自治法に何らの定めもないことから、大川村の村長の発言は大きな波紋を広げたのである。

　この発言等を受けて、大川村と高知県は大川村議会維持対策検討会議を設置する一方、総務省も町村議会のあり方に関する研究会を設置し、検討を行った。結果的に総務省の研究会が、住民が一堂に会する町村総会を実効的に開催することは困難であるという姿勢を見せたこともあって、2017 年 9 月、村長は村総会の調査研究を中断する意向を表明した。

　町村総会は、明治地方自治制度の残滓にすぎないのか。それとも直接民主主義の可能性を秘めた遺産なのか。町村総会の制度は、人口減少社会における地域民主主義のあり方を展望するうえで、興味深い素材を提供しているといえよう。

第Ⅲ部　政策論

第8章　自治体の政策と総合計画

この章で学ぶこと

　自治体はさまざまな政策を展開している。自治体の政策活動には、国がつくった政策を実施する活動もあれば、自治体が自ら政策をつくり、それを実施する活動もある。こうした政策活動がなければ、住民の生活は成り立たないし、地域の課題を解決することも難しい。また、個々の政策を包括する総合計画も、自治体の政策活動を方向づける点で重要な意味をもつ。本章では、自治体の政策活動の基本について学ぶ。

第1節　政策の意味と内容

■政策（公共政策）とは何か

　社会にはいろいろな課題が生じるため、国や自治体には、これを解決するためにさまざまな活動を行うことが求められる。こうした活動を効果的に実施するには、そのための方針が必要になる。この活動の方針が「政策」である。すなわち、**政策**（**公共政策**, public policy）とは、公共的な課題を解決するための活動の方針であって、目的と手段を定めるものと考えられる。なお、広義の政策には企業等の活動方針も含まれるため、上記を「公共政策」と呼んで区別することもある。この政策の意味について順に検討していこう。

　第1に、政策は公共的な課題を解決するためにつくられるものである。社会にはさまざまな問題が生じるが、これが公共的な課題と認識されて初めて政策の対象となる。私人間の問題であれば当事者間の協議や民事訴訟等の制度に委ねればよく、あえて行政機関が対応する必要はない。

　第 2 に、政策は課題解決のための活動の方針である。たとえば景観保全のための建築規制を行う場合には、規制活動の対象や基準を明らかにする必要がある。これらが政策の内容を構成することになる。

　第 3 に、政策は目的と手段を定めるものである。諸活動の方針には、事務マニュアルのように目的が明示されていないものや、選挙公約や議会演説のように目的ばかりで手段が示されていないものがあるが、それらは 1 つの完結した政策とはいえないのである。

■政策の「大きさ」

　一口に政策といっても、対象としている活動の範囲やレベルによって、包括的な政策から具体的な政策までさまざまなレベルのものがある。そこで、政策についてその包括性・具体性によって、政策（policy）― 施策（program）―事業（project）の 3 つに区分することができる。ここでいう狭義の「政策」は、かなり包括的な活動の方針に限られ、実務で使われることが多いのは「施策」や「事業」の呼称である。そして、ある「政策」を採用した場合に、それを実現するために具体的な「施策」を採用するというように、それらは目的―手段の連鎖によってツリー状の構造をなしている（図8-1 参照）。

　もっとも、こうした区分も相対的なものであり、位置づけ方によって異なりうるものといえる。

図 8-1　政策のツリー構造

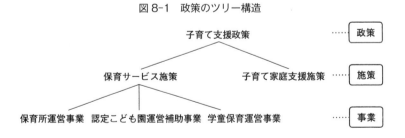

■政策の構成要素

　政策には何が定められているのだろうか、また定めるべきだろうか。政策は目的と手段のセットで構成されるが、手段の側面はさらに 4 つに区分できるた

め、全体で5つの要素に分けられる。

第1に**目的**である。これは達成すべき目標とそのための諸活動の方向性を指示するものである。たとえば景観政策の場合は、「良好な景観の保全と形成」といった目標が目的になる。

第2に**執行主体**である。これは活動の主体、誰がこの活動を行うかを定めるもので、この主体に権限を付与する場合も義務を課す場合もある。景観政策の場合は、自治体の首長が建築行為等の届出を受理し必要な場合に助言指導を行うという内容が多いが、この場合の執行主体は首長になる。

第3に**対象**である。これは活動の客体（相手方）を定めるもので、人・行為・地域のいずれかを特定することが多い。景観政策の場合、景観形成地区等の地域を指定し、そこでの一定規模以上の建築行為を対象として届出等を義務づけることが多いから、地域と行為に着目して対象を設定しているといえる。

第4に**執行手段**である。これは活動の手段、すなわち社会に対して働きかける際の方法を示すものである。景観政策の場合、上記の内容であれば、誘導的手段のうち届出制と行政指導制という手段を選択していることになる。

第5に**執行基準**である。これは活動の際に従わなければならない基準や手続のことである。景観政策の場合は、助言指導の基準（建築物の高さ・形態・色彩等に関する基準）や手続がこれに該当する。

■執行手段の選択

上記のうち政策をつくるうえで重要なのが**執行手段**の選択である。ここでいう執行手段は、より広く政策手法とか行政手法と呼ばれることもある。執行手段として、従来は**規制的手段**と**支援的手段**が広く活用されてきたが、最近は**誘導的手段**や**調整的手段**も使われているし、これらを組み合わせた**計画的手段**も増えている。さらに誘導的手段の1つとして、環境税などの**経済的手段**も重要になっている。

執行手段の選択にあたっては、多様な執行手段の中からもっとも適切な手段を選択し、また複数の手段を組み合わせることが重要である（表8-1参照）。その際には、権限、財源、人材、情報などの**政策資源**（policy resource）のうち、どのような資源を活用できるかを考えることがポイントになる。

表8-1　執行手段の区分と具体例

区　分	内　容	具体例（執行手段）
①規制的手段	望ましくない行為を制限または抑制する手段	禁止制、許可・承認制、協議・同意制、指定・登録制、命令制など
②誘導的手段	望ましい行為や状態へ誘導する手段	届出制、行政指導制、補助金制、認定・認証制、広報啓発制など
＊経済的手段	市場原理を基本としつつ、経済的インセンティブを利用する手段	政策税制（環境税等）、排出権取引など
③支援的手段	サービス等の提供により住民の生活や活動を支援する手段	金銭交付制、金銭貸与制、サービス提供制、相談・情報提供制など
④調整的手段	関係者の意見や利害を調整する手段	意見聴取制、調停あっせん制、協定・契約制、苦情対応制など
⑤計画的手段	今後の目標・施策や行動規範を明確にして、その実現を図る手段	行政計画制、行動指針制など

出典）各種資料から作成

第2節　政策のプロセス

■政策過程の捉え方

　それでは、政策はどのようにしてつくられ、実現されていくのだろうか。以下では5段階で把握する考え方に基づいて説明しよう。ほかにもより単純に企画（plan）―実施（do）―検証（see）の3段階の把握もあるが、ややきめ細かさに欠ける。また、マネジメントのプロセスとしては、企画（plan）―実施（do）―点検（check）―改善（action）の4段階で捉えるPDCAサイクルが広く使われているが、立案者と決定者の違いが軽視されるなど公共政策の場合にはなじみにくい面がある。

　もちろん、この5段階の把握は理念的なモデルであり、実際には行きつ戻りつしながら複雑なプロセスをたどるし、偶然が作用することもある。政策研究の中には、政策はゴミ箱にいろいろなゴミが投げ込まれるような混沌とした状態からつくられる（**ゴミ缶モデル**）とか、問題と政策案と政治という3つの流れが合流したときに「政策の窓」が開かれて政策が選択される（**政策の窓モデル**）という捉え方もある。また、自治体の政策形成では、他の自治体の先進的な政策を模倣し「いいとこ取り」することによって、政策全体が次第に進化すると

いう特徴もある（**政策波及モデル**）。

　政策過程は多様であるが、こうしたモデルを念頭に置きながら現実を客観的・構造的に見る眼を養うことが重要である（Column ⑧参照）。

■**政策の形成（課題設定から決定まで）**

　第1に、**課題設定**（agenda-setting）の段階がある。政策がつくられるためには、まず国や自治体が社会に生じた問題を公共的な課題として認識し、検討を開始することが必要である。社会に生じる問題は誰でも認識できるから、国や自治体はこれに受動的に対応するものと考えがちだが、実際に生じる問題は複雑であり、これをどう捉えるかは見方によって異なるため、課題設定のあり方が重要となる。既存の政策から利益を得ている者は、問題があってもそれを隠ぺいし、政策課題になることを阻止しようとするかもしれない（こうした力を**非決定権力**という）。

　第2に、**立案**（planning）の段階がある。課題解決のために必要な活動の方針案を列挙し、その利害得失を検討して1つの案にまとめる段階である。この段階も、さらに政策案の基本的な事項を検討する**基本設計**の段階と、より詳細な事項を検討する**詳細設計**の段階に分けることができる。

　第3に、**決定**（decision-making）の段階がある。立案された政策案を決定権をもつ機関が審議・検討し、正式の政策として確定させる段階である。

■**政策の執行と評価**

　以上で政策ができあがることになるが、残り2つの段階が意外に重要である。説明を続けよう。

　第4に、**執行**（implementation）の段階がある。決定された政策の内容に従って実際に執行主体が活動を行う段階である。一般に、執行過程は、決定された政策を忠実に実行するだけの裁量性のない段階と考えられがちである。しかし、実際には政策の内容をどう解釈し、個別事例にどうあてはめるかは微妙な判断を要するし、違反行為をどこまで追及するかは執行機関の裁量に委ねざるを得ない。福島原発事故の際にも指摘されたが、規制すべき行政機関が対象者に引きずられ、逆にコントロールされる「規制の虜」と呼ばれる現象も生じ得る。また後述の第一線職員については、業務の性質上広い裁量を認めざるを得ない。

さらに児童虐待対策のように多くの行政機関の連携が求められる場合は、その場・人材・制度のあり方が活動の成果を左右する（後掲伊藤 2019 参照）。政策研究では、決定された政策が執行過程で変容したりゆがめられることを**執行のギャップ**と呼び、その原因や背景を分析する政策執行研究（インプリメンテーション研究）が重要視されている。

第5に、**評価**（evaluation）の段階がある。政策執行の結果を踏まえて、政策の内容や執行の方法を点検し、評価する段階である。政策は執行すれば終わりではなく、これを点検・評価して政策の見直しにつなげる必要がある。すなわち、評価段階から立案段階にもどって政策の内容を変更したり、執行段階にもどって執行方法を見直すというように**フィードバック**させることが重要である。このように政策過程は循環的な**政策サイクル**（policy cycle）として捉えられる。たとえば景観条例の場合は、そもそも条例が守られているか、良好な景観の形成につながっているか、過大な費用を要していないかといった点を評価し、問題があれば条例の改正や執行方法の見直しを行う必要がある。

政策評価は、1990 年代に三重県、静岡県、北海道などの自治体がそれぞれの方法で開始して以来、現在では全国の自治体で実施されている（第 19 章第 3 節参照）。国においても、2001 年に**政策評価法**が制定され、各省庁には政策評価が義務づけられている。政策評価は、①行政のスタイルを手続重視から成果重視に転換し、②住民本位の効率的で質の高い行政を実現するとともに、③住民に対する説明責任を確保するために重要な取組みといえる。

政策評価にあたっては、次のような基準・視点で評価されるのが通常である。

①必要性：当該政策が必要か、他の手段で対応できないか

②有効性：当該政策が目的の実現にどこまで効果があるか

③効率性：当該政策を執行するのにどれだけの費用（コスト）を要するか

④公平性：住民間の公平や平等に適合しているか

⑤適法性：憲法や法律・条例に適合しているか

■政策のアウトプットとアウトカム

政策は課題解決のための活動の方針だから、これを執行した結果、課題解決にどこまでつながったか（有効性）が重要である（いわゆる**成果主義**）。その際に、

アウトプットとアウトカムを区別する必要がある。すなわち政策分析では、政策に基づいて予算や人員などの政策資源を投入することを**インプット**というが、これによって生じた施設の整備や組織の増強などの直接的な成果（行政側の変化）を**アウトプット**といい、さらにそれによって生じた課題の解決やサービスの改善などの二次的な成果（社会側の変化）を**アウトカム**という（図8-2参照）。

　行政実務では、成果というとアウトプットに着目し、どれだけの施設をつくったかといった点を宣伝することが多いが、アウトカムについては関心が薄く、そのためのデータも収集していないことが多い。確かにアウトカムは、他の要因が影響することもあって把握が難しい面があるが、住民生活にとって重要なのはアウトカムであり、政策評価でもその点を問う必要がある。

図 8-2　政策執行の流れ

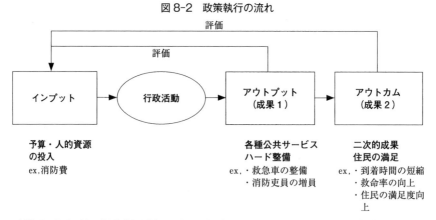

出典）桑原英明・増田正編著『自治体行政評価の基礎』創開出版、2003年、102頁（永田尚三執筆）を一部改変

■政策過程を支えるアクター

　では、政策はどのような主体（アクター）によってつくられ、また執行されるのだろうか。

　第1の課題設定については、自治体職員が日々の仕事の中で課題を抱えて検討を始めることが多いが（ボトムアップ）、首長が住民の陳情を受けて検討を指示する場合（トップダウン）や、議員の議会質問や要請によって検討が始められ

る場合もある。住民運動や関係団体の要望がきっかけとなることもある。

　第2の立案のうち、基本設計については首長の指示・意向を踏まえて職員が作業を行う。行政計画や条例の場合は、関係団体の代表や有識者による審議会等の第三者的機関で検討することが多く、最近では公募の住民をここに含めることも多い。これに対し、詳細設計については職員が担うのが通常である。

　第3の決定については、首長と議会が権限をもつことが通常である。行政計画や個別の施策・事業は、首長または行政委員会が決定する。予算や条例は、首長等の提案に基づき最終的には議会が決定することになる。

　第4の執行については、職員が担当する。もちろん重要な事項については首長が個別に指示を行う。また執行にあたり住民や町内会、関係団体の協力を要する場合もあり、これらの意向が執行のあり方に影響を与えることもある。

　第5の評価については、首長等の指示の下で職員がこれを担うことが多いが（自己評価）、有識者等による第三者的機関の意見を聴く場合もある。また議会や市民団体等が評価や点検を行うこと（外部評価）もある。

　全体に、自治体の政策については首長と職員が主導的な役割を果たし、これに議会や住民団体、関係団体が関わりながら展開されているのである。政策過程モデルでいえば、基本的に「権力エリートモデル」が妥当するが、重要な政策では「多元主義モデル」が当てはまる場合もあるといえる（Column ⑧参照）。

■利益団体と政策コミュニティ

　政策を支えるアクターに関して特筆すべきものに、次のような存在がある。

　第1に利益団体の影響力である。**利益団体**（interest group）とは、共通の利益を実現するために組織された団体をいい、これが政治行政に影響力を与える場合に**圧力団体**（pressure group）と呼ばれる。国の場合は、経済団体、業界団体、労働組合等が政策決定に強い影響を与えている。これらが政治家（とくに族議員）や官僚と結びついて、政・官・業の**鉄の三角同盟**（iron triangle）を形成して政策過程を左右する場合も多い（第11章第4節参照）。自治体の場合も商工会議所、医師会、農協・漁協等は関係する政策に重要な役割を果たしている。地域づくりにこうした団体の協力は重要であるが、住民の利益よりも業界の利益が優先される結果にならないように注意すべきであろう。

第2に政策コミュニティの存在である。**政策コミュニティ**（policy community）とは、政策分野ごとに形成されているプロフェッション（職業人）の集団や人的つながりをいう。たとえば、保健福祉では医師、看護師、福祉職等が専門職として立場をこえて連携し、政策の形成や執行に強い影響を及ぼす。土木、建築等の専門職にも同様のつながりがある。福島原発事故に関しては、原子力工学の専門家が電力会社、官庁、大学にまたがって閉鎖的な「原子力ムラ」を形成し、原子力政策を左右してきたことが問題視された。こうしたつながりは、政策の形成と執行に重要な役割を果たすが、専門性に固執するあまり住民の利益を軽視し、また必要な改革を妨げることもある。専門性と市民性の両立が重要であろう。

第3に第一線職員の役割である。**第一線職員**とは、教員、警察官、保健師、ケースワーカーなど政策の執行にあたって広い裁量権をもつ職員をいい、ストリートレベルの官僚（street-level bureaucrat）とも呼ばれている。通常の行政職員が法令・マニュアルや管理職の指揮に従って仕事を進めるのに対して、第一線職員の仕事は対人的な業務であり、人間関係や現場の状況に応じた判断が求められるため、職員個人の判断や対応を尊重せざるを得ない。これらの分野では、組織の方針や規律と第一線職員の裁量をどう調和させるかが課題となる。

第3節　自治体の総合計画

■総合計画とは

総合計画とは、自治体が政策を総合的かつ計画的に実施するために、一定の期間（計画期間）を設定して達成すべき目標とそのための施策・事業を定める計画・方針をいう。総合計画は、福祉、環境などの各分野の政策を総合的・体系的に位置づけたものであり、「政策の束」といえる。ほかにこうした包括的な政策として予算がある。

総合計画は法律上の根拠はなく、策定する義務もない（以前は市町村に「基本構想」の策定義務があったが、2011年地方自治法改正により廃止された）。しかし実際には、ほとんどの自治体が総合計画を策定しているし、自治基本条例で位置づけ

ている自治体もある。それだけ自治体運営に不可欠なものなのである。

■総合計画の内容

　総合計画の形式はさまざまだが、多くの総合計画では、基本構想—基本計画—実施計画などの 2 〜 3 段階の構成をとっていることが多い（図8-3参照）。**基本構想**は自治体の将来像や政策の基本的な方向性を長期的な視点で定めるものであり、**基本計画**は基本構想を実現するために必要となる政策や基本的施策を中期的な視点で定めるものであり、**実施計画**は基本計画を実現するために必要な具体的な施策や事業を短期的なスパンで定めるものである。計画期間は、基本構想は 20 年程度、基本計画は 5 〜 10 年程度、実施計画は 3 〜 5 年程度に設定していることが多く、この期間の終了時期が近づくと定期的に見直しを行うことになる（これをローリングという）。

　総合計画は概ね、①庁内の検討と調整、②審議会での審議、③住民参加の手続、④議会での審議・意見聴取によって策定される。自治体政策の基本となる計画だけに、関係者の意見反映など慎重な手続がとられている。

図8-3　総合計画の構造—流山市総合計画の場合

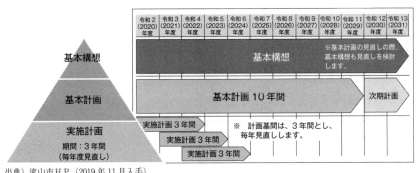

出典）流山市ＨＰ（2019 年 11 月入手）

■総合計画は必要か

　総合計画にはさまざまな機能がある。すなわち、①財源や人材などの政策資源の有効利用を図る、②政策の優先順位と相互の関係を明確にする、③縦割り組織を総合化し首長のリーダーシップを機能させる、④策定過程を通じて住民

参加を保障する、などの機能である。

　しかし、総合計画は条例と異なって法的拘束力はないし、総合計画で定めても、予算に盛り込まれなければ財政支出はできない。また、しばしば夢を求めるあまり現実から遊離し、「絵に描いた餅」になりがちである。とくに人口、経済、財政などが縮小する人口減少時代になった現在、全体に事務事業を増やすことはできないから、総合計画をつくっても意味がないという指摘もある。

　しかし、政策資源が減少する時代だからこそ、政策の優先順位を明確にし、資源を有効利用するために、総合計画が重要になっていると考えるべきである。すなわち、地域の現実を踏まえた「選択と集中」によってメリハリのある総合計画をつくるとともに、これを予算や組織編成に連動させて効果的・効率的に実行していく必要がある。

■マニフェストは有効か

　近年、わが国では「マニフェスト」への注目が集まっている。**マニフェスト**（manifesto）とは、検証可能な政策目標と具体的な実現方法を示した選挙公約である。かつては「数値目標、期限、財源付きの公約」といわれたが、これらの要素はあくまで検証可能性や具体性を裏づけるものと考えるべきであろう。英国の国政選挙ではこれが定着しているが、日本では、2003年春の統一地方選挙で導入されて以後、多くの首長選挙で提示されるようになった。

　従来、わが国の選挙公約は、「誰もが安心して暮らせる福祉社会をつくります」といった抽象的なキャッチフレーズが多かった。これがマニフェストに変わると、任期中にどこまで実現できたか検証できるし、実現できなかった場合は政治家が説明責任を負い、最終的には次の選挙の際に信任されないという形で責任をとらざるを得ない。マニフェストは、政策中心の政治を実現するとともに、政治家に政策責任を負わせるツール（道具）といえる。

　もっとも、マニフェストには問題もある。第1に、数値目標が強調されるあまり、これになじまない政策が軽視されるおそれがある。第2に、選挙時の政策によって当選後の政策展開が拘束され、状況の変化に応じた政策対応が難しくなる。第3に、二元代表制をとる自治体の場合は、首長選挙でマニフェストが信任されても、議会の賛成も必要だから、公約を実現できるとは限らない。

　したがって、まず選挙にあたり適切なマニフェストをつくることが大切だが、当選後はマニフェストを絶対のものと捉えず、状況の変化を踏まえて柔軟な対応を行うとともに、重要な政策は改めて議会や住民の意見を十分に聴いて実行していく姿勢が求められよう。また、マニフェストを踏まえて総合計画をローリングするなど、行政対応の仕組みも確立する必要がある。

　国政では、大胆なマニフェストを掲げて 2009 年に政権交代を実現した民主党がこれを十分に実現できず、国民の失望を招いて 2012 年に政権を失ったため、マニフェスト政治への評価も急落した。しかし、マニフェストはあくまで道具だから、それを使った政党が失敗したからといって、道具の有効性まで否定するのは行き過ぎであろう。現に多くの自治体では政策論争の活性化や首長のリーダーシップの強化につながっている。今後、課題を克服しながら「マニフェスト政治」を定着させていくことが重要だと思われる。

第4節　人口減少時代の自治体政策

■ 2040 年の自治体行政を考える

　2010 年前後から日本は人口減少時代に突入した。これによって自治体行政がどう変わるか、またどう変わるべきか。総務省に設置された「自治体戦略 2040 構想研究会」は 2018 年に、人口減少の進んだ 2040 年の自治体行政を構想し、そこから逆算して、① AI 等の技術を活用したスマート自治体への転換、②公共私によるくらしの維持、③圏域マネジメントの強化と二層制の弾力化、④東京圏のプラットフォームづくり、という 4 つの改革を提案し、注目された（これを踏まえて、2019 年現在、地方制度調査会で検討中）。

　この報告書は、スマート自治体のために自治体行政の標準化・共通化が必要としていることは、地方分権に逆行しかねないこと、圏域マネジメントの強化が広域行政主体の設置等を目指すとすれば住民自治を軽視する可能性があることなど、問題が少なくない。しかし、税収や職員の大幅な減少が予想される中で、自治体がいま何をすべきかを考えることは重要である。

表8-2　人口減少時代の自治体政策の方向性

キーワード	地域の課題	政策の方向性
①コンパクト化	利用者数の減少、一人暮らし高齢者の増加、都市のスポンジ化等	小規模多機能拠点、高齢者の生活支援、コンパクトシティの実現　等
②リニューアル	公共施設の老朽化・利用者の減少、空き家・耕作放棄地の増加、街並みの劣化等	公共施設の更新・統合・廃止、街の再整備、空き家・耕作放棄地等の活用等
③コミュニティ	税収の減少、行政機能の縮小、身近なサービスの必要性、人間関係の重視等	コミュニティによる生活支援、自治会・町内会等とボランティアとの連携等
④ネットワーク	地域資源の減少、広域連携の必要性、グローバル化の進展等	自治体間の連携、関係人口の増大、ICT・AIの活用、外国人との交流等

■人口減少時代の自治体政策の方向性

　人口減少に伴って、自治体の政策はどういう方向性をめざすべきだろうか。ここではキーワードにまとめる形で方向性を提示し（表8-2参照）、具体的な内容は次章以下で検討する。

　第1に、行政サービスの「コンパクト化」である。今後、全体として行政サービスの利用者が減少する反面、高齢者の生活支援など多様なサービスが必要になり、小規模多機能型のサービスや拠点が求められる。また、高齢化を踏まえて自動車依存社会から脱皮し、都市のコンパクト化を図る必要がある（第11章第3節参照）。

　第2に、公共施設や街の「リニューアル」である。人口増加時代に整備した道路、上下水道、学校などの公共施設が耐用年数を迎えるとともに、利用者減少に対応できるよう更新や再編が必要になる。また空き家や耕作放棄地の増加に合わせて、地域全体の再整備が求められる（第11章第3節参照）。

　第3に、住民生活を支える「コミュニティ」が重要になる。今後、税収の減少等により行政が生活ニーズのすべてに応えることは困難となるし、一人暮らし高齢者が増加するため、自治会・町内会やボランティアの活動が重要になる（第21章第1節、第2節参照）。

　第4に、人と情報の「ネットワーク」が重要になる。上位下達の画一的な行政システムが有効性を失い、ICT・AIによる情報共有、自治体間の水平連携、外国人の受入れ・交流など、地域をこえるつながりが重要となる。

　各自治体が政策のあり方を主体的に見直し、組み替える必要がある。

■参考文献

秋吉貴雄『入門 公共政策学』中公新書、2017 年

秋吉貴雄・伊藤修一郎・北山俊哉『公共政策学の基礎（新版）』有斐閣、2015 年

足立幸男『公共政策学とは何か』ミネルヴァ書房、2009 年

礒崎初仁『自治体議員の政策づくり入門』イマジン出版、2017 年

伊藤正次（編）『多機関連携の行政学 – 事例研究によるアプローチ』有斐閣、2019 年

金井利之『実践自治体行政学―自治基本条例・総合計画・行政改革・行政評価』第一法規出版、2010 年

北川正恭『マニフェスト進化論―地域から始まる第二の民権運動』生産性出版、2007 年

鈴木洋昌『総合計画を活用した行財政運営と財政規律』公人の友社、2019 年

武智秀之『政策学講義―決定の合理性（第 2 版）』中央大学出版部、2017 年

森田朗『新版 現代の行政』第一法規出版、2017 年

Column ⑧　政策決定のモデルってなに？

　公共政策はどのように決定されるのか。これに答えようとするのが政策決定の理論であり、欧米を中心にさまざまなモデル（ひな型）が提唱されてきた。これらは、政策はどのような基準や考え方で決定されるかという「内容」に関するモデルと、政策はどのようなプロセスで決定されるのかという「過程」に関するモデルに分けることができる。

　では日本の自治体の政策決定には、どういうモデルが当てはまるだろうか。内容に着目すると、決定者自身は「合理的決定モデル」を念頭に置いているかもしれないが、現実には「満足化モデル」や「漸変主義モデル」が適合すると思われる。過程に着目すると、首長や幹部職員の役割が大きいため基本的には「権力エリートモデル」が適合するが、議員や住民運動の影響力も考えると「多元主義モデル」や「ゴミ缶モデル」が当てはまる場面もある。政策や自治体によって異なるし、視点が異なれば見え方も異なるため、単純な議論や決めつけはできない。重要なのは、こうした理論を学んで現実を客観的・構造的に見る力を養うことであろう。

　わが国でも、政策系の学部や大学院が誕生し、政策学や政策科学の成果も充実している。読者の皆さんも、いくつかのテキストを読んで、政策研究の一端に触れてほしい。

表8-3　主な政策決定モデル

区分	主なモデル	内　容（主な論者）
内容に関するモデル	①合理的決定モデル	政策決定は、もっとも合理的な選択肢、すなわち政策目標をもっとも効率的に達成する手段を追求するものであるという考え方
	②満足化モデル	政策決定は、合理的な選択を目指すが、当事者の要求を満たす選択肢が見つかれば、それ以上の探索はやめて決定に至るという考え方（サイモン）
	③漸変主義（インクメンタリズム）モデル	政策決定は、過去の政策決定を前提とし、修正すべき部分（増分的変化）だけを検討して、よりよい政策に修正するものであるという考え方（リンドブロム）
	④公共選択論モデル	政策決定を、政治的アクターが自己の利益を最大化することを求めて行動する結果と捉えて、そのあり方を分析する考え方
	⑤ゲーム理論モデル	政策決定を、複数の参加者が対立的状況の下で行動選択する結果と捉えて、合理的な決定のあり方を考えようとするモデル
過程に関するモデル	①権力エリートモデル	政策は、少数の政治的権力者の価値観やイデオロギーによって決定されるという考え方（ハンター、ミルズ）
	②多元主義（プルーラリズム）モデル	政策は、多様な社会的集団が参加し、さまざまな影響を与えながら形成されるという考え方（ダール）
	③ゴミ缶モデル	政策は、いろいろな問題と解決策が乱雑に入れられたゴミ缶（garbage can）のような無秩序の中で形成されるという考え方（コーエン、マーチ、オルセン）
	④政策の窓モデル	政策は、問題と政策案と政治という3つの流れが合流し、「政策の窓」が開かれたときに決定されるという考え方（キングドン）

出典）各種文献から作成

第9章　政策法務と条例

この章で学ぶこと

　地方分権の時代を迎え、拡大した法的権限を自治体独自の政策展開に生かそうという「政策法務」の考え方が注目されている。とくに近年、自治立法権に基づく条例がさまざまな分野で制定され、その役割が大きくなっている。本章では、政策法務とは何か、条例はどこまで制定できるか、実際にどのような条例が制定されているか、政策法務を進めるにはどのような取組みが必要か、考えていこう。

第1節　政策法務とは何か

■注目される政策法務

　第1次分権改革（2000年施行）によって従来の機関委任事務の制度が廃止され、自治体の法的権限は拡大した（第3章第1節参照）。この拡大した法的権限を生かして、独自のまちづくり・地域づくりを進めるために、政策法務が重要となっている。**政策法務**とは、法を政策実現の手段と捉え、政策実現のために必要な法的対応（立法、執行、争訟評価）を検討し、実践しようとする取組みをいう。

　分権改革以前、自治体の法務（法律実務）は、国が制定した法律を忠実に執行することが中心で、自らの政策を法務を通じて実現するという側面は限られていた。自治体も一定の政策を実行してきたが、予算を通じた対応が中心で、法務を通じて実現するという発想も実践も乏しかった。すなわち、自治体の法務と政策は切り離されてきたのである。しかし、そもそも法律や条例は、政策を実現する手段という側面が強い。とすれば、自治体の法務にあたっても政策との結びつきを重視して、地域の実情に合った法律解釈や条例づくりを進める必要がある。このように、従来切り離されてきた「政策」と「法務」を本来の

形にもどって結びつけようとする取組みが「政策法務」なのである。

■**政策法務のプロセス**

　政策法務のプロセスは、①立法、②法執行、③争訟・評価という３つの段階に分けることができる。この区分は、前章第２節で述べた政策過程の３段階の把握（plan-do-see）と同様である。

　第１の**立法**の段階は、条例を立案し制定するという段階である。これまで自治体は、独自条例の制定には消極的だったが、今後は自らの政策を法的な形にして積極的に条例づくりを進める必要がある。そのために、条例立案（制度設計）の取組みを強化し、人材を養成することが重要である。

　第２の**法執行**の段階は、国が制定した法律や自ら制定した条例を地域社会に当てはめて実施する段階である。国の法律であっても、その解釈運用には幅（裁量権）があるから、自治体は地域の実情に応じて執行することが重要である。

　第３の**争訟・評価**の段階は、法執行に対して行政訴訟や不服審査の申立てが提起された場合に対応したり、法執行の結果を踏まえて法のあり方を評価する段階である。争訟に対しては、自治体としての解釈や主張をきちんと説明して住民や裁判所の理解を得る必要がある。同時に、争訟をきっかけとして法律や条例の見直しにつなげることも重要である。また、執行の結果を踏まえて、自ら法の内容や執行の方法を評価し、その改正・見直しを行うことが重要である。そのため、条例制定から５年など一定期間ごとに定期的に見直すというルールをつくることが考えられる（神奈川県、北海道などで導入）。

　この３つの段階の中でも、分権時代を展開する上で重要なのは立法、すなわち条例の制定である。

図9-1　政策法務のプロセス

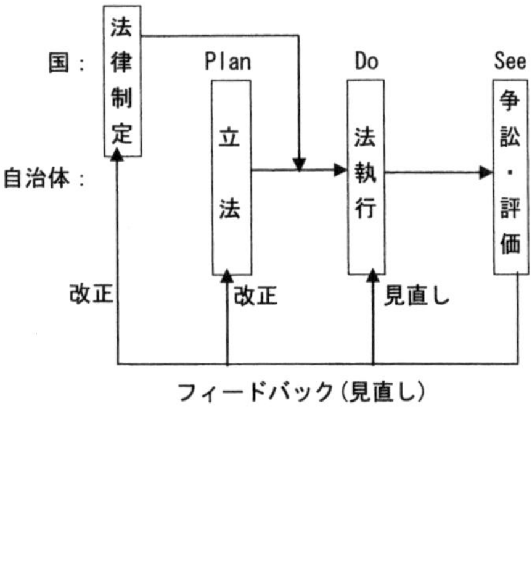

第2節 条例制定の意義と限界

■条例と分権改革

　条例とは、自治体の議会が制定する自治立法の形式である。条例は法の一種だから、法律と同様に住民等の権利を制限し義務を課すことができる（地方自治法14条2項）。議会は、住民の代表機関として立法権を有しているのである。これに対して、首長が制定する規則も自治立法の1つだが、規則だけでは住民等の権利を制限したりすることはできないため、法律や条例を執行するための細目的事項を定めること（施行規則という）が多い。また、首長は円滑な事務執行等のためさまざまな要綱をつくり、実務では重要な役割を果たしているが、住民に対して法的拘束力をもつものではない（開発指導要綱について第11章第2節参照）。

　これまで自治体が処理する事務の中には、国の事務でありながらその処理を自治体の首長等に義務づける機関委任事務が多かった（第3章第1節参照）。機関委任事務は国の事務であるため、これについて条例を制定することはできなかった。その機関委任事務制度が第1次分権改革によって廃止され、該当する事務が自治体の事務になったため、条例制定権の範囲は量的に拡大した。

　しかし、後述のとおり条例は法律の範囲内でなければならない。ところが、地域のさまざまな問題に関しても、国が多くの法令（法律・政令・省令）を定め、しかも数値基準を含めて細かい事項まで規定しているため、条例で定める余地が限られている（これを規律密度という）。そこで第2次分権改革と地域主権改革では、義務付け・枠付けの見直しを行い（第3章第2節参照）、公共施設の設置など一部の事項（計975条項）について、国で一定の基準（従うべき基準・標準・参酌基準）を定めたうえで、条例に委任することとした。もっとも委任された事項を見ると技術的な内容が多く、政策的判断には生かしにくいことから、さらなる枠付け（規律密度）の改革が期待される。

　また、第2次分権改革の検討過程では、条例の上書き権（法令の規定を条例で書き換える権限）の法制化も検討されたが、実質的には実現に至らなかった。この

提案は、国の法令が条例の上位にあるという発想を転換する点で魅力的なものであり、引き続きその可能性を追求する必要がある。

■条例制定権の限界

　条例は、(1)当該自治体の事務について、(2)法令（憲法を含む）の範囲内において、定めることができる（憲法94条、地方自治法14条1項）。条例制定権にはこの2つの限界があるのである。

　まず、(1)の制限に関して問題となったのは、1つは機関委任事務について条例を制定できないという点であるが、この点は前述のとおり障害自体がなくなった。もう1つは、条例によって財産権の制限が可能かという点である。憲法では、財産権の内容は「法律でこれを定める」と規定していること（29条）等から、かつては条例では財産権や営業の自由を制限できないという解釈が有力であった。しかし、判例や最近の学説では、条例も地方議会という代表機関によって制定される点では法律と同様だから、財産権等の制限も可能である（憲法でいう「法律」には条例も含まれる）と解されている（奈良県ため池条例事件・最高裁1963年6月26日判決参照）。

　次に、(2)の制限に関しては、どのような条例が「法令の範囲内」か、逆にいえば法令に抵触するとはどのような場合かが問題となる。かつては、すでに法令が規制している領域について条例を制定することは法令に抵触し、許されないという解釈が有力であった（**法律先占理論**）。しかし、これではあまりに条例制定の範囲が限定され、憲法が地方自治の本旨を実現するために自治体に条例制定権を保障した趣旨が生かされないことになる。

　そこで、現在の裁判所の判断（判例）は、法令と条例の趣旨・目的・内容・効果を比較し、実質的に矛盾抵触があるかどうかによって判断すべきであるという柔軟な解釈を示している（徳島市公安条例事件・最高裁1975年9月10日判決。いわば**実質的判断説**）。この解釈のポイントは次の3点にまとめることができ、これをフロー図にすると図9-2のとおりである。

　①ある事項について法令が規律していない場合（**横出し条例**）：法令がいかなる規制もしないで放置する趣旨であるときを除いて、条例は法令に違反しない

　②ある事項について法令と条例が併存する場合で、両者が別の目的に基づい

ているとき（広義の**上乗せ条例**）：法令の目的と効果を阻害するときを除いて、条例は法令に違反しない

　③ある事項について法令と条例が併存する場合で、両者が同一の目的に基づいているとき（狭義の**上乗せ条例**）：法令が全国一律の規制を行う趣旨であるときは、条例は法令に違反する（逆に、法令が全国最低限の規制を行う趣旨であり、地域の実情に応じてより厳しい規制を行うことを許容する趣旨であるときは、違反しない）

　この判断はケースによって異なり微妙であるため、自治体側では裁判で違法と判断されることをおそれて条例制定をためらう傾向（萎縮効果）があった。そこで今後は、条例制定をさらに柔軟に認める分権型の法解釈が求められている。たとえば、法令の規定を標準的規定（スタンダード）と解し、条例で異なる規定を定めればそれが優先されるという解釈（法律標準規定説）も提起されている。

　なお、条例の適法性の判断では、実際には条例制定の必要性や合理性を支える社会的事実（これを**立法事実**という）が認められるか否かがカギを握る。たとえば、たばこのポイ捨て禁止条例を制定する場合には、ポイ捨てが地域にさまざまな悪影響をもたらしていること、条例に基づく措置によってポイ捨てを抑制できると見込まれること等をデータや事例によって示すことが重要になる。

図9-2　条例の法律適合性の判断フロー図

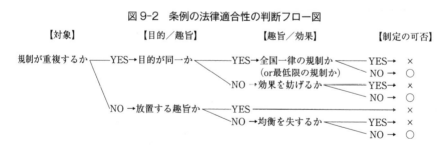

■条例提案と住民参加

　条例の提案には3つの方法がある。第1に議員自身の提案（議員定数の12分の1以上の賛成または委員会による提案）、第2に首長による提案、第3に住民の直接請求による提案（有権者数の50分の1以上の連署が必要。第22章第3節参照）である。実際には首長提案が圧倒的に多く、議員提案や住民の直接請求は少数にとどまっている。議会が立法機関であることを考えると、今後は、議員提案を増や

していくことが求められる。

　また、最近は、首長提案による場合に、あらかじめ条例案を公表して住民の意見を聴く**パブリックコメント**（意見公募）の手続を行うことが少なくないし、公募住民等による検討組織を設置して条例案を作成する段階から住民参加を図る例も増えている。このように、条例であれば住民の意見を反映させながら制定することが可能であり、こうしたプロセスによって、住民に「私たちのルール」として受け入れられ支持されることが条例の強みになると考えられる。

第3節　広がる条例の世界

■条例制定の変遷

　条例の制定はこれまでどのように進んできたのだろうか。戦後、自治体に条例制定権が与えられて以降の状況は、15 〜 20 年ごとに 5 つの時期に分けることができよう（表9-1 参照）。

　戦後まもない第 1 期（1940 年代後半〜 50 年代）は、社会秩序の不安定さもあって、公安条例、青少年保護条例などの秩序維持を目的とした条例が制定された。いわば**警察型条例**の時代である。

　経済成長の進んだ第 2 期（1960 年代〜 70 年代前半）は、公害や自然破壊等が問題化し、公害防止条例や自然環境保護条例などが数多く制定された。いわば**環境保全型条例**の時代である。とくに公害防止条例は、国の法律より厳しい規制を行う**上乗せ条例**であったため、違法の疑いもあったが、公害問題の深刻化を前にしてやむにやまれず制定したものであった。また、都市の乱開発に対して、行政指導によって開発行為を規制しようとする開発指導要綱が広がった（第 11章第 2 節参照）。これらは、自治体独自の政策を実現するための法務という意味で政策法務のスタートといえる。「政策法務」という言葉は1990 年代から広がったが、政策法務の取組みはすでに約 50 年の蓄積があるのである。

　安定成長期に入った第 3 期（1970 年代後半〜 80 年代）は、住民自治の要請が強まり、情報公開条例、住民投票条例など住民参加の保障を図るための条例が制定された。いわば**住民参加型条例**の時代といえよう。

表 9-1　主な条例制定とその変遷

時期区分	条例等の例
第 1 期（1945〜59） 警察型条例の時代	1948.　大阪市・行進及び集団示威運動に関する条例 1949.　東京都売春等取締条例 1950.　岡山県・図書による青少年の保護育成に関する条例 1955.　神奈川県青少年保護育成条例 1957.　東京都飼い犬等取締条例
第 2 期（1960〜74） 環境保全型条例の時代	1964.　神奈川県事業場公害防止条例改正 1967.　（兵庫県）川西市・開発指導要綱 1969.　東京都公害防止条例 1969.　千葉県宅地開発事業等の基準に関する条例 1970.　北海道自然環境保全条例 1971.　神奈川県・良好な環境の確保に関する条例 1971.　武蔵野市宅地開発等に関する指導要綱 1972.　東京における自然の保護と回復に関する条例 1973.　岡山県県土保全条例 1974.　神戸市民のくらしをまもる条例
第 3 期（1975〜89） 住民参加型条例の時代	1976.　（静岡県）熱海市別荘等所有税条例 1976.　川崎市環境影響評価に関する条例 1978.　神戸市都市景観条例 1979.　滋賀県・琵琶湖の富栄養化の防止に関する条例 1982.　（高知県）窪川町原子力発電所設置についての町民投票に関する条例 1982.　神奈川県の機関の公文書の公開に関する条例 1986.　東京都土地取引の適正化に関する条例 1988.　（三重県）津市水道水源保護条例 1989.　兵庫県・淡路地区の良好な地域環境の形成に関する条例
第 4 期（1990〜2009） 分権型条例の時代	1990.　川崎市市民オンブズマン条例 1990.　神奈川県個人情報保護条例 1990.　大分県湯布院町・潤いのある町づくり条例 1993.　（神奈川県）真鶴町まちづくり条例 1996.　神奈川県土地利用調整条例 2000.　（愛知県）高浜市介護保険・介護予防総合推進条例 2000.　（北海道）ニセコ町まちづくり基本条例 2001.　三重県産業廃棄物税条例 2002.　（東京都）杉並区自治基本条例 2006.　（北海道）栗山町議会基本条例 2009.　神奈川県受動喫煙防止条例
第 5 期（2010〜現在） 地域再編型条例の時代	2010.　（埼玉県）所沢市空き家等の適正管理に関する条例 2010.　（福岡市）公共交通空白地等及び移動制約者に係る生活交通の確保に関する条例 2011.　（長野県）塩尻市みんなで支える自治会条例 2012.　大阪府教育行政基本条例 2013.　京都市清酒の普及の促進に関する条例 2018.　（沖縄県）辺野古米軍基地建設のための埋立ての賛否を問う県民投票条例

　地方分権の意識が高まった第4期（1990年代〜2000年代）は、自治体独自の条例づくりが重視され、まちづくり条例、自治基本条例、議会基本条例など多くの条例が制定された。この時期の特徴は、自治体の個性を生かした条例が増えたこと、基本的・総合的な事項を定める条例が増えたことである（条例の個性化・総合化）。このように国の法制度にとらわれず自治体独自のルールを志向する条例が増えたため、いわば**分権型条例**の時代といえよう。

　人口減少の始まった第5期（2010年代〜現在）は、空き家対策条例、地域公共交通条例、コミュニティ推進条例など地域の再編や活性化のための条例が増えている。今後の動向を見定める必要があるが、地域社会の組み替えや転換が求められるという意味で、**地域再編型条例**の時代といえよう。

■広がる条例の世界

　次に、分野別に条例の制定状況を概観しよう。

　第1に、住民自治に関しては**住民参加・協働条例**が挙げられる。これは各行政分野を横断的に対象として、住民自治のための具体的な手続等を定めるものであり、箕面市市民参加条例（1997年＝制定年、以下同じ）、石狩市行政活動への市民参加の推進に関する条例（2001年）などがある。これに関連して、沖縄県・辺野古米軍基地建設のための埋立ての賛否を問う県民投票条例（2018年）などの住民投票条例も注目される。

　第2に、情報関係では**情報公開条例**や**個人情報保護条例**が挙げられる。これらは情報の管理・提供に関するもので、神奈川県情報公開条例（2000年、旧条例は1982年）、川崎市個人情報保護条例（1985年）など数も多い。

　第3に、地域づくりに関しては**まちづくり条例**や**土地利用規制条例**が挙げられる。これらはまちづくりや土地利用の理念・目標とそれを実現するための開発行為の規制等の措置を定めるものであり、世田谷区街づくり条例（1982年）、大分県湯布院町の潤いのある町づくり条例（1990年）、岡山県県土保全条例（1973年）などがある（第11章第2節参照）。

　第4に、環境に関しては**環境保全条例**や**景観条例**が挙げられる。これらは自然環境や景観の保全を目的として環境基準の設定、開発事業の規制等を定めるものであり、東京都・都民の健康と安全を確保する環境に関する条例（2001年、旧・

公害防止条例は 1969 年）、川崎市環境影響評価に関する条例（1999 年、旧条例は 1976 年）、ふるさと滋賀の風景を守り育てる条例（1984 年）などがある。

　第 5 に、福祉に関しては**介護福祉条例**や**福祉オンブズマン条例**が挙げられる。これらは福祉サービスの適正化、利用者の保護等を目的として、事業者の指導や利用者の苦情への対応等を定めるもので、高浜市介護保険・介護予防の総合的な実施及び推進に関する条例（2000 年）、中野区福祉サービスの適用に係る苦情の処理に関する条例（1990 年）などがある。

　第 6 に、人権関係では**男女共同参画推進条例**が挙げられる。これは男女共同参画推進の理念や施策を定めるもので、埼玉県男女共同参画推進条例（2000 年）などがある。

　第 7 に、財政面では**新税条例**が挙げられる。これは条例で法定外税を導入するもので、三重県産業廃棄物税条例（2001 年）のように、単なる税収確保でなく、環境保全など政策目的の条例が増えている。

■自治基本条例は有効か

　そうした体系の中で近年注目を集めているのが、自治基本条例である。**自治基本条例**とは、自治体の自治の方針と基本的ルールを定める条例であり、「自治体の憲法」とも呼ばれるものである。名称としては「まちづくり基本条例」とも呼ばれる。（北海道）ニセコ町まちづくり基本条例（2000 年）、杉並区自治基本条例（2002 年）などの先駆例を受けて、2000 年代に全国の市町村で次々と制定された。自治基本条例では、自治体運営の原則、首長・議会等の責務、住民参加の手続、コミュニティの役割などのほか、住民投票の規定が置かれるのが通常である。自治基本条例が、首長・議会や住民の「自治」への意識を高めるとともに、実際にこれに基づいて住民参加や協働が進むとすれば、重要な意味をもつといえる。

　憲法や地方自治法では、条例間に優劣の関係を定めていないため、この条例が法的な意味で「自治体の最高法規」といえるか否かは微妙であるが、他の条例や施策の策定にあたりこの条例の理念や原則を遵守する義務等を定めることによって、実質的に最高法規と同様の効果を発揮させることは可能であろう。

　さらに、議会運営の原則や議員の責務を定める**議会基本条例**も、（北海道）栗

山町議会基本条例の制定（2006年）を皮切りとして全国に広がっている。これが議会改革の実践につながるとすれば、高く評価できよう。

　以上のように、条例はさまざまな可能性をもつ豊かな世界になっている。

第4節　政策法務のマネジメント

■政策法務の組織戦略

　政策法務を進めるには、そのための組織体制を整備する必要がある。

　第1に、首長などのトップ層の姿勢が重要である。特に政策的な条例ほど議会や住民の反応が問題となるため、トップのリーダーシップが必要になる。第2に、条例審査等を担当する**法制担当課**の姿勢と能力が重要である。従来は、法的な問題を気にして無難な対応を主張する傾向があったが（守りの法務）、そうした発想を変える必要がある（最近では政策法務課等の名称に変える自治体もある）。第3に、施策事業を担当する**原課**の対応が重要であり、その法的能力の向上を図る必要がある。第4に、総合的な検討を行うために、庁内に「政策法務委員会」等の横断組織をつくることも有効である。こうした改革によって「攻めの法務」に転換することが重要である。

　他方、条例制定権をもつ議会についても、議員の能力向上と事務局の充実を図る必要がある（Column ⑨参照）。最近では、議会基本条例に基づく議会改革の中で、議員提案条例の制定を目指すなど議会の政策能力を高める努力も行われているが、まだ一部の自治体にとどまっている。

■政策法務の人材戦略

　政策法務を支えるのも、最後は個々の人材である。法務の観点から見ると、自治体職員は、①法律に弱く、法律に使われる職員、②法律に強く、法律に使われようとする職員、③法律に強く、法律を使おうとする職員、の3つのタイプに大別できる。実際に多いのは①のタイプだが、許認可などの部署には法律論を盾にとって政策的な可能性をつぶしてしまうような②のタイプも少なくない（法学部出身者に多い）。政策法務を実現するには、③のタイプを増やす必要がある。これは、受け身の法律論が中心となる大学教育や公務員試験のあり方に

も関わる問題である。

　最近、従来の行政法研修等に代えて**政策法務研修**を導入する自治体が多いが、法的能力と政策的能力の両方を伸ばすには時間を要するため、多様な手法を組み合わせて着実に実行する必要がある。また、若手弁護士（法曹資格者）を任期付き職員等として採用する自治体が増えているが、こうした「異業種交流」を自治体の法務対応力の向上や職員の育成につなげることが期待される。

■参考文献

阿部昌樹『自治基本条例－法による集合的アイデンティティの構築』木鐸社、2019 年
礒崎初仁『自治体政策法務講義（改訂版）』第一法規出版、2018 年
大橋洋一『社会とつながる行政法入門』有斐閣、2017 年
兼子仁『条例をめぐる法律問題』学陽書房、1978 年
神原勝『自治・議会基本条例論—自治体運営の先端を拓く〔増補〕』公人の友社、2009 年
北村喜宣（編著）『分権条例を創ろう！』ぎょうせい、2004 年
北村喜宣ほか（編著）『自治体政策法務』有斐閣、2011 年
自治体法務検定委員会（編）『自治体法務検定公式テキスト（政策法務編）』第一法規出版、2019 年

Column ⑨　条例をつくらない議員たち？

　自治体の政策法務を発展させる上で重要なのは議会の役割である。自治体議会には憲法上、条例制定権が認められているため（94 条）、国会と並ぶ「立法機関」といえる。

　しかし実際には、ほとんどの条例は、執行機関である首長が提案した条例案を議会が議決したものである。議員提案条例の件数は 2 ～ 6％程度と、わずかな割合にとどまっている。この割合は、国会における議員提出法案の割合よりも低い。

　もちろん、執行機関が執行活動の中で必要性を認識して条例案を提案することは否定されるべきではないし、提案者が誰であれ最終的には議会がその可否を判断しているから、議員提案条例が少なくても議会が役割を果たしていないというわけではない。しかし、議会の構成員である議員が、本来業務ともいうべき立法作業にほとんど携わっていないという状況は放置してはならないだろう。では、この状況をどう変えていけばよいだろうか。

　第 1 に、議員の政策法務の知識と能力を高めることである。そのため、議員研修や議会内の研究活動を充実させ、条例をつくる発想と知識を養う必要がある。条例をつくるといっても、多くの場合は参考となる先進条例があるから、それほど難しい作業ではない。

　第 2 に、議会事務局を充実させ、サポート体制を整備することである。小規模自治体ではまず職員の数を確保する必要があるし、その他の自治体では事務局職員の能力養成、若手研究者の採用（任期付き職員等）等を進めて、体制を充実させる必要がある。

　第 3 に、住民グループ、NPO、研究者等の外部人材と連携することである。地域で政策課題に取り組む住民グループや NPO の中には専門的な人材も少なくない。こうしたグループのアイディアを取り込んだり、参考人等の形で審議に反映させることが考えられる。

　自治体の政策法務が本物になるかどうかは、議会の自己改革にかかっているといえる。

第10章　産業政策と地方創生

この章で学ぶこと

　地域社会が成り立つには、産業と雇用の場がなければならない。そこで自治体は、さまざまな産業政策や雇用対策に取り組んできたし、国でも、条件不利地域を中心として地域振興施策を展開してきた。2010年代から日本は本格的な人口減少時代に突入し、国では少子高齢化への対応等を目的として地方創生（まち・ひと・しごと創生）を掲げ、各自治体でさまざまな取組みを進めているが、その成果はいまのところ限定的である。

第1節　自治体の産業政策

■中小企業対策から地域産業政策へ

　経済成長期、産業政策は国が主導してきた。国が鉄鋼、化学、機械等の製造業を育成するとともに、中小企業の振興も国が政策を考え自治体が実施してきた。自治体には「中小企業対策」はあったが、「産業政策」はなかったといってもよい。

　しかし1980年代になると、産業構造の変化と経済のグローバル化によって、国内の製造業等（**重厚長大型産業**）の行き詰まりと海外移転が進み、製造業の高度化と国際競争力の強化を図るとともに、情報、環境、バイオなど新しい成長産業（**軽薄短小型産業**）を強化する必要が生じた。こうした政策は、全国一律ではなく、地域の状況に合わせて進める必要がある。そのため、近年では自治体が独自の産業政策を打ち出すようになっている。

　本節では、従来型の施策として、①中小企業の振興と企業誘致を取り上げた後に、新しい施策として、②新産業の育成とコミュニティ・ビジネスを取り上げる。なお、第2節では、③商業の振興、④観光の振興、⑤農林水産業の振興

を取り上げる。

■中小企業の振興と企業誘致

　中小企業とは、資本金や従業者数が一定規模以下の企業をいう。たとえば製造業の場合、資本金 3 億円以下または従業員数 300 人以下の企業が中小企業とされ、従業者 20 人以下の企業が小規模企業とされている。こうした中小企業は、規模が小さいために資金や人材などの経営資源が不足しがちであることから、限られた経営資源を補い、意欲ある中小企業者の努力を支援するため、**中小企業基本法**（1963 年）等に基づいて各種の振興策が講じられている。

　また、自治体は、地域外の企業の事務所、工場、研究所を誘致する**企業誘致**の取組みを進めてきた。たとえば、①土地の整備・許認可の調整、②地方税の減免、③施設整備等への助成・融資、④相談対応・情報提供などである。いずれも経済的インセンティブを使って立地を促進するものであるが、これらは自治体財政のひっ迫を招くおそれがあるほか、景気後退や経営不振によりこれらの「投資」が無駄になるというリスクが伴う。

■新産業の育成とコミュニティ・ビジネス

　新産業の育成は、新しい事業の立ち上げ（起業）を支援することによって新規産業の成長を促進しようとするものである。たとえば IT（電気通信産業）、バイオテクノロジー等の知識集約産業やサービス産業の育成が挙げられる。国では、いわゆるアベノミクスの一環として**産業競争力強化法**（2013 年）に基づいて、事業の発展段階に応じて各種支援策を行っている。また、**中小企業新事業活動促進法**（2005 年）に基づいて、①創業・新規中小企業の事業活動促進、②中小企業の経営革新・異分野連携新事業開拓の促進、③新たな事業活動のための基盤整備を行っている。さらに、**地域未来投資促進法**（2017 年）に基づいて、地域の特性を生かして高い付加価値を創出する地域経済牽引事業に対して、財政、税制等の支援を行っている。新産業を育成する上で、地域の大学と産業界と行政が連携する**産学公連携**も重要となっている。

　コミュニティ・ビジネスとは、地域の多種多様な課題やニーズを満たすために、住民が主体となって展開していく地域密着型の事業である。たとえば、高齢者介護、子育て支援や子どもの健全育成、地域環境の保全など住民の多様なニー

ズに応えて NPO 等を立ち上げてさまざまな事業を展開している。自治体は、こうした活動に対して情報提供、資金融資等の支援を実施している。

第2節　商業観光等の振興と雇用対策

■商業の振興

　商業の振興には、中小企業としての小売業者の支援という産業政策の側面と、地域社会に必要な商業機能や活力の維持というまちづくりの側面がある。前者の観点からは、前節で述べた中小企業支援策と同様の支援策が行われている。後者の観点からは、商店街活動への支援、アーケード等の施設整備などが行われてきた。

　中小商業者にとって、大きな脅威となったのが大型店の出店である。かつては大規模小売店舗法（大店法）があり、大型店を出店するには商業者を含む関係者との協議が義務づけられていたが、1980 年代後半から米国との構造協議においてこれが海外企業参入に対する不合理な障壁とされた結果、大店法が廃止され、代わりに**大店立地法**（大規模小売店舗立地法、1998 年）が制定された。この法律は、大型店の立地にあたって周辺の生活環境との調和を図ることを目的として、地域住民等の意見を聴く手続を定めたが、既存商業者との調整などは不要とされたため、外資系を含む大型店が多数進出する結果となった。

　こうした大型店は、自動車利用客の利便性や大規模用地の必要性から、都市の郊外部に進出したため、駐車場の少ない中心市街地の商店街では急速に客離れが進み、閉店が相次いで、いわゆる「シャッター通り」が全国に現れる結果となった。国では**中心市街地活性化法**（1998 年）を制定し、駐車場の整備のほか、TMO（town management organization）を設置し、商店街へのテナント誘致、イベント開催などを行ってきた。近年では、通常の大型店に代わって映画館、飲食店等を含むショッピング・モールが増えている。

　最近では、ネット通信販売の浸透、高齢化による自動車利用の減少等によって、大型店の利用者も減少し、その撤退も増えている。都市部ではコンビニが増える一方、コンビニのない中山間地域や郊外部では、自動車を使えない高齢

者世帯を中心に日常食料品の購入にも困る「**買い物弱者**」が増えている。

　地域商業の維持・発展は、住民生活とまちづくりの基盤なのである。

■観光の振興

　観光は、雇用の拡大と地域経済の活性化につながるほか、地域の魅力とアイデンティティを再発見させ、人びとに心の潤いと交流の機会を与える。国では、観光立国推進基本法（2006 年）に基づき、「観光立国推進基本計画」（2017 年）を策定した。とくに力点を置いた**インバウンド**（訪日外国人旅行）については、訪日外国人旅行者数を 2020 年までに 4000 万人に（2015 年実績：1974 万人）、訪日外国人旅行消費額を 2020 年までに 8 兆円にする（2015 年実績：3.5 兆円）といった目標を掲げている。自治体においても、観光協会等と協力して、①観光の魅力・特産物づくり、②観光 PR・観光情報の提供、③観光施設や道路等のインフラ整備などの施策を行っている。

　過去を振り返ると、1980 年代後半には、人びとが長期滞在するためのリゾート（保養地）に注目が集まり、**リゾートブーム**が生まれた。国はリゾート法（総合保養地域整備法、1987 年）を制定し、税、金融、財政上の支援措置を講じたが、当時のバブル経済にも支えられて、多くの地域・自治体が競ってリゾート地域の指定を受け、民間資本や第三セクターを活用してリゾート開発を行った。ところが、多くの地域でゴルフ場、スキー場、大型ホテルの「3 点セット」と称されたように同じような開発を行ったことや、途中でバブルが崩壊したことから、多くのリゾート計画はとん挫してしまった。

　こうした経験への反省もあって、近年では、グリーンツーリズムなど、景観や農林漁業等の地域資源を活かした体験型・交流型の観光に転換するなど、観光政策は多様化している。

■農林水産業の振興

　農林水産業は、安全な食料の安定供給のほか、国土や自然環境の保全、景観や文化の伝承、農村地域の振興など多面的な役割をもっている。そこで、国や自治体では従来からさまざまな支援施策を講じてきた。現在は、**食料・農業・農村基本法**（1999 年）、**森林・林業基本法**（2001 年大幅改正）、**水産基本法**（2001 年）に基づいて地域に合った多様な施策を実施している。しかし、輸入農産物の増

加、農業者等の高齢化と減少、農地の減少・遊休農地の増加など、厳しい状況
が続いている。

　各自治体では、新規就農者・担い手の育成、優良農地・森林の保全、地産地
消の推進、競争力のある産地・ブランドの育成、農村環境の整備などの取組み
を進めている。たとえば長野県では、議員提案で「食と農業農村振興の県民条
例」（2006年）を制定し、地産地消の推進、食育の推進等を行っている。今後、
地域の農産物や人材を生かすとともに、都市と農村の交流による支援策が求め
られている。

■地域の雇用対策と働き方改革

　雇用の場がなければ住民生活も地域振興も成り立たない。国は職業安定法に
基づいて地域ごとに**ハローワーク**（公共職業安定所）を設置し、職業紹介、職業
指導、雇用保険等の業務を直接実施している。都道府県も職業能力開発校等に
おいて**職業訓練**を実施している。

　第2次分権改革（第3章第2節参照）では、自治体側がハローワークによる職
業紹介等の権限移譲を求めたが、国は全国的な求人情報ネットワークの維持等
を理由として反対した。その代わり、2011年度から国の職業紹介と自治体の
福祉相談等の「一体的実施事業」が開始され、さらに2016年から国の求人・
求職情報をオンラインで利用して無料職業紹介を実施する「地方版ハローワー
ク」の設置が可能となった。

　2010年代以降の経済回復によって、労働力不足となり、雇用状況は改善し
ている。一方、長時間労働の是正や育児・介護との両立など、働く者が個々の
事情に応じ多様な働き方を選択できるよう「**働き方改革**」が進められている。
国は、働き方改革実行計画（2017年）をとりまとめるとともに、雇用対策法を
改正して労働施策総合推進法（2018年）を制定するなど制度を整備した。

第3節　地域振興の歩み

■地域振興の考え方

　地域振興とは、広い意味では、地域の人びとの暮らしや経済・文化等の活動

を活性化し、地域づくりを進めることである。しかし、実際に「地域振興」という言葉が使われるときは、とくに地域の人口や経済等の活力が低下している地域において、これを回復・再生させる取組みを指すことが多い。とくに**中山間地域**（平野の周辺から山地に至る平坦地の少ない地域）のように地域の活力を維持することが困難な地域を対象として、その振興を図り、地域間格差を是正して「国土の均衡ある発展」を目指す点に、地域振興の核心がある。

　この意味での地域振興策にも、全国で総合的な開発・振興を図る国土開発の施策と、一定の制約条件のために自立的な発展が困難な条件不利地域の振興対策がある。それぞれ検討しよう。

■国土開発の変遷

　従来、国土開発は、国土総合開発法（1950 年）に基づく**全国総合開発計画（全総）**に基づいて行われてきた。全総はこれまで 5 次にわたって策定されてきた。

　まず、最初の全総（1962 年）では、「国土の均衡ある発展」を基本目標として工業の分散を図るため、いわゆる**拠点開発方式**が採用され、その下で新産業都市建設促進法（1962 年）に基づく**新産業都市**の指定や、工業整備特別地域整備促進法（1964 年）に基づく工業整備特別地域の指定が行われた。全国の自治体は、これらの指定を受けようと活発な陳情合戦を行ったため、予定より多くの地域が指定され、その効果が希薄化する結果となった。とはいえ、高度経済成長期にあって、拠点開発方式は全国的な工業配置に一定の効果をもたらした。

　続く二全総（1969 年）では、過疎と過密の深刻化等を受けて、新幹線、高速道路等のネットワークを整備するという**大規模プロジェクト方式**がとられた。三全総（1977 年）は、経済の低成長への移行等を受けて「人間居住の総合的環境の整備」を基本目標として、新しい生活圏を確立するという定住構想を示した。四全総（1987 年）は、東京一極集中等を受けて多極分散型国土の構築を基本目標として、「交流ネットワーク構想」を掲げた。五全総（1998 年）は、名称を「21 世紀の国土のグランドデザイン」とし、多軸型国土構造形成の基盤づくりを目標として、多様な主体と地域連携によって国土づくりを進める「参加と連携」の考え方を示した。

　全国総合開発の方式は、経済成長の時代には一定の効果をあげたが、低成長

の時代に入り生活の質の豊かさが重視されるようになると、経済的な効果が薄れるとともに、環境破壊等のマイナス面に目が向けられ、地域資源を活かした地域づくりが求められるようになった。

　国では、2005年に国土総合開発法を改正して**国土形成計画法**に改めるとともに、開発中心の考え方を転換して、成熟社会に合致した国土形成を目指す**国土形成計画**を定めることになった。国土形成計画は、国土の利用・整備・保全を推進するための長期的な将来ビジョンであり、閣議決定による「全国計画」と、自治体、経済団体等からなる協議会等の協議を経て国土交通大臣が8つのブロックごとに決定する「広域地方計画」によって構成される。

　2008年に策定された国土形成計画（第1次計画）では、「グローバル化や人口減少に対応する国土の形成」と「安全で美しい国土の再構築と継承」が掲げられ、2015年に策定された第2次計画では、「対流促進型国土」の形成と「コンパクト＋ネットワーク」の国土構造の実現が掲げられた。

■条件不利地域の振興

　条件不利地域とは、離島、半島等の制約条件があるために自立的な発展が困難な地域をいう。この制約条件は、地形や気候などの自然的条件と人口減少などの社会的条件に分けることができる。前者に対応する法律には離島振興法（1953年）、豪雪地帯対策特別措置法（1962年）、山村振興法（1965年）、半島振興法（1985年）等があり、後者に対応する法律には過疎地域自立促進特別措置法（**新過疎法**、2000年。当初の法律は1970年）がある。

　これらの法律は、概ね、一定の条件不利性に着目して「地域」を特定し、国や自治体が地域振興のための「計画」を策定し、これに沿って円滑に諸事業が行われるよう税財政・金融等の「支援策」を講じるという仕組みをとっている。国では、これらの法律に基づいて、公共事業の重点的実施、国庫補助金の優遇などの措置を講じてきた。こうした政策は、一定の効果をもたらしたが、社会基盤が整うにつれてその効果が減少するとともに、地域の側も国の施策に依存したため、画一的な地域づくりとなって真の自立化が図れないという問題を抱えている。条件不利地域の中には、65歳以上の高齢者が人口の50％以上を占め、冠婚葬祭など共同生活の維持が困難となる**限界集落**も増えた。

　これらの地域は、国土の保全や自然環境・景観の維持という観点からも重要な地域である。そこで、都市住民の参加や負担を含めて、こうした地域を支える仕組みが必要になっている。中山間地域の農地等を保全することを目的として、農業活動を継続する集落に対して国が一定の交付金を支給する**中山間地域直接支払制度**（2000 年開始）も、こうした取組みの１つである。

■地域おこし（内発的発展）は可能か

　地域住民が主体となって地域の活性化を目指して主体的な取組みを行うのが、1980 年代から始まった**地域おこし**（村おこし・島おこし等）である。具体的には、村落の特徴を生かした産業の振興、特産品の販売促進、歴史的文化の保全、都市住民との交流等を行うことが多い。都市からの**移住**を促進して「定住人口」を増やすだけでなく、地域外に住みながら地域づくりや地域の人びとと多様な形で関わる「**関係人口**」を増やす取組みが行われ、農村型の生活スタイルを求める「**田園回帰**」の動きも注目されている。このように、外部の支援や資金に頼るのでなく、地域の中にある資源に基づいて自立的な発展を図る**内発的発展**（鶴見和子）の考え方が重要になっている。

　たとえば、大分県では平松守彦知事（当時）が提唱して 1980 年から**一村一品運動**を展開した。この運動は、地域活性化のために地域の誇りとなるものを掘り出して、全国や世界に通用するものに育てていこうとする運動であり、成果を挙げた。2000 年以降も、さまざまな地域や自治体が地域おこしに取り組み、成果を挙げている（Column ⑩参照）。

　こうした内発的発展を目指す取組みが自治体の施策と住民の活動の中から生まれることが、地域おこしの決め手になると思われる。

第４節　人口減少と地方創生

■人口減少時代の到来

　戦後、日本の人口は約 8000 万人からスタートし、2010 年には１億 2800 万人をこえた。そこから減少に転じ、2040 年には１億 1000 万人程度に減少すると推定されている。年齢３区分人口では、年少人口は 1980 年頃から、また生

産年齢人口は 1990 年代中ごろから減少する一方、老年人口は今後も増加し続ける見込みとなっている。すなわち急速な高齢化と少子化が並行して進行するのである（図 10-1 参照）。

図 10-1　日本の総人口と年齢３区分人口の推移

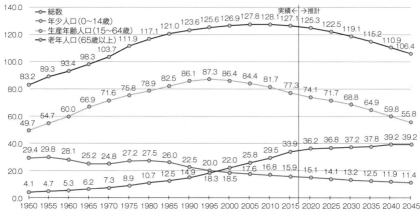

出典）第２期「まち・ひと・しごと創生総合戦略」の策定に向けた KPI 検討会・参考資料（2019 年 8 月 22 日）

■地方創生（まち・ひと・しごと創生）のスタート

　2014 年に日本創生会議（増田寛也座長）によって発表されたいわゆる「増田レポート」では、2010 年から 2040 年までに若年女性（20 ～ 39 歳の女性）が半数以下に減少する自治体が 896 自治体（49.8%）に及ぶと予測し、これらを「**消滅可能性都市**」と名付けた（後掲増田 2014 参照）。このレポートには、「消滅可能性都市」という名称が内容と合致していないこと（「若年女性急減自治体」というべき）、こうしたレッテル貼りから地域のあきらめや切り捨て論が生じかねないことなど問題点があるが、刺激的な名称が功を奏してメディアの注目を集めた。

　このレポートが引き金になって、国が人口減少対策を含む**地方創生**に取り組むことになり、「**まち・ひと・しごと創生法**」（地方創生法、2014 年）を制定した。この法律は、「我が国における急速な少子高齢化の進展に的確に対応し、人口の減少に歯止めをかけるとともに、東京圏への人口の過度の集中を是正し、それぞれの地域で住みよい環境を確保して、将来にわたって活力ある日本社会を

維持していく」ために、「まち・ひと・しごと創生に関する施策を総合的かつ計画的に実施すること」を目的とするものである（1 条）。

　この法律に基づいて、国は「長期ビジョン」と「総合戦略」を策定した。この総合戦略は、2015 〜 19 年度の 5 カ年を対象とし、4 つの基本目標（①地方における雇用創出、②地方への新しい人の流れ、③結婚・出産・子育ての希望をかなえる、④安心なくらしを守り、地域と地域を連携する）を掲げて、それぞれの数値目標を設定し、その実現のための政策パッケージを定めた。

　都道府県・市町村は、国の支援策（とくに地方創生関係交付金等の財政支援）を利用するため、「地方版総合戦略」を策定し、それぞれの取組みを実施してきた。

　また国は、地域再生法（2005 年）に基づいて個別地域の再生の取組みを支援するとともに、構造改革特区（2002 年〜）、総合特区（2011 年〜）、国家戦略特区（2013 年〜）という**特区制度**をつくり、一定の区域を指定して規制改革等の施策を集中的に実施し、地域活性化を後押ししている。

■地方創生（まち・ひと・しごと創生）は成功するか

　地方創生の 4 つの基本目標のうち、①の雇用創出については、近年の経済回復もあって全国的な雇用関係は改善したが、②の人の流れは限定的であり、③の結婚・出産・子育ての支援は、さまざまな施策事業が行われているが、出生率の向上などの成果には結びついておらず（合計特殊出生率はやや低下）、④の安心なくらしと地域間連携についても、成果は不透明である。

　移住者・観光客や立地企業の獲得は、基本的にはゼロサムゲーム（誰かが利益を獲得すれば誰かが失う関係）となるため、地方創生全体の成功にはなつがりにくい。また出生率の改善は重要だが、個人の生き方や家庭のあり方に関わるため、自治体の施策で改善できる範囲は限られている。したがって、地方創生で真に重要なのは、(1) 地域に若い世代が魅力を感じる仕事が存在すること、(2) 人口が減少しても安心して暮らし続けられることだと考えられる。この点で、5 年という限られた期間で成果を目指すこと自体が無理な目標であった。

　国では 2020 〜 24 年度を第 2 期とし、地方創生の取組みを継続する方針を打ち出した。自治体は、国の補助金獲得のための実績（アリバイ）づくりではなく、人口が減少しても持続可能な、長期的な地域づくりに取り組むべきであろう。

■参考文献

大野晃『限界集落と地域再生』静岡新聞社、2008 年

小田切徳美（編）『農山村再生に挑む―理論から実践まで』岩波書店、2013 年

鶴見和子『内発的発展論の展開』筑摩書房、1996 年

西村幸夫（監修）・岡村祐ほか（著）『観光まちづくり』学芸出版、2009 年

（公財）日本都市センター（編）『これからの自治体産業政策』同センター、2016 年

林直樹・齋藤晋（編著）『撤退の農村計画』学芸出版、2010 年

保母武彦『日本の農山村をどう再生するか』岩波書店、2013 年

増田寛也（編著）『地方消滅』中公新書、2014 年

増田寛也（監修）『地方創生ビジネスの教科書』文藝春秋社、2015 年

宮本みち子・大江守之（編著）『人口減少社会の構想』放送大学教育振興会、2017 年

山崎史郎『人口減少と社会保障』中央公論新社、2017 年

Column ⑩　地方創生の成功自治体？

　全国には、地域振興の「成功例」とされる自治体がいくつかある。

　たとえば大分県湯布院町（現・由布市）は、落ちついた田園景観の温泉郷であり、1980年代末のリゾートブームによる開発ラッシュに「潤いのある町づくり条例」を制定して自然景観を守ったこともあって、90年代から人気が上がり、いまなお人気の温泉地となっている。

　島根県海士（あま）町は、2000年代からサザエカレー等の商品開発や、岩がき、隠岐牛等のブランド化等に挑戦し、島外からの移住者を増やし、近年では県立島前高校への「島留学」を進めて、全国的に注目されている。

　徳島県上勝町は、1980年代後半から町内の紅葉、柿の葉などを料理のつまとして出荷する「彩」事業（葉っぱビジネス）を始め、女性や高齢者がインターネットを活用して安定した収入をあげるとともに、ごみゼロ運動や住民参加のまちづくりを進めて、注目されている。

　ほかにも、従来のスキー場に加えて夏のアウトドア・スポーツの開拓にも成功し、国際リゾート地となった北海道ニセコ町、古い街並みの中にガラスショップ・工房などの「黒壁スクエア」や魅力あるカフェを整えて来訪客を増やした滋賀県長浜町、田舎暮らしをしながら最先端の仕事をするという働き方を提示して、IT関連企業のサテライトオフィスの誘致と移住者増加に成功した徳島県神山町（神山モデルと言われる）、高品質の白いタオル

でブランド化に成功した愛媛県今治市、瀬戸内国際芸術祭と連携して「アートの島」として多くの来訪客を誇る香川県直島町など、多くの地域が地方創生の成功例として紹介されている。そして、成功の秘訣は何かを解説する本が出され、これらの自治体に全国から視察が相次ぐ。

　こうした取組みは、地域資源を生かした振興であり、「成功」に至るプロセスには民間・行政にまたがる努力がある。そこには他の地域が学ぶべきものも少なくないであろう。しかし、「成功例」といわれると、どこか違和感を覚えるのは私だけだろうか。

　第1に、移住者や観光客や立地企業は無限ではなく、地域間でこれらを奪い合うゼロサムゲームとなるため、どこかが「成功」すれば他は「失敗」することになる。第2に、地方創生では人びとが住みやすい地域をつくることが重要であり、移住者や雇用の増加だけでなく、住民がどういう生活をしているか、地域社会のつながりはどうかなど、多様な側面に目を向ける必要がある。第3に、「成功」を目指して税金や人材を投入しても、「成功」しなかった場合は無駄になるし、「成功」しても短期的な「成功」に終わる可能性がある。第4に、人口減少が避けられない現実だとすれば、地域・集落が「消滅」に向かうことを受け入れ、「消滅」後の地域管理を考えることも必要ではないか。

　地方創生施策を住民起点で組み立て直してはどうだろうか。

第11章　まちづくりと公共事業

この章で学ぶこと

　まちづくりは、地域の空間のあり方を形成する取組みである。これまでのまちづくりは、国の法制度によって決定され、画一的・集権的だったが、分権改革によって自治体の判断が生かされるようになり、まちづくり条例などの取組みも進んでいる。また、まちづくりを進めるうえで、公共事業の役割も大きい。こうした制度と自治体の取組みを見てみよう。

第1節　まちづくりの基礎

■「まちづくり」とは

　まちづくりという言葉は、広義では、まち（地域社会）を住みやすいものにしていく活動やそのための行政運営全体を指し、そこには福祉、教育等のソフト面の政策も含まれる。狭義では、地域の土地や空間を利用し、そのあり方をコントロールする活動を指し、都市計画、環境保全、公共事業などのハード面の政策を意味している。ここで取り上げようとするのは、後者の意味のまちづくりである。

　まちづくりには、都市計画、環境行政、土木行政などを含む総合的な視点から、住みやすい「まち」を目指して自治体と住民がさまざまな努力を行っていくという意味が込められている。まちづくりには、土地利用に関する計画、規制、事業の3つの側面が重要となる。以下では、土地利用の全体像を見たうえで、都市計画や公共事業・公営事業など、広くまちづくりの計画・規制・事業について考えていく。

■まちづくり法制の変遷

　まちづくりの法制度はどう形成されたか、振り返っておこう。

第 1 に、戦前期（1945 年まで）には、大都市における伝染病の蔓延など多様な都市問題に対応するため、東京に東京市区改正条例（1888 年）がつくられ、次いで他の大都市にも同様の制度がつくられた。さらに産業と人口の都市集中に対応するため、都市計画法（1919 年）と市街地建築物法（同年）が制定され、全国的な都市計画法制が整備された。その後の戦時体制では、植民地・占領地を含めた実験的な都市計画が行われた。

第 2 に、戦後復興期（1945〜50 年代）には、特別都市計画法（1946 年）に基づいて全国の都市で区画整理と戦災復興事業が進められたが、総合的な都市計画法制の整備は立ち遅れた。一方、土地利用全体を見ると、森林法（1951 年）、農地法（1952 年）、自然公園法（1957 年、前身は国立公園法（1931 年））が制定され、森林・農地等の規制法が整備された。

第 3 に、経済成長期（1960〜70 年代）には、大規模な都市開発・市街地開発が行われたため、新しい**都市計画法**（1968 年）が制定されるとともに、**建築基準法**の大幅改正（1970 年）が行われ、都市法制の基本がつくられた。新都市計画法では、後述する線引き制度や開発許可制度が盛り込まれた。自治体が行政指導を行うための開発指導要綱が広がったのもこの時期である。一方、農業サイドでも農業振興地域整備法（1969 年）が制定されるとともに、列島改造等の経験を踏まえて自然環境保全法（1972 年）、国土利用計画法（1974 年）が制定され、土地利用法制の基礎が整備された。

第 4 に、安定成長期（1980〜90 年代）には、都市における規制緩和・民間活力の導入が進められ、80 年代後半には不動産投機が横行し地価の高騰を招いたため、土地基本法（1989 年）が制定されたが、バブル崩壊とともに多くの都市開発が見直しを迫られた。この時期には地区計画制度（1980 年）、市町村マスタープランの制度化（1992 年）など、身近な都市計画制度が充実するとともに、大型店の郊外立地と中心市街地の衰退を踏まえて中心市街地活性化法、大店立地法、改正都市計画法のいわゆる「まちづくり三法」（1998 年）が制定された。

第 5 に、地方分権期（2000 年〜）には、第 1 次地方分権改革（2000 年施行、第 3 章第 1 節参照）によって、都市計画等の事務が機関委任事務から自治事務に転換され自治体の責任が明確になり、市町村の計画決定権限が拡充された。2010

年代には人口減少への対応が求められ、都市再生特別措置法の改正（2014年）によって立地適正化計画が制度化され、地域公共交通活性化再生法（2017年）による地域公共交通網形成計画とともに、「コンパクト・プラス・ネットワーク」のまちづくりが進められている。

■土地利用の私権性と公共性

　まちづくりの基礎となるのは、都市計画などの土地利用規制である。土地については、私有財産として原則として権利者の自由な使用や処分が認められている。しかし同時に、土地は新たに「生産」することができない有限の資源であり、ある土地の利用が周辺の土地の利用にも影響を与えるため、公共の利益を守るため、他の財産権と異なり各種の規制が行われている。この規制がどこまで、そしてどのように行われるかが、土地利用のあり方を決定づける。

　この点に関して、欧米諸国では「**計画なければ開発なし**」の原則がとられ、土地利用に対して厳しい規制が行われている。これに対して、わが国ではなお「**建築（開発）自由の原則**」が基本になっている。わが国でも、1980年代後半の地価高騰を受けて制定された**土地基本法**では、土地に関する「**公共の福祉優先**」の原則が定められたが、実際には都市計画法その他の法律（個別法）が土地利用を規制しており、そこでは規制のための計画がなければ建築（開発）は自由という原則で規定が定められている。そのため、都市環境や景観に支障をもたらす開発についても十分な規制ができず、さまざまな問題が生じてきた。

　土地利用の私権性と公共性をどう調和させるかが、まちづくりの基本テーマなのである。

第2節　都市計画とまちづくりの仕組み

■都市計画の仕組み

　まちづくりに関する法制度の中でも、とくに重要なのが都市計画である。都市計画では、まず都市計画区域を指定し、その状況を調査した上で、次の事項を定めるものとされている（図11-1参照）。

　① 都市計画の方針（都市計画区域マスタープランと市町村マスタープラン）

　② 土地利用のルール（区域区分（線引き）と土地利用規制）

　③ 都市機能を増進するために必要な施設（**都市施設**）の配置

　④ 土地を効果的・一体的に整備する面的な整備事業（**市街地開発事業**）

　⑤ 地区レベルの土地利用や施設配置（**地区計画**等）

　以上は、①であるべき都市の姿を描き、②で民間主体による開発を規制し、③と④で公共主体の事業によって積極的に都市の整備を図り、⑤でコミュニティ・レベルの規制と整備を行うという関係になっている。以下では、規制の代表例として②の土地利用のルールを、事業の代表例として④の市街地開発事業を、それぞれ取り上げよう。

図 11-1　都市計画の体系

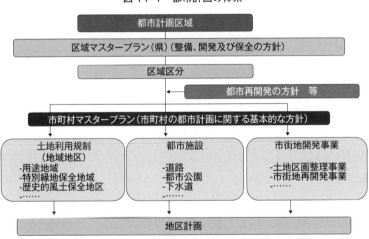

出典）国土交通省都市局都市計画課「都市計画法制」2018 年

■土地利用のルール（線引きと用途地域）

　都市計画では、土地利用に関して、まず無秩序な市街化を防止し計画的な市街化を図るため、市街化区域と市街化調整区域の区分を定めており、これを**線引き**という。**市街化区域**とは計画的に市街化を図るべき区域をいい、これに指定されると道路、公園、下水道の整備や土地区画整理事業等が重点的に行われるほか、農地転用も簡易な手続（届出）で可能となる。一方、**市街化調整区域**と

は市街化を抑制すべき地域をいい、これに指定されると建築物の建築は原則と
して認められず、農地転用は制限される一方で、農業関係の整備事業が行われ
る。線引きは、都市整備と農業振興の棲み分けを行う制度でもある（図11-2参照）。

図 11-2　都市計画の「線引き」のイメージ

出典）国土交通省「みんなで進めるまちづくりの話」（同省HP、2013年11月入手）

　次に、都市計画では生活環境や事業の利便性を図るため、用途地域の制度を
定めている。**用途地域**は、都市計画区域内の土地をその利用目的によって区分し、
区分ごとに建築物の用途、構造、形態等の規制を行うことによって、秩序ある
市街地づくりを行うものである。用途地域には、住居系、商業系、工業系の3
つの区分に沿って12の種類がある（ほかに特別用途地区等の制度もある）。用途地
域が指定されると、それぞれの地域に適合した用途の建築物しか認められない
し、建築物の**建ぺい率**（敷地面積に占める建築面積の割合のこと）や**容積率**（敷地面積
に占める建築物の延べ床面積の割合のこと）、高さなどの形態についてそれぞれ定め
られた基準で制限されることになる。

　なお、都市計画にはそれぞれの地区の特性にふさわしいまちづくりのために
地区計画の制度がある。**地区計画**では住民参加の下で、道路、公園などの配置
や建築物の用途、形態などのルールをきめ細かく定めることができる。

■市街地開発事業

　市街地開発事業には、土地区画整理事業と市街地再開発事業がある。**土地区
画整理事業**は、新たな市街地を整備するため、建築物の敷地と道路や公園など

の公共施設を一体的に整備する事業である。この事業では、換地（権利をもつ土地の再配置を行うこと）や減歩（権利をもつ土地の一部を提供して公共用地や保留地を生み出すこと）などの権利変換の方式によって、土地と建築物の整備と公共施設の整備を一体的に行うのである。

これに対して**市街地再開発事業**は、市街地のうち、生活環境が悪化している地域や、土地の有効利用が進まない地域において、敷地の共同利用や建築物の高度利用を図り、快適で安全なまちにつくり替える事業である。この事業には、全面買収方式と、土地区画整理事業と同様の権利変換方式がある。

こうした事業は、まちづくりの手法として有効だが、所有者等の権利に直接関わるだけに、整備計画や減歩などの負担をめぐって**合意形成**が難しく、停滞する事業も多い。ここでも土地の私権性と公共性の調整が問われるのである。

■**乱開発を防止した開発指導要綱**

前述のような土地利用法制の不十分さを補完するために、1960年代後半から大都市圏を中心に**開発指導要綱**を制定して、宅地開発や中高層建築物の建築に対して規制や誘導を行う自治体が広がった。開発指導要綱では、乱開発の防止等を目的として、開発区域への接続道路の確保、緑地・公園の整備等を定めるとともに、地域住民との協議やその同意を求めることが多かった。

しかし、条例と異なり要綱には法的拘束力は認められない。そこで、開発指導要綱に従わない事業者が現れ、裁判で自治体側の責任が認められた例もあった（武蔵野市マンション事件・最高裁1989年11月8日判決参照）。さらに行政手続法（1994年制定）では、行政指導に法的拘束力がないことが明記されたため、要綱から条例に切り替える自治体が増えている（秦野市まちづくり条例など）。分権改革によって条例制定権の範囲が拡大した現在では（第9章第2節参照）、次に取り上げるまちづくり条例等に転換すべきであろう。

■**まちづくり条例と土地利用規制条例**

従来から、景観保全、中高層建築物の紛争調整、水道水源保護等の条例が制定されてきたが、1980年代からは、いくつかの自治体がまちづくり条例を制定するようになった。**まちづくり条例**とは、市町村が自らのまちづくりの理念・目標を掲げ、開発事業の規制、建築行為に係る調整、住民活動への支援などの

総合的な措置を定める条例をいう。従来は、こうした条例は法律に抵触するおそれがあったが、1990年前後のリゾート開発等に対応するためにいくつかの自治体がこれを制定し、さらに地方分権の潮流の中で個性的な条例が制定された（第9章第3節参照）。

一方、都道府県では**土地利用規制条例**が制定されてきた。たとえば、1970年代前半の列島改造の時代に宅地開発の規制を目的とする条例（岡山県県土保全条例など）が制定されたし、90年代前半のリゾート開発の時代に自然環境や景観を保全する条例（兵庫県・緑豊かな地域環境の形成に関する条例など）がつくられた。また、90年代後半に行政手続法の制定を受けて行政指導の仕組みを条例化したり（神奈川県土地利用調整条例）、2000年前後には土地利用に関する措置を総合的に定めた条例（高知県土地基本条例）も制定された。

今後も、条例による個性的なまちづくり・地域づくりが期待される。

■**中心市街地の活性化**

1990年代から自動車交通の発達や大型店の郊外出店によって、地方都市を中心に中心市街地の商店街から客離れが進み、いわゆる「シャッター通り」が問題になった。その結果、中心市街地に住む住民（とくに自動車運転が難しい高齢者）は日常の買物にも困る結果になるとともに、中心市街地の活力が失われ、街並み景観が悪化する。これが**中心市街地空洞化**の問題である。

国では、**中心市街地活性化法**（1998年）を制定し、地域の創意工夫を活かしつつ、市街地の整備と商業等の活性化を柱とする総合的な対策を推進してきた。この法律では、市町村は中心市街地活性化の「基本計画」を定め、①市街地整備と商業活性化の方針、②駐車場整備等の環境改善のための事業、③商業の活性化に関する事業等に取り組むこととされている。また、商工会議所等を基礎として **TMO**（town management organization）を設置し、商店街へのテナント誘致、店舗配置などの事業を行っている（第10章第2節参照）。

自治体の中には、大型店の立地の制限・調整の仕組みを条例化するところもあるし（京都市、福島県等）、公共交通機関の利用を促進して、中心市街地に生活機能を集約した**コンパクトシティ**を目指す都市（富山市など）や、個性的な街づくりによって成果を挙げている都市（滋賀県長浜市、大分県豊後高田市など）もあ

るが、多くの都市ではなお空洞化に歯止めがかかっていない。

　国の政策として、大型店の立地規制を緩和しながら郊外部の開発に十分な対策をとらなかったことには疑問が残るし、大型店の立地はまちづくりの問題として都市ごとの判断を重視すべきであった。今後は、これを教訓として自治体による主体的・計画的なまちづくりを重視する必要がある。

第3節　人口減少時代のまちづくり

■コンパクト・プラス・ネットワークのまちづくり

　2010年代に入り、人口減少時代に突入すると、前述のように都市のコンパクト化、すなわち中心市街地への都市機能の集約を進める必要が強まっている。しかし、すでに郊外部に居住している住民を強制的に転居させることはできないし、その生活条件をある程度保障する必要がある。そこで、中心部への都市機能の集約を進めて利便性を向上させるとともに、郊外部に生活拠点を設けて中心部と生活拠点を公共交通等で結ぶという、**コンパクト・プラス・ネットワークのまちづくり**を目指すこととなった。

　国は、都市再生特別措置法の改正（2014年）によって、市町村が**立地適正化計画**を策定し、中心部に都市機能誘導地域、居住誘導地域等を定めるとともに、中心拠点と生活拠点を公共交通で結ぶこととし、この公共交通については後述する地域公共交通網形成計画等で整備するという方針を打ち出した。これに基づいて272都市が立地適正化計画

図11-3　立地適正化計画のイメージ

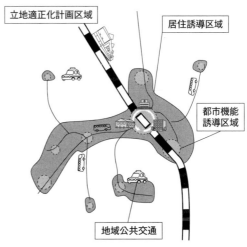

出典）国土交通省ＨＰ「立地適正化計画の意義と役割」

を策定している（2019年7月末現在）。

　このコンパクト・プラス・ネットワークという方向性は、一般的には妥当といえるが、実際に効果をあげるには、個別の都市施設や住民に対する働きかけを含めて、自治体の主体的で計画的な取組みが必要であろう。

■地域交通政策の重要性

　近年、自動車交通の発達や人口減少に伴って、地方都市や過疎地域では、鉄道・軌道、路線バス等の公共交通機関の利用者が減少し、事業撤退や路線縮小が相次いで、住民の移動手段を確保できなくなっている。とくに自動車を使えない高齢者は、日常の通院や買い物にも困る状況になっている（いわゆる**買い物弱者**）。前述のコンパクトシティを目指すためにも、自動車に依存しないまちづくりを進める必要がある。

　そこで多くの自治体で、公共交通の利用促進、コミュニティ・バスや乗合タクシーの導入等の取組みを始めている。2006年に富山市が導入したように、次世代型の軽量な路面電車である**LRT**（light rail transit、軽量軌道交通）も注目されている。また、多様な交通施策を活用して住民の移動状況を望ましい方向に誘導する**モビリティ・マネジメント**の考え方が広がっている。国では、2007年に**地域公共交通活性化再生法**を制定して、市町村が事業者と協議し協議会を開催して地域公共交通総合連携計画を策定し、各事業者が必要な事業を実施し、国がこれらを支援するという仕組みを設けた。

　さらに、人口減少に伴う公共交通空白地域の深刻化（日本の可住地面積の約30％、人口の5.8％）を踏まえて、**交通政策基本法**（2013年）の基本理念にのっとって、前述の地域公共交通活性化再生法の改正（2015年）によって、自治体が**地域公共交通網形成計画**を策定し、①コンパクトシティの実現に向けたまちづくりとの連携、②地域全体を見渡した面的な公共交通ネットワークの再構築を進めることとされた。

　かつて交通政策は国の役割が大きかったが、現在ではまちづくりとの一体性が強調され、自治体の工夫と責任が大きくなっているのである。

■空き家対策と所有者不明土地問題

　人口減少時代に問題になるのが、空き家と所有者不明土地の問題である。

　近年、居住も使用もされず放置されている空き家が増加し、防災、衛生、景観などの生活環境に悪影響を及ぼしている。その結果、市街地の中に空閑地や空き家が増える「**都市のスポンジ化**」も問題になっている。空き家に対しては、一部の自治体（所沢市等）が**空き家対策条例**を制定したが、国も**空家等対策特別措置法**（2014 年）を制定し、市町村が問題のある空き家の所有者等に適正な管理を行うよう助言・勧告・命令を行うことができ、行政代執行も可能とされた。これを受けて多くの自治体で少しずつ対策が進んでいる（Column ⑪参照）。

　また、所有者がわからなくなったり、連絡がつかなくなって、管理されない土地が増えている。国は、**所有者不明土地法**（2018 年）を制定し、地域福利増進事業等による利用の円滑化と所有者の探索を図ることとした。また、所有者不明土地の多い森林については、**森林経営管理法**（2018 年）を制定し、市町村が一定の手続によって所有者から経営管理権を取得したうえで、自ら経営管理を行うか、民間事業者に経営管理実施権を設定できることになった。

　経済成長時代には、旺盛な開発計画を前提とし、「作為」を規制すればよかったが、人口減少時代には、所有する土地や建物を放置するという「不作為」への対応が必要になり、管理や利用などの「作為」を促進することが求められるようになっている。まちづくりの方法やスタイルも変わっているのである。

第 4 節　公共事業の仕組みと課題

■公共事業の種類と計画

　公共事業の意味は多様だが、大きく捉えれば、住民生活を支える物的な社会基盤（インフラ）を整備する取組みといえる。ここでいうインフラには、道路、河川、上下水道、空港、港湾など、さまざまなものがある（後述の公共施設のほかに河川・森林・農地なども含まれる）。

　その目的に着目すると、①国土保全・防災、②都市基盤の整備、③交通網の整備、④食料供給基盤の整備に分けることができる（表11-1 参照）。その実施主体に着目すると、①国の直轄事業、②自治体の国庫補助事業（国の補助金を利用して実施する事業）、③自治体の単独事業（自らの財源で実施する事業）、④特殊法人

表11-1　主な公共事業の種類

区分	種類（対象別区分）	主な根拠法	所管省庁
国土保全・防災のための事業	森林整備保全事業 治山事業 河川整備事業 海岸整備事業	森林法 砂防法、急傾斜地法 河川法 海岸法	国土交通省 国土交通省 国土交通省 国土交通省
都市基盤の整備のための事業	道路整備事業 都市公園等整備事業 上・下水道整備事業 土地区画整理事業 廃棄物処理施設整備事業	道路法、都市計画法 都市計画法、都市公園法 水道法、下水道法 土地区画整備法、都市計画法 廃棄物処理法	国土交通省 国土交通省 国土交通省 国土交通省 環境省
交通網の整備のための事業	港湾整備事業 空港整備事業	港湾法 空港法	国土交通省 国土交通省
食料供給基盤の整備のための事業	土地改良事業 漁港整備事業	土地改良法 漁港法	農林水産省 農林水産省

等の事業に分けられる。件数からいえば自治体が実施する事業が多く、中でも国庫補助金に依存する②が多いのが特徴である。

多くの公共事業は、行政計画に基づいて実施されている。国レベルでは、かつては**全国総合開発計画（全総）**が策定され、大型事業を含む公共事業が実施されてきたが、現在は**国土形成計画**を基礎として（第10章第3節参照）、社会資本整備重点計画法（2003年）に基づく**社会資本整備重点計画**が定められている。この計画では、道路、鉄道、空港、公園・緑地、下水道などの社会資本の整備を重点化・集中化するために、重点目標とその達成のための事業の概要等を総合的に定めているが、実際には省庁別の縦割りの仕組みと発想が強く作用している。また、自治体レベルでは、総合計画で基本的方向を定め、前述の都市計画、農業振興地域整備計画などの個別計画で具体的な事業を定めている。

■公共事業の財源

公共事業には多額の費用を必要とする。自治体の公共事業には、前述のとおり自治体の一般財源だけで実施する**単独事業**のほかに、国庫補助金を使って行う**国庫補助事業**がある。**国庫補助金**（補助金）は、自治体や特殊法人等が実施する事業に要する費用の一部（概ね1/4〜2/3）を国が支出する制度である（第17章第1節参照）。自治体は、これによって少ない自己負担で事業を行えるが、施設の目的、規格などは国が定める基準（補助要綱等）に拘束され、自主的な判断

が制限されるほか、「もらわなければ損だ」という発想から過大な事業になりがちである。そこで、国庫補助金を廃止・縮小し、一般財源に振り替えることが求められている。

地域主権改革（第3章第3節参照）では、各種の国庫補助金を統合して幅広い用途に使用できる**一括交付金**が制度化され、2011年度から一部導入されたが、2012年の自公政権の復活により廃止された。

■公共事業システムの問題点

公共事業の仕組みには問題点が少なくない。

第1に、公共事業の多くは自治体の事業であるが、国の制度や補助金によって左右される仕組みとなっており、集権性が強いことである。その結果、地域での**受益と負担の関係**（これだけの負担をするからこれだけの利益を得られるという関係）が不明確になり、地域のニーズに合わない事業や必要性の乏しい事業が行われるとともに、公共事業の過大な実施が財政負担を拡大させている。

第2に、公共事業によって自然環境や生活環境の侵害や景観の破壊につながりやすいことである。とくに、一般の公共事業では影響を受ける者（被害者）が同時に利用者（受益者）でもあるが、大規模公共事業では広く利益を受ける者や圏域（受益圏）が存在する一方、集中的に不利益を受ける者や圏域（受苦圏）が発生し、両者の対立が深刻になるという構造がある（いわゆる**受益圏と受苦圏の分離**）。たとえば空港や新幹線の建設は、広範囲の利用者に利便をもたらすが、周辺住民には騒音・振動等の重大な被害を与え続けるものであり、「お互いさま」と言える関係は成立し得ないため、合意形成は難しい（Column⑫参照）。

第3に、公共事業の決定において住民参加や関係者の合意形成の仕組みが不十分なことである。都市計画等の一部の計画決定については、法律上住民参加の手続が規定されているが、実質的な参加や説明責任を果たす機会としては、十分に機能していない。

第4に、公共事業の政治的な背景として、政・官・業の利益共同体、いわゆる**鉄の三角同盟**（iron triangle）を生み出し（第8章第2節参照）、利益誘導政治の温床にもなってきたことである。すなわち、政治家（いわゆる**族議員**）が政治的決定権を背景として行政側に公共事業の推進・誘致を働きかけ、各省庁や自治体

の担当部局がこれに応えて公共事業の拡大に力を注ぎ、そして建設業等の業界（利益団体等）がそうした政治家を選挙や資金面で支援し、公共事業の拡大・受注を図るというメカニズムが成立しているのである。

■公共事業システムの改革

では、この仕組みをどう改革すればよいだろうか。

第1に、地域の実情に合致した公共事業にするため国庫補助金を削減し、その財源を自治体に移譲し、単独事業として実施することである。これによって、前述の**受益と負担の関係**が明確になり、本当に必要な公共事業を地域の実情に合った形で実施していくことが期待できる。また、地域の実情と費用負担を考えて**身の丈に合った公共事業**を進めることが重要である。

第2に、公共事業に関する**入札制度改革**を行い、競争原理の徹底によって事業コストの適正化を図るとともに、手続を透明化することである。すでにいくつかの自治体で一般競争入札の拡大や電子入札制度の導入が行われており、コスト削減の面では相当の効果を挙げている。

第3に、公共事業の総合的な評価システムをつくることである。環境アセスメント制度を拡充し、地域社会への影響も評価する仕組みをつくることが考えられる。また、1997年度に北海道が導入した「時のアセスメント」は、一度決定した事業について、時の経過に伴う社会状況の変化によって必要性等を改めて点検・評価する仕組みであるが、着眼点やネーミングのよさから全国に広がった。

こうした改革で自治・分権型の公共事業の仕組みをつくることが大切である。

■参考文献

饗庭伸『都市をたたむ』花伝社、2015年
朝日新聞取材班『負動産時代－マイナス価格となる家と土地』朝日新聞出版、2019年
内海麻利『まちづくり条例の実態と理論』第一法規出版、2010年
杉田聡『「買物難民」をなくせ！』中公新書ラクレ、2013年
都市計画法制研究会（編）『コンパクトシティ実現のための都市計画制度』ぎょうせい、2014年
都市計画法制研究会（編）『よくわかる都市計画法（第2次改訂版）』ぎょうせい、2018年
船橋晴俊ほか『新幹線公害―高速文明の社会問題』有斐閣、1985年
保母武彦『公共事業をどう変えるか』岩波書店、2001年

人口減少時代の典型的な都市問題は、空き家問題であろう。経済成長時代には、開発計画が目白押しで、地価の高騰が問題となっていたが、現在では、人口減少や相続放棄によって、居住も利用もされていない空き家・空きビルが増えている。総務省の調査では、2018年現在、全国で空き家が846万戸あり、総住宅数の13.6%を占めるという（朝日新聞2019年5月6日「空き家 強制撤去進まず」）。

これに対して、空家等対策特別措置法（2014年）では、倒壊のおそれや衛生上著しく有害などの空き家を「特定空き家」に認定し、市町村が撤去や修繕の助言・指導、勧告、命令ができ、従わなければ代執行（通常は行政代執行、所有者等が不明等の場合は略式代執行）できる。あわせて税制上の特別措置や空家バンクの活用などの対策を講じることとしている。

国の調査では、2018年度までの4年間で、助言・指導1万5586件、勧告922件であるのに対し、法的拘束力のある命令は111件、行政代執行41件、略式代執行124件にとど

まっている（表11-2参照）。代執行に至る件数が少ないのは、そもそも所有者が明確でなかったり、費用の回収が難しいためである。

別の記事によると、2015年5月〜2016年10月に全国で行われた代執行22件の撤去費は約4802万円（1件あたり218万円）であったが、このうち15件は所有者が不在で、土地売却など他の回収手段もないため、撤去費約2857万円（59%）が回収できていないという（朝日新聞2017年1月12日「空き家撤去費、回収に壁」）。

このような空き家は、今後とも増加する見込みであり、自治体はますます頭を悩ますことになろう。

近年、不動産の価格は低迷し、不動産は負の価値しか生まない「負動産」になろうとしている。管理できない所有者が自治体に寄附したいと申し出ても、自治体は特別な用途がない限り引き取らない。大量の「負動産」を誰が管理すべきか、人口減少時代の難問である。

表 11-2　空家等対策特別措置法に基づく特定空家に対する措置状況

※（ ）内は市町村数

	2015 年度	2016 年度	2017 年度	2018 年度	合　計
助言・指導	2,890 （167）	3,515 （221）	4,271 （278）	4,910 （336）	15,586 （541）
勧　告	57 （25）	210 （74）	285 （91）	370 （105）	922 （197）
命　令	4 （3）	19 （17）	47 （30）	41 （19）	111 （56）
行政代執行	1 （1）	10 （10）	12 （12）	18 （14）	41 （34）
略式代執行	8 （8）	27 （23）	40 （33）	49 （44）	124 （92）

出典）国土交通省「空家等対策の推進に関する特別措置法の施行状況等について」（2019年3月末現在、調査対象：1788団体、回収数：同左）

第12章　環境政策とリサイクル

この章で学ぶこと

　地域環境は、住民生活や地域社会を成り立たせる不可欠の条件である。高度経済成長期には産業公害の問題が噴出し、いくつかの自治体は公害防止条例を制定した。低成長期には都市・生活型公害が問題となり、これに対する政策も多様化したし、現在では地球環境問題への対応が求められている。多様化する環境問題に自治体がどう取り組んでいるか見ていこう。

第1節　自治体の環境政策

■公害問題への対応

　わが国の環境問題とそれに対する対策の変遷を概観しよう。戦後の変遷は4つの時期に分けることができる。

　第1期（1960年代前半まで）は、重化学工業からの公害問題が深刻になった**産業公害の時代**であり、これに対する対策が不十分な「環境政策未成立期」といえる。とくに戦後の高度経済成長の下で、**四大公害訴訟**（水俣病、新潟水俣病、四日市ぜんそく、イタイイタイ病）など重化学工業による産業公害が各地で生じた。これに対して、水質保全法（1958年）、ばい煙排出規制法（1962年）など個別の規制法はあったものの、当時は公害対策と経済発展の調和を図るべきとの条項（いわゆる調和条項）があるなど、不徹底なものであった。自治体でも、東京都工場公害防止条例（1949年）など独自条例を制定していたが、排出基準の抽象性等のため効果を挙げられなかった。

　第2期（1960年代後半〜70年代前半）は、産業公害の深刻さが広く認識される**公害問題の時代**であり、これに対して抜本的な対策が講じられた「環境政策形成期」といえる。京浜工業地帯や北九州工業地帯での大気汚染など公害問題が

全国各地に広がるとともに、四大公害訴訟では排出企業の法的責任が明確にされた。同時に、国土開発（第 10 章第 3 節参照）による自然環境の破壊も問題となった。これに対して、国は公害対策基本法（1967 年）を制定し、さらに**公害国会**（1970 年）において、公害対策基本法、大気汚染防止法等を改正するとともに、水質汚濁防止法、公害防止事業費事業者負担法等を制定した。また、自然環境保全法（1972 年）を制定し、自然環境保全の理念・方針・施策を明確にした。さらに 1971 年には環境庁（後に環境省）が設置された。

　自治体も、東京都が**公害防止条例**（1969 年）を制定し、工場設置の認可制と立地規制、法律よりも厳しい基準の設定等の対応を盛り込んだ。当時は、法令よりも厳しい規制を行う「上乗せ条例」は違法であるという見解も強かったが（第 9 章第 2 節参照）、それを押し切って制定し、後に法律側で上乗せ・横出し条例を適法とする規定を定めることになった。また、富山県自然環境保全条例（1972 年）など自然環境保全条例の制定も進んだ。

■生活公害と地球環境問題への対応

　第 3 期（1970 年代後半〜 80 年代）は、生活・都市型公害が深刻化する**生活公害の時代**に入り、これに対する対策が立ち遅れた「環境政策停滞期」といえる。低成長期に入り産業公害が低減する一方で、家庭の生活排水、自動車による大気汚染などの生活・都市型公害が中心となり、公害の原因者が不特定者に拡散するとともに、被害者が同時に加害者でもあるという問題に変容し、従来の環境政策の限界が明らかになった。これに対して、自動車排出ガス対策、総量規制方式の導入など法制度が充実されたが、十分な効果は見られなかった。

　自治体では、神戸市都市景観条例（1978 年）、滋賀県の「琵琶湖の富栄養化の防止に関する条例」（1979 年）、津市水道水源保護条例など、特徴的な条例の制定が進んだ。環境アセスメントについても、川崎市環境影響評価に関する条例（1976 年）など自治体による法制化が国に先行する形となった。

　第 4 期（1990 年代〜現在）は、地球環境の保全が問題となる**地球環境問題の時代**となり、地球環境問題への対策を含めて環境政策の範囲が拡大する「環境政策拡充期」といえる。この時期は、地球温暖化などの地球環境問題が深刻となり、後述の通り 1992 年の地球サミットを踏まえて日本でも**環境基本法**（1993

年）を制定するとともに、京都議定書（1997 年採択）を踏まえて温室効果ガス削減の取組みを進めた。環境影響評価法（1997 年）が制定されたのも、この時期である。自治体では、環境基本条例のほか、環境影響評価条例、廃棄物処理・リサイクルに関する条例などさまざまな環境条例が制定された。

　このように環境政策の課題は拡大し、自治体の役割も多様化している。

■環境基本条例と環境基本計画

　以前から、神奈川県良好な環境の確保に関する条例（1971 年）など、いくつかの自治体が環境に関する基本条例を制定していたが、環境基本法（1993 年）の制定を踏まえて、多くの自治体が**環境基本条例**を制定した。2013 年現在、すべての都道府県・政令市と 59.2 の市区町村が制定している（環境省調査）。

　また、これに基づいて**環境基本計画**（環境施策の基本となる計画）も策定され、2013 年現在、すべての都道府県・政令市と 55.9 の市区町村が策定している（環境省調査）。環境基本計画では、地域環境の現況、計画目標、主な環境施策、環境配慮指針等を定めることが一般的である。

　環境政策を総合的・計画的に進めるため、こうした基礎は重要である。

■ SDGs と地域循環共生圏

　最近、「SDGs」が社会のキーワードになっている。**SDGs**（Sustainable Development Goals）とは、「持続可能な開発のための目標」であり、2015 年の国連総会で採択された。「誰一人取り残さない」を基本方針とし、環境・経済・社会の統合的向上によって「新たな成長」につなげるため、2030 年に向けた国際目標として、貧困をなくそう、すべての人に健康と福祉を、気候変動に具体的な対策をなど 17 のゴール、169 のターゲットを掲げている。本来は社会全体の目標だが、環境分野でも重要な指針になっている。

　国では、2016 年に「持続可能な開発目標（SDGs）推進本部」を設置し、「持続可能な開発目標（SDGs）実施指針」を決定し、2017 年から毎年度「SDGs アクションプラン」を策定している。自治体でも、SDGs を地域における環境・経済・社会の状況を把握するツールとして活用することによって、地域の強みや弱みを客観的に把握することが期待されている。地方創生（第 10 章第 4 節参照）の中でも「自治体 SDGs モデル事業」の選定等が行われており、SDGs は

自治体の地域づくりの指針になっている。

　このSDGsを踏まえた課題解決の考え方として、「地域循環共生圏」が提唱されている。**地域循環共生圏**とは、地域資源を持続可能な形で活用しつつ、地域間で補完し支え合うことによって環境・経済・社会の統合的向上と脱炭素化を実現しようとする考え方である。モノのインターネット化（IoT）や人工知能（AI）等の情報技術も駆使しながら、地域資源を持続的に循環させる自立・分散型のエリアを形成しようとするもので、国の第5次環境基本計画（2018年）にも盛り込まれた。今後の地域づくりの目標になり得る概念といえよう。

第2節　生活環境の保全

■公害防止の法制度

　公害には、大気汚染、水質汚濁、騒音・振動、地盤沈下、土壌汚染、悪臭、廃棄物の**典型七公害**がある。これに対する法律では、一定の環境基準を達成するための計画を策定するとともに、工場等の公害発生施設を指定し、そこから発生する汚染等の許容基準（排出基準）を定め、その遵守を義務づける「排出規制方式」をとっている。たとえば、大気汚染防止法、水質汚濁防止法、騒音規制法、土壌汚染対策法などがこれである。

　これらの法律では、国が各種基準の設定、各種方針の策定、規制対象の設定等を行う。一方、自治体は、各種の計画を作成するとともに、個々の規制措置を行う。大気汚染、水質汚濁等の広域的な排出規制は都道府県の権限とされ、騒音、振動、悪臭など近隣公害の規制は市町村の権限とされている。

　自治体独自の取組みとして条例による規制がある。かつての**公害防止条例**は、法令による排出規制の横出し（対象施設の拡大）や上乗せ（排出基準の強化）を内容としていたが、最近の**生活環境保全条例**では、幅広い環境汚染行為を対象として多様な措置を定めている。たとえば川崎市公害防止等生活環境の保全に関する条例（1999年）では、従来の公害に加えて化学物質、温暖化物質、オゾン層破壊物質等を対象とし、事業場の自主管理を促進する規定も盛り込んでいる。

　生活環境の保全には、協定という形で合意による方法も用いられる。たとえ

ば**公害防止協定**（環境管理協定）は、自治体、事業者、住民が、公害防止、環境保全等を目的として、必要な措置や相互の義務等について取り決める合意であり、横浜市が 1964 年に導入し、1970 年代に多くの自治体が採用した。

■**新しい生活環境問題への対応**

　前述の「排出規制方式」は、大規模工場のような特定の固定発生源への対策には有効だが、不特定多数の事業所や自動車等の移動発生源に対しては実施が困難である。とくに自動車公害に対しては、実効性のある対策が求められるようになった。そこで、排出ガスの許容限度を定め、自動車の構造等の基準を定める場合にこの限度を守るとともに、基準を満たさない自動車は使用を禁止するという「製造・使用規制方式」が導入された（大気汚染防止法、車両法）。また、東京都など首都圏 1 都 3 県（東京都、埼玉県、千葉県、神奈川県）は、連携して、特定のディーゼル車の運行禁止、事業者に対する低公害車の導入義務等を定める条例を制定した。

　また、化学物質に対する対策も求められている。**化学物質**とは、元素または化合物の化学反応により得られる化合物であり、固体、液体、気体等の状態でわれわれの周りに数多く存在している。カネミ油症事件（1968 年）をきっかけとして、化学物質による健康被害が明らかになったことから、現在では、化学物質を扱う事業者が化学物質の排出を自ら把握し、届け出るなど自主的な管理を促進する**化学物質管理促進法**（1999 年）が制定されている。

　このように健康被害の可能性が不明確な場合に、環境リスクが問題となる。**環境リスク**とは、人の活動によって生じた環境の変化が人の健康や生態系に影響を及ぼす可能性のことをいう。近年、環境リスクを客観的に判定し、リスクと便益を把握しながら管理していくという**環境リスク管理**の考え方が求められている。また、その際には多様な関係者が環境リスクに関する正しい情報を共有し、意思疎通を図る**リスク・コミュニケーション**が重要とされている。

　新しい環境問題によって、新しい政策手法が求められているのである。

第3節　自然環境と地球環境の保全

■自然公園法と自然環境保全法

　自然環境の保全を図るための法律としては、自然公園法と自然環境保全法が重要である。

　まず**自然公園法**は、優れた自然の風景地を保護し、その利用を増進することを目的として、国立公園、国定公園、都道府県立自然公園の3種類の自然公園を指定して、建築物の設置、木竹の伐採等の行為を規制するとともに、人びとが自然と親しむための利用施設を整備することとしている。このうち国立公園は環境省が管理し、国定公園と都道府県立自然公園は都道府県が管理する。自然公園制度は、70年をこえる歴史のある制度であり、2019年3月現在、日本全国に401カ所、約558万ha（国土の14.8%）の自然公園が指定されている。

　次に**自然環境保全法**は、自然環境の適正な保全を図ることを目的として、自然環境保全の理念等を定めるとともに、とくに自然環境の保全が求められる地域を自然環境保全地域等として指定し、建築物・工作物の設置等の行為を規制している。自然公園法が優れた風景地の保護とともに公園の利用を増進する法律であるのに対して、自然環境保全法は自然環境自体に価値を認め、これを保全することを目的とする。また自治体では、都道府県が**自然環境保全条例**を制定し、これに準じた保全策を講じている。といってもこれらの制度の歴史が浅いこともあって、2019年3月現在、自然環境保全地域は合計で561カ所、約10万ha（国土の0.3%）しか指定されておらず、限定的な制度にとどまっている。

■都市の自然と緑地の保全

　都市の自然については、都市緑地法などの緑地保全の仕組みが重要である。**都市緑地法**は、都市における緑地の保全及び緑化の推進に関し必要な事項を定める法律である。この法律に基づく緑地保全地域と特別緑地保全地区に指定されると、当該地域内で建築行為等を行うには届出や許可が必要となる。

　一方、自治体では独自の制度で都市の自然や緑地を保全する取組みを行っている。とくに注目されるのが里山保全の取組みである。**里山**（里地）とは、人

里近くの樹林地やこれと草地、水辺地等が一体となった土地であり、地域環境・景観の保全や自然とのふれあいの場として重要な役割を果たしてきたが、都市化の進展等のため次第に失われているため、保全策が必要になっている。たとえば千葉県は、里山条例（2003 年）を制定し、里山の保全・整備・活用を促進するための支援措置を定めている。

■地球温暖化対策と再生可能エネルギーの活用

　地球温暖化とは、人間活動の拡大により、二酸化炭素・メタンなど温室効果ガスの濃度が増加し、地球の表面温度が上昇することをいう。これによって、海面水位の上昇、豪雨・干ばつ等の異常気象、砂漠化、食糧不足など多くの問題が懸念されている。

　この問題については、1992 年の環境と開発に関する国連会議（地球サミット）をきっかけとして注目が集まり、1997 年の地球温暖化防止京都会議では、先進国の温室効果ガスの削減目標を定める京都議定書が採択され、翌 1998 年に国は地球温暖化対策推進法を制定した。2005 年に発効した京都議定書では、日本は温室効果ガスの排出量を基準年（1990 年）比で 6％削減すること（2008 〜 12 年度平均）を目標としたが、景気低迷や海外からの排出権購入等もあって 8.2％の削減となり、目標を達成した。

　さらに 2015 年の気候変動枠組条約締約国会議（COP21）では、パリ協定が締結された。この協定は、産業革命前からの世界平均気温の上昇を 2℃より十分下方に抑える「2℃目標」や、21 世紀後半の温室効果ガスの排出と吸収の均衡の達成などを掲げた。日本は 2016 年にこれを受諾し、地球温暖化対策計画（2016 年）では、①中期目標として 2030 年度に 26％の削減、②長期目標として 2050 年に 80％削減が掲げられた（図 12-1 参照）。

　温室効果ガスの削減のためには、各地域の生活に密着した対策が重要である。自治体では、①事業活動等に対する削減計画の作成等の規制、②再生可能エネルギーの利用促進、③森林保全・緑化の推進、④廃棄物の発生抑制などに取り組んでいる。中でも東京都は、2008 年に環境確保条例を改正し、「排出総量削減義務と排出量取引制度」を導入した。この制度は、大規模事業所に CO_2 排出量の削減義務を課すものであり、EU 等で導入が進むキャップ・アンド・ト

図 12-1　日本の温室効果ガス排出量の長期目標

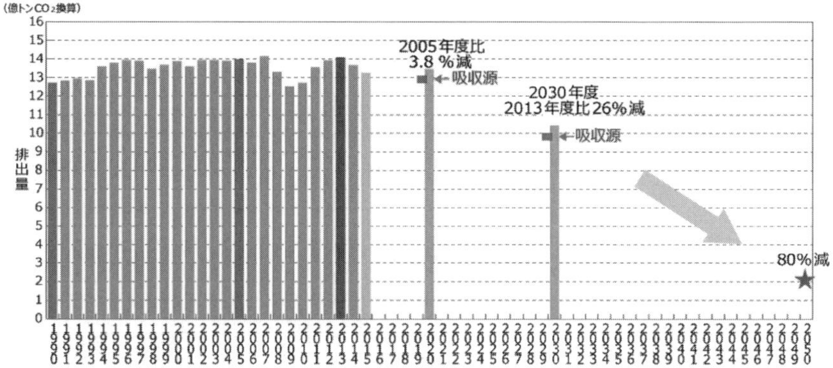

出典）環境省『2018 年版 環境白書・循環型社会白書・生物多様性白書』

レードを国に先駆けて導入したものである。

　また温室効果ガスの削減のためにも、温室効果ガスを排出しない再生可能エネルギーの開発・利用が求められる。**再生可能エネルギー**とは、太陽光、風力、地熱、中小水力、バイオマスなど、自然界に存在し、永続的に利用できるエネルギーをいう。日本は、石油、石炭、天然ガスなどの化石燃料の割合が約 8 割と高い一方（とくに東日本大震災後に原子力発電の低下を補うために高まった）、再生可能エネルギー比率は約 16%（2017 年現在）と、低い割合にとどまっている。再生可能エネルギーは、土地の条件や自然資源を活用するため、地域ごとの取組みが不可欠である。自治体では、ごみ発電、公営水力発電、太陽光発電など自前の電源を所有するところもあり、「**エネルギーの地産地消**」の取組みが広がっている。たとえば浜松市は、2015 年に企業 8 社とともに㈱浜松新電力を設立し、太陽光、バイオマスによる発電事業を実施している。

■**環境アセスメント**

　宅地開発、道路建設、海岸の埋立てなどの開発事業が実施された場合、生活環境や自然環境に対する影響が避けられない。そこで、その影響を事前に予測・評価して、できるだけ影響の少ない開発事業とする制度が**環境アセスメント**である。日本では、川崎市の環境影響評価条例（1976 年）をはじめ、いくつかの自治体がこの制度を導入した。国では産業界の反対もあって法制化できず、

要綱によって実施してきたが、1997年に環境影響評価法を制定した。

　現行制度のアセスメントは、事業実施の直前に行う**事業アセスメント**になっている。しかし、この段階では計画の大幅見直しは難しいため、計画の構想段階で実施する**戦略的環境アセスメント**（SEA）が必要と指摘されている。

第4節　廃棄物行政とリサイクル

■廃棄物の適正処理

　環境行政の中で自治体が苦労しているのが廃棄物行政であろう。その根拠となる**廃棄物処理法**（廃棄物の処理及び清掃に関する法律）は、廃棄物の排出抑制と適正な処理と生活環境の清潔保持により、生活環境の保全と公衆衛生の向上を図ることを目的としている。

図12-2　廃棄物処理法の仕組み

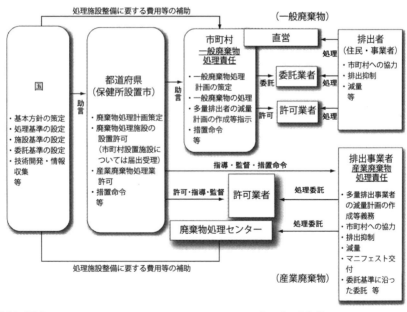

出典）環境省 HP　http://www.env.go.jp/info/iken/h170610a/a-7.pdf（2013年11月入手）

　まず廃棄物処理法では、廃棄物を産業廃棄物と一般廃棄物に区分している。**産業廃棄物**とは、事業活動に伴って発生した廃棄物のうち、法律で定められた20種類のものをいう。産業廃棄物の処理については、排出事業者が責任をもち、事業者自らまたは排出事業者の委託を受けた許可業者が処理することとされており（排出事業者責任）、これを都道府県または保健所政令市が監督する。これに対して、**一般廃棄物**とは、産業廃棄物以外の廃棄物であり、主に家庭から発生する家庭ごみ、オフィスや飲食店から発生する事業系ごみ、し尿に分類される。一般廃棄物の処理については、市町村が責任をもつ（図12-2参照）。

　廃棄物行政は、難しい問題を抱えている。第1に、廃棄物の最終処分場が不足していることである。一般廃棄物で見ると、処分量は減少しているものの、最終処分場が増えないため、その残余容量は減少し、2017年度末に1億287万㎥、残余年数は全国平均で21.8年分となっている。廃棄物処理施設は、地域住民にとって「迷惑施設」であり、その建設にあたっては地域住民との厳しい対立が生じており（Column⑫参照）、最終処分場の建設を難しくしている。

　第2に、廃棄物の不法投棄があとを絶たないことである。過去には、香川県豊島、青森・岩手県境等で産業廃棄物の大量不法投棄事件が起こっている。これに対して、廃棄物処理法に基づいて監視や是正指導を行うのが都道府県や保健所政令市であり、警察組織と連携して「産廃Gメン」を設置する自治体もあるが、その対応には苦労をしている。

■進んできたリサイクル

　廃棄物の問題を最小限にするには、廃棄物の発生を減らすことが不可欠であり、そのためには3Rが重要である。**3R**とは、まず**リデュース**（Reduce）＝ごみの発生を減らすことが重要であり、次に修理や洗浄によって**リユース**（Reuse）＝再利用を進め、それでも残るものは**リサイクル**（Recycle）＝再生利用する、という順に対応していくことである。

　国では、**循環型社会形成推進基本法**（2000年）を制定し、循環型社会形成推進基本計画を策定するとともに、**資源有効利用促進法**（2000年改正）において、10業種・69品目を指定して製品の製造段階における3R対策、分別回収のための識別表示、事業者による自主回収等を定めている。また、**容器包装リサイクル**

法（1995年）は、家庭ごみの6割を占める容器包装廃棄物を資源として利用するため、これまで市町村の責任であった処理のあり方を見直し、市町村が収集した後は、容器包装に関わっている事業者がリサイクルの義務を負うことにしたもので、日本で最初に EPR（拡大生産者責任）を導入した法律とされている。

　多くの自治体でも3Rに力を入れている。たとえば、横浜市は2010年度の全市のごみ量を2001年度比で30%削減する「横浜G30プラン」を定め、分別とリサイクルに取り組んだ結果、2009年度のごみ量は2001年度比で約42%の削減を達成した。こうした努力の結果、全国的に見ても、一般廃棄物のリサイクル率は20%をこえるに至っている（2011年度）。

■求められるプラスチックごみ対策

　近年、海洋プラスチックによる海洋生態系への影響が世界的な課題となっている。毎年約800万トンのプラスチックごみが海洋に流出しているという試算もある。プラスチックは環境中で自然に分解されないため、半永久的に蓄積される可能性があり、実際にマイクロプラスチックが魚や海鳥の体内から大量に発見されている。

　国では2019年に**プラスチック資源循環戦略**を策定し、「3R + Renewable（再生可能資源への代替）」を基本原則として、レジ袋有料化の義務化などの施策を盛り込んだ。富山県では、2008年から全国に先駆けて「レジ袋無料配布廃止」の取組みをスタートさせるとともに、携帯用マイバッグを配布し、最近ではマイバック定着率は95%となっている。神奈川県では、2018年に鎌倉市の海岸に打ち上げられたシロナガスクジラの赤ちゃんの胃の中からプラスチックごみが発見されたことをきっかけに、プラスチック製ストローやレジ袋の利用廃止・回収などに取り組み、2030年までに廃棄されるプラごみゼロを目指す「かながわプラごみゼロ宣言」を発表した。

■参考文献

＊環境省『環境白書・循環型社会白書・生物多様性白書』のほか次の文献
北川秀樹・増田啓子『新版 はじめての環境学』法律文化社、2018年
北村喜宣『自治体環境行政法（第8版）』第一法規出版、2018年
倉阪秀史『環境政策論（第3版）』信山社、2015年
事業構想大学院大学出版部（編著）『SDGsの基礎』宣伝会議、2018年

田中治彦・枝廣淳子・久保田崇（編著）『SDGs とまちづくり』学文社、2019 年
中口毅博ほか（編）『環境自治体白書 2014-2015 年版』生活社、2015 年
南博方・大久保規子『要説 環境法（第 4 版）』有斐閣、2009 年

Column ⑫ 「NIMBY 問題」ってなに？

　地域環境に影響をもたらす開発事業を進めようとすると、住民の反対に直面することが多い。とくに原子力発電所、廃棄物処理施設、墓地等の**迷惑施設**（嫌忌施設ともいう）や、高速道路、新幹線、空港等の大規模交通施設は、地域環境への影響も大きいだけに、地域住民はその建設に強硬に反対することになる。

　こうした地域住民の反対を **NIMBY**（ニンビイ）問題ということがある。Not In My Back Yard（私の裏庭ではやめて）という意味で、米国で生まれた言葉だが、日本でも使われるようになっている。この言葉は、施設の社会的必要性は認めるが、自分の近隣だけは困るという住民の心理・態度を示すもので、これに対する非難の意味が込められている。日本で「住民エゴ」とか「地域エゴ」といわれるときも同様のニュアンスがある。

　しかし、住民が自らの健康や平穏な環境を望むのは当然であり、それは個人の尊厳や生存権、環境権等と捉えることもできる。とくに現代の迷惑施設や大規模公共事業は、広い範囲の受益者のために狭い範囲の住民が重い負担を背負うという構造になることが多いため（**受益圏と受苦圏の分離**、第 11 章第 4 節参照）、

これを地域エゴ等といって安易に切り捨ててはならない。こうした私的権利・利益を守りながら、どう公益を実現するか、あるいは公共的な決定を行うかが問われている。

　こうした問題に対する「処方せん」はあるのだろうか。試論だが、受益圏と受苦圏の格差を考えると、基本的には迷惑施設の立地には当該地域（コミュニティ）の同意を要するとしたうえで、次の条件のすべてを満たす場合には例外的に同意を不要と考えてはどうか。すなわち、①当該施設の客観的な必要性が認められること、②当該地域に立地することが不可避またはもっとも合理的であると認められること、③地域環境への影響を抑制するために必要な措置を講じること、④地域社会にもたらす被害・負担を軽減または補てんする措置を講じること、⑤これらの検討過程を公開し、地域住民の参加を保障すること、の 5 つである。逆にいえば、こうした条件を満たさない場合には、いくら多くの受益者がいるとしても計画を断念する、そういう覚悟・潔さが求められるのではないか。

　いずれにせよ、「NIMBY 問題」への対応は「自治」の本質的な問題である。

第13章　福祉政策と健康

この章で学ぶこと

　本格的な少子高齢時代を迎え、日本の福祉行政は数多くの課題に直面している。1990年代後半から社会福祉の基礎構造改革が進められ、介護保険制度も誕生したが、保険財政や介護人材の確保が課題になっている。最後のセーフティネットといわれる生活保護も受給者の拡大等が問題になっている。本章では、主な福祉政策の仕組みと課題を概観するとともに、地域医療の問題を取り上げる。

第1節　福祉政策の概要

■福祉政策とは何か

　福祉政策は、社会的弱者の日常生活を公費で支える政策と考えられてきた。広く**社会保障**といえば、社会保険、社会福祉、公的扶助、公衆衛生の4分野で構成されるが、このうち社会福祉と公的扶助が福祉政策の対象とされてきた。しかし近年では、少子高齢化の進展や福祉サービスの広がりによって、誰もが福祉サービスを利用する時代になっている（**福祉の普遍化**）。このような広義の**福祉政策**は、社会保険を含めて広く住民の日常生活を支援する総合的な政策であり、生活の**セーフティネット**（安全網）を用意するものといえる。

　福祉政策は、対象者ごとに①障害者福祉、②児童福祉（子育て支援）、③母子寡婦福祉、④高齢者福祉、⑤生活保護の5つの領域に分けられる（表13-1参照）。ただし、④の重要制度である年金保険は国が直接執行しているため、ここでは取り上げない。また、②の児童福祉（子育て支援）は、教育との連続性に注目して第14章で取り上げる。逆に、医療・保健政策は福祉政策ではないが、これに密接に関連するため後半で簡潔に取り上げよう。

表 13-1　福祉政策を構成する主な法律

区　分	法律（制定年）	主な内容
全　般	社会福祉法（1951 年）	社会福祉のための事業の共通的基本事項を定め、利用者の利益の保護と地域福祉の推進を図る
障害者	身体障害者福祉法（1949 年）	身体障害者の自立と社会参加を促進するため、身体障害者を援助し、必要に応じて保護する
	知的障害者福祉法（1960 年）	知的障害者の自立と社会参加を促進するため、知的障害者を援助するとともに必要な保護を行う
	障害者総合支援法（2005 年）	障害者（児）が個人としての尊厳にふさわしい日常生活・社会生活を営めるよう、障害福祉サービスその他の支援を総合的に行う
児　童	児童福祉法（1947 年）	児童が心身ともに健やかに生まれ、育成されるよう、療育の指導、居宅生活の支援等を行う
	子ども子育て支援法（2012 年）	子どもが健やかに成長できる社会を実現するため、子ども及び子どもを養育している者に必要な支援を行う
母子・寡婦	母子・寡婦福祉法（1964 年）	母子家庭等や寡婦の福祉を図るため、その生活に安定と向上に必要な措置を講じる
高齢者	老人福祉法（1963 年）	老人の福祉を図るため、その心身の健康の保持と生活の安定に必要な措置を講じる
	介護保険法（1997 年）	要介護高齢者等が尊厳を保持し自立した日常生活を営むことができるよう、必要な保険医療サービス及び福祉サービスを行う
生活困窮者	生活保護法（1950 年）	憲法の理念に基き、生活に困窮する国民に必要な保護を行い、最低限度の生活を保障するとともに、その自立を助長する

■福祉政策の歩み

　わが国の福祉政策の形成過程は、大きく 5 つの時期に分けることができる。

　第 1 期（1940 ～ 50 年代）は**福祉三法の時代**である。戦後まもないこの頃、生活困窮者や戦災者を対象として生活保護法（1946 年。1950 年全面改正）が制定され、公的扶助が始まった。また戦災孤児への対応のために児童福祉法（1947 年）が、戦傷者への対応をきっかけとして身体障害者福祉法（1949 年）がそれぞれ制定された。これらがいわゆる福祉三法である。

　第 2 期（1960 年代）は**福祉六法の時代**である。高度経済成長や福祉ニーズの拡大を受けて福祉施策の充実が図られた。知的障害者の自立を促進する精神薄弱者福祉法（1960 年。1999 年に知的障害者福祉法に改称）、救貧対策として行われてきた老人福祉を施策化した老人福祉法（1963 年）、総合的な母子福祉を推進する母

子福祉法（1964 年。1981 年に母子及び寡婦福祉法に改称）がそれぞれ制定され、前記
の三法とあわせて福祉六法の体制がつくられた。

　第 3 期（1970 ～ 80 年代前半）は**福祉政策確立の時代**である。1960 年代から誕生
した革新自治体（第 2 章第 3 節参照）では、「福祉重視」を掲げて、老人医療の無
料化、各種の上乗せ給付、敬老パスの支給などの独自施策を行った。経済成長
に伴う税収増もあって、これらの施策は他の自治体や国の制度に波及し、福祉
の充実が図られた。とくに 1973 年には、老人医療費の自己負担の無料化、年
金の給付水準の引き上げ等が行われ、**福祉元年**と呼ばれた。もっとも敬老パス
等の施策は、その後財政状況がひっ迫すると、**ばらまき福祉**との批判も招いた。
この時期は、高齢化の進展や産業構造の変化から福祉へのニーズが多様化した。

　第 4 期（1980 年代後半～ 90 年代）は**福祉の分権化・計画化の時代**である。従来、
福祉の事務はほとんど国の機関委任事務であったが、1980 年代後半から団体
委任事務（自治体の事務）に切り換えられ、国の財政負担も切り下げられた。
1990 年には「福祉関係八法」の改正が行われ、老人福祉施設等への入所措置
を市町村の事務とするなど、市町村中心の仕組みに切り換えられた。もっとも
財政的には国の補助金に依存しなければならないため、国の基準に基づいて
サービスを行うという状況は変わらなかった。

　また 1990 年代には、福祉ニーズの増大に対応してサービス提供基盤を整備
するため、高齢者福祉に関する**ゴールドプラン**（高齢者保健福祉推進 10 か年戦略、
1990 年度からの 10 年間）、児童福祉に関するエンゼルプラン（1995 年度からの 5 年間）、
障害者福祉に関する障害者プラン（1996 年度からの 7 年間）が策定された。この
後も、保健福祉分野では「計画行政方式」が多用されていく。

　第 5 期（2000 年代～）は**社会福祉構造改革の時代**である。本格的な少子高齢化
により、福祉サービスの量の増大と質の向上が求められたため、社会福祉の基
礎構造を転換する改革が進められた。その内容は項を改めて検討しよう。

■社会福祉の構造改革と多様化

　この社会福祉の構造改革では、次のような改革が行われた。

　第 1 に、「**措置から契約へ**」の制度改革である。これまでは、行政機関が「措
置」と呼ばれる行政処分に基づいてサービスを提供する「措置制度」がとられ

てきた。これを、公的な制度と関与の下で、利用者と事業者の契約に基づいて
サービスを提供する「契約制度」に変えることによって、利用者がサービスの
内容や事業者を選択できる仕組みとした。

　第 2 に、**民間活力の導入**である。これまでは、自治体自ら、または社会福祉
法人など限られた機関に委託してサービスを提供してきたが、今後は民間事業
者の参入を促進して、増大するサービス需要に応えるとともに、事業者間の競
争（市場原理）によってサービスの質の向上をねらったのである。NPM の考え
方（第 19 章第 3 節参照）を福祉分野に適用したものといえる。

　第 3 に、**福祉の分権化と市民化**である。福祉サービスが地域の実情に合致す
るよう、制度の運用にあたって自治体の役割を重視するとともに、NPO・ボ
ランティアによる福祉サービスを制度的に位置づけた。

　具体的には、児童福祉法の改正（1997 年）により措置であった保育所の入所
が一種の契約制度となり、介護保険法の制定（1997 年）により高齢者介護も契
約制度に変わった。障がい者福祉でもサービス利用を契約制度とする支援費制
度が導入され（2000 年）、障害者自立支援法（2005 年）の制定を経て同法の改正
により**障害者総合支援法**（2012 年）につながった。さらに社会福祉事業法（1951
年）が改正されて**社会福祉法**と改称され（2000 年）、利用者の立場に立った社会
福祉の構築等をめざすことになった。

　第 5 期の変化として**福祉行政の多様化**も挙げられる。児童虐待や配偶者間の
暴力が増加し、児童虐待防止法や DV 防止法が制定され、児童相談所等の行政
機関が人権擁護のために家庭内に立ち入ることが求められるようになった。ま
た少子化の進展により、児童福祉の枠を超えて子育て全体を支援するための制
度が整えられた（第 14 章第 1 節参照）。さらに、急増する社会保障費をどう確保
するかが大きなテーマとなり、2012 年の**社会保障と税の一体改革**の中で消費税
の増税が決定された。

　福祉行政は、いま多くの課題を抱えて苦悩しているといえる。

第2節　介護保険と地域包括ケア

■介護の社会化

　従来、高齢者福祉は、主として老人福祉法に基づく措置として公費によって実施してきた。この場合、寝たきり等の高齢者（要介護高齢者という）は、家族で介護すること（**家族介護**）を原則としたうえで、一人暮らしや家族が介護できない場合に例外的に公的福祉の対象とし、公費でヘルパー派遣や、特別養護老人ホームへの入所を行ってきた。

　ところが、急速な高齢化によって要介護高齢者が増加すると、家族だけでは十分な介護ができないし、介護にあたる家族が定職に就けないなどの問題が生じ、親子心中など悲惨な事件も起こった。そこで、高齢者の介護を社会全体で支えるという**介護の社会化**の理念に基づいて、**介護保険法**（1997年）が制定されたのである（2000年施行）。

　介護保険法は、次のような考え方を基本にしている。

　第1に、「措置から契約へ」の方針の下で、介護サービスを当事者間の契約に基づく仕組みとし、民間活力導入により広く民間事業者の参入を認めた。

　第2に、高齢者の**自立支援**を基本とし、その自立性・主体性が重視されている。高齢者が自己決定に基づいて自立した生活を行うことを目指し、介護サービスはそれを側面から支援するものとされた。同様の理念から**施設介護**よりも**在宅介護**が重視された。

　第3に、サービスの費用については**社会保険方式**が採用され、給付と負担の明確化が図られた。従来の税による**公費負担方式**では、増大する費用を十分に賄えないし、納めた税がどう使われるか分からず、納税者の理解も得られにくい。そこで被保険者は日頃、保険料を納める代わりに、要介護状態になった場合にはサービスを利用する権利をもつという仕組みを導入したのである。

■介護保険制度の仕組み

　介護保険制度は4つのパートに分けられる（図13-1参照）。

　第1は保険財政の仕組みである。介護保険では各市町村が保険を運営する保

図 13-1　介護保険制度の全体像

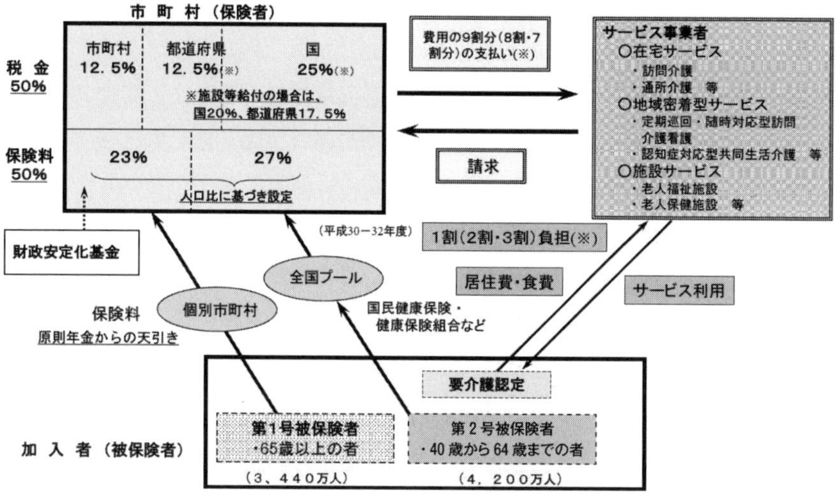

出典）厚生労働省老健局「公的介護保険制度の現状と今後の役割」2018 年

険者となる。被保険者（加入者）については、65 歳以上の者が**第 1 号被保険者**となり、条例で定められた保険料を居住する市町村に納付する。また 40 歳～64 歳の者（医療保険の被保険者）が**第 2 号被保険者**となり、医療保険者ごとに決められた保険料を納付する。一方、国、都道府県、市町村は、それぞれ保険財政の 1/4、1/8、1/8 を公費から負担する（合計 1/2）。社会保険方式とはいうものの、保険料と税で半分ずつ負担する折衷的な制度なのである。

　第 2 はサービス利用の仕組みである。被保険者が脳梗塞等により**要介護状態**になった場合には、市町村に申請して**要介護認定**（軽い順に要支援 1・2 と要介護 1～5 の 7 区分の認定）を受けたうえで、在宅サービスを受けるか介護保険施設に入所するかを選択する。在宅サービスの場合は**ケアマネージャー**（介護支援専門員）に相談し、認定区分ごとに設定された上限額の範囲内で、どういうサービスをどの事業者から受けるかについて**ケアプラン**（介護サービス計画）を作成し、その事業者と契約を結んでサービスを受ける。施設入所の場合は、当該施設と相談し契約のうえで入所する。これらの費用は**介護報酬**としてあらかじめ決められており、そのうち 1 割は自己負担で事業者に支払い、9 割は事業者・施設

が市町村に請求する。自己負担率は医療保険よりも低いのである。

　第3は**事業者指定**の仕組みである。在宅サービスには営利企業を含めて参入できるが、一定の基準（人員・設備・運営に関する基準）を満たしたうえで、都道府県の指定を受ける必要がある。一方、介護保険施設の場合は、開設者が社会福祉法人などに限定されており、同様の基準を満たしたうえで都道府県の指定または許可を受ける必要がある。事業開始後も、基準に違反しないよう都道府県が指導監督を行う。

　第4は利用者保護の仕組みである。被保険者が保険料や要介護認定の決定に不服がある場合は、都道府県に設置された**介護保険審査会**に審査請求を行うことができる。また、利用したサービスに苦情がある場合は、市町村や所定の機関に苦情申し出を行うことができる。

　このようにさまざまな配慮に基づくきめ細かな制度になっているのである。

■介護保険の課題

　介護保険施行から20年が経過し、高齢者介護を支えているが、さまざまな課題も明らかになっている。

　第1に、国が決定する事項が多く、自治体現場の裁量を生かしにくいことである。要介護認定の基準、介護サービスの種類や基準など重要な事項は、概ね国が決める仕組みになっている。その後、介護予防や**地域密着型サービス**が導入され、市町村の裁量が拡大されたが、制度全体の分権化が求められる。

　第2に、介護従事者が不足し、かつ定着しにくいことである。介護報酬が抑制されているため、各事業者・施設では少ない従事者で運営しているし、医療現場等と比べても給与が低いため、短期で辞める従事者が多く、専門性や長い経験をもった人材が育ちにくい。

　第3に、毎年利用されるサービス量が増加し、保険財政がひっ迫していることである。サービス利用の増加は制度が定着している表れでもあるが、このままでは保険料が高額化し、公費負担も増えて国や自治体の財政を圧迫する。現在、自己負担の増額などの見直しも検討されているが、いかに必要性の高いところに効率的にサービスを提供するかが問われている。

図 13-2　地域包括ケアシステムのイメージ

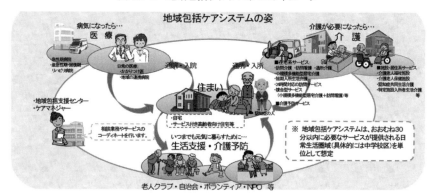

出典）三菱 UFJ リサーチ＆コンサルティング「〈地域包括ケア研究会〉2040 年に向けた挑戦」（地域包括ケアシ
ステムの構築化に向けた制度及びサービスのあり方に関する研究事業）、平成 28 年度厚生労働省老人保健
増進等事業、2017 年

■地域包括ケアシステムとは何か

　2025 年には団塊の世代が後期高齢者（75 歳以上）となるため、その生活をど
う支えるかが目前の課題となっている（いわゆる 2025 年問題）。医療、介護、生
活支援などを縦割りの制度や機関でばらばらに提供する仕組みでは、その在宅
生活を支えることが難しいため、いま地域包括ケアシステムの構築が求められ
ている。**地域包括ケアシステム**とは、高齢者が住み慣れた地域で自分らしい暮
らしを続けられるよう、住まい・医療・介護・介護予防・生活支援を一体的に
提供する仕組みである（図 13-2 参照）。このシステムは 2013 年頃から国が 2025
年を目途として整備するよう提唱しているが、地域の実情に基づく必要がある
ため市町村が主体になるものとされ、実際に多くの自治体がそれぞれの工夫を
盛り込んで取り組んでいる。

　たとえば千葉県柏市では、市が中心となり、医療・看護・介護の関係団体が
多職種連携のルールをつくり、在宅医療従事者の負担軽減、効率的な医療提供
のための多職種連携等を進めている。地域包括ケアシステムを構築するには、
自治会・町内会やボランティアなどコミュニティの役割（いわゆる互助）が重要
になる。

第3節　生活保護と生活困窮者支援

■生活保護の仕組み

　生活保護は、憲法25条（生存権）の理念と**生活保護法**（1950年）に基づき、経済的に困窮する住民にその困窮の程度に応じて必要な保護を行い、最低限度の生活を保障するとともに、その自立を支援する制度である。第1節で障害者福祉、介護保険等の福祉制度を説明したが、こうした制度を利用してもなお最低限の生活を維持することが難しい場合に生活保護が行われるのであり、**最後のセーフティネット**といわれている。

　生活保護の保護には、生活扶助だけでなく、医療扶助、教育扶助、住宅扶助、介護扶助など8種類がある。保護費は、その世帯の「収入」と国が定める「最低生活費」を比較して、収入が最低生活費に満たない場合に、その差額を支給する（つまり最低生活費を確保する）。最低生活費は、住んでいる地域や世帯の構成等によって定められている。

　生活保護では、他の手段を活用してもなお不十分な場合に利用できるという**補足性の原則**に基づいて、①本人が資産、能力その他あらゆるものを活用することを要件とする、②民法の扶養義務者（配偶者・直系血族・兄弟姉妹ほか）の扶養や他の法律に定める扶助が、この保護に優先して行われるものとする、と定められている（法4条）。この①によって、本人が貯金、資産を有している場合や、働く能力があるのに働かない場合は、保護は受けられない。また②によって、申請があった際には親子、兄弟姉妹には扶養の意思やその収入等を確認する手続きが行われる（こうした連絡を嫌がって申請しない者もいる）。ただし、確認の結果、扶養義務者に扶養の意思がなければ、高額の収入を得ているなどの事情がない限り保護を行うことが多いという（Column ⑬参照）。

■生活保護の増加と不正受給

　生活保護制度に関しては、近年深刻な問題が生じている。

　第1に、1990年代以降に生活保護の受給者が急増している。図13-3のとおり、1950年には受給者が約204万人（約67万世帯）であったが、その後次第に減少

図 13-3　生活保護の被保護世帯数・被保護人員・保護率の推移

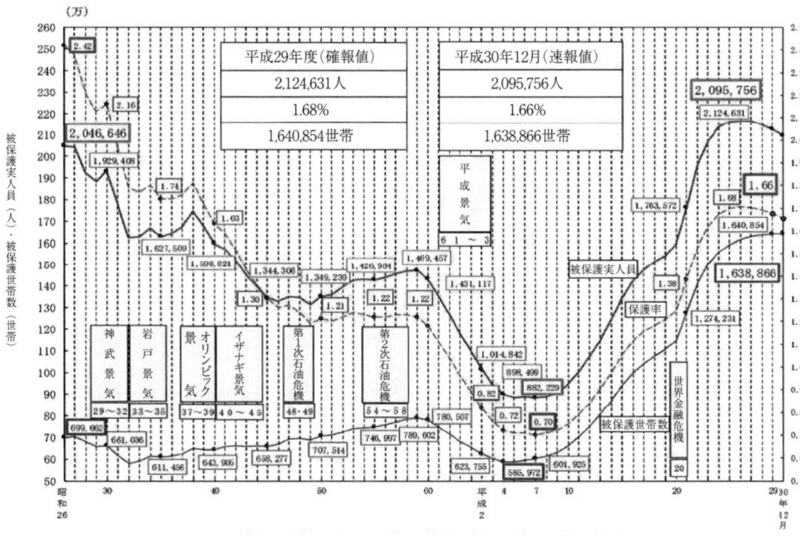
（万）
被保護実人員（人）・被保護世帯数（世帯）
保護率（%）
平成29年度（確報値）
2,124,631人
1.68%
1,640,854世帯
平成30年12月（速報値）
2,095,756人
1.66%
1,638,866世帯
2,046,646
2.42
2.16
1,929,408
1.74
1.63
1,627,509
1,598,821
1,344,306
1,349,230
1,420,904
1,469,457
1,431,117
1.30
1.21
1.22
1.22
1,014,842
898,499
882,229
0.82
0.72
0.70
1,763,572
2,124,631
2,095,756
1.68
1.66
1,640,854
1,638,866
1.38
1,274,231
699,662
661,036
611,456
643,905
658,277
707,514
746,997
789,602
780,507
623,755
585,972
601,925
被保護実人員
保護率
被保護世帯数
神武景気
29～32
岩戸景気
33～35
オリンピック景気
37～39
イザナギ景気
40～45
第1次石油危機
48・49
第2次石油危機
54～58
平成景気
61～3
世界金融危機
20
昭和26
30
40
50
60
平成2
4
7
10
20
29
30年12月

出典）厚生労働省「生活保護制度の概要等について」（2019 年 3 月）

し 1990 年代前半に 90 万人（60 万世帯）を切った。その後、景気と雇用の後退、高齢者の増大等によって増加に転じ、2015 年には約 216 万人（約 161 万世帯）と過去最多となった。その後やや減少したものの、2018 年末現在も 209 万人（約 164 世帯）であり、給付総額は約 3.7 兆円（2017 年度実績）で、その約半分は医療扶助費である。

第 2 に、受給者が生活保護に安住し、就労・自立につながっていない。受給者の中には、働く能力はあるが就労の意欲を失っている者が少なくないとされるし（後掲 NHK 取材班 2012 参照）、制度的にも就労収入があると保護費を削減されるため、働くインセンティブが乏しくなる。

第 3 に、不正受給や過大な医療費の使用などの不適正な事例が増えている。不正受給については悪質な事例は多くないという指摘があるが、住民の不公平感もあって不正受給対策に力を入れる自治体が増えている。また、受給者の医療費は医療扶助として全額が支給されるため、必要性の低い診療や投薬が行われていると指摘されている。

　以上の問題を受けて、2013年に生活保護法を改正し、①受給者の就労・自立の支援（受給中の収入のうち一定額を仮想的に積み立てて、就労により保護を廃止した場合に、その金額を支給する「就労自立給付金」の創設等）、②不正受給対策の強化（自治体の調査権限の強化、罰則の引き上げ等）、③医療扶助の適正化（指定医療機関制度の見直し等）を盛り込んだ。あわせて生活困窮者が生活保護に至る前に各種の支援措置を行う、**生活困窮者自立支援法**（2013年）も制定された。

　一方、わが国では、生活保護に伴う社会的体面や不名誉感（スティグマ）から、受給できるのに申請しないという実態があり、国際的に見ても日本の受給率は低くなっている。また受給を抑制したい自治体側が、希望する者に申請用紙を渡さないなど抑制的な対応を行う**水際作戦**や、ケースワーカーが受給者に保護を辞退するよう指導した結果、対象者の餓死や孤独死を招いた事例もある。メディアでも不正受給などの負の側面が取り上げられるが、生活保護の受給は「最後のセーフティネット」として機能させる必要がある。そのバランスをどう図るかが問われている。

第4節　地域医療と保健行政

■医療提供の仕組み

　日本では、1961年に**国民皆保険**の体制を整備し、すべての国民が何らかの医療保険制度に加入する体制がつくられた。医療保険制度は、被用者保険と地域保険の二本立てになっている。被用者保険としては、職域別に健康保険組合（民間企業対象）、共済組合（公務員対象）があり、地域保険としては国民健康保険（自営業・農業・その他対象）がある。このほか2008年に格別の財政措置を講じるため後期高齢者医療制度（75歳以上対象）がつくられた。各制度によって保険料や利用者負担が異なっている。

　各保険者は、被保険者が利用した医療の診療報酬について、医療機関からの請求に基づいて一定の基準に基づいて支払う。**診療報酬**は受けたサービスごとに払われる出来高払い制がとられている（これに対し、病気ごとに一定額が支払われる制度を包括払いという）。診療報酬の基準である点数表は国が決定・改訂する。

　一方、医療提供の仕組みとしては、**医療法**に基づいて、病院（20人以上の入院施設を有するもの）は都道府県の許可により、診療所は都道府県等への届出等により、開設される。開設については、医師等の人員や必要な施設について一定の基準が定められており、開設後の指導監督も都道府県等が行う。医療サービスを支える医師、歯科医師、看護師、薬剤師等の専門人材については、都道府県が**医療計画**を策定し、地域医療の量と質を確保するよう取り組んでいる。医療は、住民からさまざまな要求・ニーズが寄せられる一方で、医師会など利益団体や政策コミュニティの影響力が強く（第8章第2節参照）、自治体が独自の政策を打ち出すには相当の努力が必要になる。

■地域医療の課題

　地域医療はいま、さまざまな問題を抱えている。

　第1に、急速な高齢化等により医療費が増大する一方で、十分な保険料収入が得られず、危機に瀕している。とくに被保険者の年齢構成が高い**市町村国保**（市町村運営の国民健康保険）は財政運営が厳しいため、2018年度から都道府県も保険者として財政運営の責任主体となり、標準保険料率を算定するとともに、市町村に保険給付費等交付金を支払うこととされた（保険料の賦課徴収や保険給付は引き続き市町村が行う）。

　第2に、へき地医療や産科・小児科を中心に、医師や看護婦などの医療人材が不足している。とくに2004年以降は、医師試験合格者に対する初期研修の義務化（2004年）に端を発して地方病院の医師が不足し、診療を休止する病院も増えて**医療崩壊**といわれた。そのため、2008年から研修プログラムの弾力化などの見直しを行ったが、医療人材不足の傾向は変わっていない。

　第3に、へき地医療や救急医療を担い、もともと採算確保の難しい**公立病院の経営**が厳しいことである。自治体では指定管理者制度の導入、公営企業化など経営の自立性を高める努力を行い、効果を挙げている病院もある。2019年9月には厚生労働省が全国1455の公立・公的病院の診療実績を分析し、再編統合の検討が求められる424の病院名を公表した。人口減少によって地方圏の病院に再編が求められることは否定できないが、医療のあり方は地域が主体的に検討すべきであろう。

■保健行政の役割

　医療財政の状況を考えても、病気にならないよう保健・健康づくりが重要となる。都道府県と一定の市（保健所政令市という）は**保健所**を設置し、**地域保健法**（1994 年）などに基づいて予防接種や感染症対策、母子保健指導などを実施している。最近では、**健康増進法**（2002 年）に基づいて、メタボ検診、がん対策や受動喫煙防止の取組みを行っている。公共的施設での禁煙等を義務づける条例を制定した都道府県もある（神奈川県、兵庫県、東京都など）。

■参考文献

＊厚生労働省『厚生労働白書』のほか次の文献
石川久『図解 福祉行政はやわかり（第 1 次改訂版）』学陽書房、2017 年
岩永理恵・卯月由佳・木下武徳『生活保護と貧困対策』有斐閣、2018 年
岩渕豊『日本の医療政策―成り立ちと仕組みを学ぶ』中央法規、2013 年
NHK 取材班『NHK スペシャル 生活保護 3 兆円の衝撃』宝島社、2012 年
加藤智章・菊池馨実・倉田聡・前田雅子『社会保障法（第 7 版）』有斐閣、2019 年
厚生労働統計協会（編）『国民の福祉と介護の動向 2019/2020』同協会、2019 年
河野正輝・阿部和光・増田雅暢・倉田聡（編）『社会福祉法入門（第 3 版）』有斐閣、2015 年
髙橋紘士『地域包括ケアシステム』オーム社、2012 年
新川達郎・川島典子（編著）『地域福祉政策論』学文社、2019 年
山口道昭『福祉行政の基礎』有斐閣、2016 年

Column ⑬　親族の扶養義務と福祉行政

　2012 年、人気お笑い芸人の K さんが、高収入を得るようになった後も、郷里に住む母親に生活保護を受けさせていることが報道され、会見で謝罪するという出来事があった。生活保護の受給者が急増し、不正受給にも厳しい目が向けられているときだけに、肉親の扶養義務と生活保護の関係がひとしきり話題になった。

　民法では、夫婦は互いに扶助しなければならず（752 条）、直系血族と兄弟姉妹は互いに扶養する義務がある（877 条 1 項）。特別な事情があれば、3 親等内の親族も、家庭裁判所の決定により扶養義務を負うことがある（同条 2 項）。そこで生活保護法では、こうした親族の扶養・扶助が「この法律に定める保護に優先して行われるものとする」と定め（4 条）、扶養義務者がいないか、いても扶養できない場合に生活保護を行うこととしている。（なお、生活保護の要否は世帯を単位として判断されるため、同一世帯内の親族ならそもそもこのような問題は生じない。）

　もっとも、法解釈としては、この規定は扶養義務者が実際に扶養した場合に、その限りで保護を行わないという趣旨であり、扶養義務者がいるからといって行政に保護をする義務がなくなるわけではないと解釈されている。すなわち、申請者に対して扶養義務者に扶養してもらうよう指導することはできるが、うまく行かない場合にはいったん生活保護を実施し、後で扶養義務者に費用徴収すべきだと

いうのである（前掲加藤ほか 2019、388 頁）。費用の求償は手間がかかるため実際には難しいと思われるが、法律はそれだけ要保護者の生活維持を優先しているといえよう。

　実務はどうなっているだろうか。生活保護の申請があると、離れて暮らす扶養義務者に書類を郵送して「扶養できるか」と確認するが、「できない」という返事がほとんどだという。この調査には強制力はないし、行政側も詳しく調べる余裕はない。高額の所得があるのに拒否するケースもあり、家庭裁判所に申し立てれば保護の費用を求償できるが、そうした例は聞いたことがないという（以上、朝日新聞 2012 年 6 月 6 日付け）。

　皆さんはどう感じるだろうか。親子・兄弟が困っていれば扶養するのが当然であり、税金で生活を支える必要はないと考えるか。それとも親子・兄弟といえども別人格であり、個人主義の時代に法律をかざして扶養を求めるのは無理があると考えるか。

　高齢者介護や子育ての分野でも、従来は家族・親族が担ってきた役割が、社会全体で担うべきものとされ、行政の役割が拡大している。「自助・共助・公助」といわれるが、生活全体を支えるようなサービスに「共助」は難しく、「公助」への要求はとどまるところを知らない。それが「福祉国家」なのだといわれればそうかもしれないが、福祉行政はいよいよ多くの課題を抱えて苦悩を続けるのだろうか。

第14章　子育て支援と教育

この章で学ぶこと

　近年、少子化・人口減少を踏まえて、これまで手薄であった子育て支援
施策が充実されている。子どもたちは学齢期になれば学校教育の対象とな
る。学校教育は、いじめ、不登校など多くの問題を抱えており、教育委員
会制度の改革も行われた。次世代育成という意味で連続するこの2分野に
ついて、制度と課題を中心に検討しよう。

第1節　子育て支援の仕組みと課題

■児童福祉の制度

　児童の福祉に関しては、**児童福祉法**（1947年）に基づいて児童手当の給付、福
祉の措置、保育の事業等を行っている。すなわち、保護者のいない児童や虐待
などの理由から家庭で暮らせない児童への施設サービス（児童養護施設など）や、
保育所での保育サービス、障害児に対する在宅・施設サービスなどである。こ
こで「児童」とは満18歳未満の者をいう。

　これに対して、近年は社会全体で子育てを支援するという考え方に転換しつ
つある。

　まず財政的な支援として、**児童手当法**（1971年）に基づいて、児童の健やか
な成長等に資するため、現在、中学生までの児童を養育する者に月1万円（3
歳未満または第3子以降は1万5000円）の**児童手当**を支給している。ただし所得制
限がある。なお、2009年に成立した民主党政権は、より広く「子ども手当」（月
2万6000円、所得制限なし）の支給を公約として政権を獲得したが、2010〜11年
度に制限付きで導入したものの、財源不足や野党の批判などから2012年度か
ら児童手当に戻す結果となった。

また 1990 年代から児童虐待の増加が問題となり、**児童虐待防止法**（2000 年）では、児童虐待の早期発見と通告義務、児童相談所による強制調査、警察の援助、保護者の接触制限などが定められた。しかし、その相談件数は依然として増加しており（2012 年度 6 万 6807 件）、重大な事件も後を絶たない状況にある。

■**子育て支援の取組み**

わが国の 2017 年の出生数は 94 万 6045 人であり、前年に続いて 100 万人を割り込んだ。合計特殊出生率は、近年は微増傾向であったが、2017 年は 1.43 とやや低下した。

国は、**少子化対策基本法**（2003 年）を制定し、雇用環境の整備、保育サービス等の充実、経済的負担の軽減などに取り組んでいる。とくに緊急の課題となっているのは、保育所への入所を希望しながら入所できない待機児童の増加である（2019 年 4 月現在、待機児童数は 1 万 6772 人、待機児童のいる市区町村は 442 市区町村）。そこで、子ども・子育て関連三法（2012 年）に基づく**子ども・子育て支援新制度**（2015 年本格施行）では、①認定こども園・幼稚園・保育所を通じた共通サービス（施設型給付）の創設、②小規模保育等のサービス（地域型給付）の創設、③認定こども園制度の改善、④地域子ども・子育て支援事業の充実を図った。

保育サービスについては、かねてから福祉施設である保育所と教育施設である幼稚園との一体化を図る**幼保一元化**が議論されてきたが、上記の①③では、既存の施設は存続可能としながら、両方の機能をあわせ持つ認定こども園をさらに充実させ、幼保一元化に一定の区切りをつけた。**認定こども園**は、国・自治体・学校法人・社会福祉法人が設置し、都道府県（または政令市・中核市）が認可・指導監督を行い、その財源は市町村による施設型給付を充てることとした。また②では、小規模保育（定員 6 ～ 19 人）、家庭的保育（定員 5 人以下）、居宅訪問型保育、事業所内保育という事業を市町村が認可し、その財源として地域型給付を充てることとした。さらに④では、市町村が地域の実情に応じて子育て支援拠点、放課後児童クラブなどの事業を実施することとした。

これらの財源については、**社会保障と税の一体改革**（2012 年確認）において、従来の高齢者向けの 3 経費（基礎年金、老人医療、介護）に子育てを含めて「社会保障 4 経費」とし、消費税の充当先として位置づけた。子育て支援は社会保障

全体の重要な柱となったのである。

第2節 教育行政の仕組みと改革

■教育行政の内容

　教育行政は、人格の完成を目指して心身ともに健康な国民の育成を図る行政であり、①公立学校教育、②私立学校振興、③生涯学習支援、④文化・スポーツ政策に大別できる。このうち、自治体行政にとってとくに重要なのは、①の公立学校教育であるため、本章ではこれを中心に取り上げる。自治体において教育行政を担当するのは教育委員会であるが、②の私立学校振興は首長部局で担当するほか、③の生涯学習支援や④の文化・スポーツ政策も、首長部局が担当している場合がある。

■教育行政の歩み

　教育行政は、政治・社会の変化を反映して歴史的に展開してきた。

　第1期（1940年代後半〜50年代前半）は、**教育民主化の時代**といえる。戦前の戦国主義教育への反省から、教育行政の民主化・分権化が進められた。**教育基本法**（1947年）では、平和主義、教育の機会均等、9年制の義務無償教育などの原則が明らかにされ、**学校教育法**（1947年）によって小・中学校の6・3制が実現した。また教育行政の地方自治、一般行政からの独立、教育行政に対する住民統制を実現するため、教育委員会法（1948年）に基づいて**公選制**の教育委員会が設置された。

　第2期（1950年代後半〜70年代）は、**教育集権化の時代**といえる。米国占領の終了と経済成長政策を背景として、戦後教育改革の見直しが進み、教育行政の集権的再編が行われた。後述する地教行法（1956年）によって教育委員の公選制が**任命制**に変えられた（なお、東京都中野区では、1979〜94年に条例に基づいて長が住民による投票結果を尊重して教育委員を選任する「準公選制」を導入した）。また教育課程に関する国の役割が強められ、学校教育法の改正により文部大臣の教科書検定権が定められた。1976年の教育課程審議会答申は、人間性豊かな児童生徒、ゆとりのある充実した学校生活、個性・能力に応じた教育を目指し、授

業時間の短縮などを進めたため、「ゆとり教育」の起点と考えられている。

　第3期（1980年代〜90年代）は、**学校経営改革の時代**といえる。学力不振児・不登校児の増加や校内暴力の頻発など「学校荒廃」を背景として、臨時教育審議会（臨教審、1984年設置）が教育の自由化・弾力化・多様化を提唱し、学校経営の改革が進められた。1990年代には、各学校の教育活動、カリキュラム、予算等の裁量を拡大するとともに、校長の地位の明確化、保護者・地域との協力と説明責任など、学校の自主・自立化が進められた。1998年の教育課程審議会答申では「生きる力」が強調され、「総合的な学習の時間」が設けられ、授業時間数の削減と教育内容の精選が進められた。

　第4期（2000年代〜現在）は、**分権的教育の時代**といえる。第1次地方分権改革（2000年施行、第3章第1節）において、機関委任事務の廃止、教育長の任命承認制度の廃止、都道府県教育委員会の市町村教育委員会に対する一般的指示の廃止など、分権化が進められた。また、学校評議員制度の導入（2000年）、学校運営協議会の制度化（2004年）など、学校運営に対する地域住民の参画制度がつくられた。三位一体改革（2003〜05年検討、第3章第2節参照）では、地方側は教員人件費の1/2を国が負担する義務教育費国庫負担制度が学校運営の自主性を妨げているとして、その廃止を求めたが、文部科学省は全国的な教育水準の維持向上等を理由として強く反対し、結果的に国庫負担の割合を1/2から1/3に引き下げるという改革が行われた（これでは国の負担は減少するが統制は可能となる）。一方、ゆとり教育が学力低下をもたらしたという声が強まり、2008年の中教審（中央教育審議会）答申をきっかけとして「ゆとり教育」が見直され、授業時間が増加した。さらに、経済的理由による就学困難者の増加を踏まえて、2010年度から高校無償化の取組みが始まった。

■教育行政の役割分担──地教行法体制とは

　現在の教育行政では、国・都道府県・市町村の役割は次のようになっている。

　国は、①基本的な教育制度の設定、②全国的な基準の設定（学習指導要領、教員免許の基準、学級編成・教職員定数の標準の設定等）、③自治体における教育条件整備の支援（教職員の給与費、私学助成等）、④教育事業への支援（教育内容等に対する指導助言、教職員研修の支援等）を担当する。

　都道府県は、①広域的な教育事業の実施（高等学校の設置運営、小中学校教職員の給与費の負担等）、②市町村の教育事業への支援（教育内容等に対する指導助言等）を担当する。

　市町村は、①教育施設等の設置・運営（学校、図書館、公民館、体育館等の設置・運営）、②教育事業の実施（社会教育に関する各種講座の開催、文化・スポーツ事業の実施等）を担当する。

　こうした教育行政の仕組みは、**地教行法**（地方教育行政の組織及び運営に関する法律、1956 年）によって定められている。従来、教育行政については、この地教行法や各種補助負担金に基づいて国（文部科学省）の指揮監督が強く及び、自治体の裁量が生かしにくい分野とされてきた。とくに、自治体の教育行政が首長から独立した教育委員会に委ねられていることもあって、文部科学省―都道府県教育委員会―市町村教育委員会という縦系列のコントロールが強く働き、教育行政の画一性・集権性を確保してきた。このように教育委員会を通じて国がさまざまな関与を行って仕組みは、**地教行法体制**と呼ばれている。

　なお、私立学校については、その特性と自主性を重んじて私立学校法等に基づいて都道府県知事（大学・高等専門学校は文部科学大臣）が学校法人及び学校設置の認可、助成、監督等を行う仕組みがとられている。

■教育委員会の仕組みと改革

　教育委員会は、地域の学校教育、社会教育、文化、スポーツ等に関する事務を担当するため、地教行法に基づいて都道府県と市町村に設置された**行政委員会**（第6章第2節参照）である。

　このような体制をとっているのは、①特定の政党や個人から独立させることによって教育の政治的中立性を確保すること、②複数の委員による合議制によって慎重な意思決定を行うこと、③専門家の判断に偏らず一般人たる住民の意思を反映させることを理由としている。その背景には、一般人（レイマン）である非常勤の委員が大所高所から基本方針を決定し、それを専門家たちが執行するという**レイマン・コントロール**（layman control）の考え方がある。もっとも、実際に教育委員会がこうした機能を果たしているかどうかは、後述のとおり検討を要する。

　教育委員会は、教育長と原則として4人の委員から構成される（条例による増減が可能）。教育長と教育委員は、自治体の長が議会の同意を得て任命する。任期は教育長が3年、教育委員が4年で、再任も可能である。**教育長**は、委員会の会務を総理し、委員会を代表する。また委員会の事務を処理するため事務局が設置され、教育長の指揮監督の下で事務を処理する。

　また、首長との調整を図るため、すべての自治体に**総合教育会議**が設置され、①教育行政の大綱の策定（策定権は首長）、②教育の条件整備など重点的に講ずべき施策、③緊急の場合に講ずべき措置等について協議する。

　なお、以上の仕組みは、2014年の地教行法改正によって整えられたものである。それ以前は、教育委員会には代表者たる委員長（非常勤）と事務局を指揮監督する教育長（常勤）が選任されており、どちらが責任者か分かりにくく、いじめ等の問題にも迅速に対応できないことが問題となったため、責任者を新しい教育長に一本化した。また、首長と教育委員会が独立しており、総合的な対応が難しい面があったため、改正によって総合教育会議が設けられた。この法改正の背景には、次に述べる教育委員会不要論を含む改革論があった。

■教育委員会は機能しているか

　近年、教育委員会については、①委員会の会議が形骸化し事務局主導になっていること、②合議制のため迅速な意思決定ができず、責任の所在が不明確で

図 14-1　教育委員会の仕組み

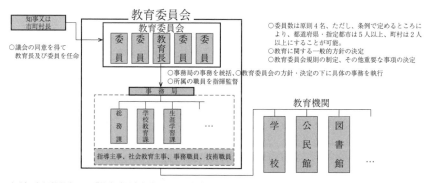

出典）文部科学省ＨＰ「教育委員会制度について」（2019年12月入手）

あること、③国の方針に追従し集権的で画一的な対応になっていること、④首長部局との総合的・横断的な対応が難しいこと、⑤選挙等による信任の機会がなく住民の意向が反映されにくいことなど、多くの問題点が指摘されてきた。

そこで、教育委員会制度を廃止すべきだという議論（Column ⑭参照）や、教育委員会を設置するか否かを自治体の選択に委ねるという選択制の議論など、制度自体を見直す動きが生まれた。そこで、前述の2014年法改正が行われ、教育委員会の根幹を維持しつつ、責任者の明確化と首長との総合調整等を図った。上記問題点のうち②と④について一応の対応がなされたといえる。

教育委員会は、政治的中立性を求めた結果、住民の参加・統制からも距離を置くこととなり、国の統制をストレートに受けるとともに、委員が「素人」であるがゆえに、事務局組織に依存する結果になったと思われる。教育委員会に求められるのは、首長・議会との協議や住民の参画を進めることであろう。

第3節　学校教育の課題と対応

■増加する教育病理

1970年代半ばから、わが国の学校（小・中・高校）では、校内暴力、いじめ、不登校など「**教育病理**」や「**学校荒廃**」といわれる問題が頻発するようになった。まず1970年代後半から**校内暴力**が全国の中学、高校で吹き荒れ、その後沈静化した。次に生徒間のいじめが増加し、1980年代後半以降は、件数は減少したものの、低年齢化と陰湿化が進み、現在に続いている。さらに1990年代半ばから**不登校**（登校拒否）が急増し、最近もなお高い水準にある。

2017年度、全国の国公私立の小・中・高校と特別支援学校におけるいじめの認知件数は約41万4000件、認知した学校数は約2万8000校で学校総数に占める割合は約74.4％となっている。また全国の国公私立の小・中学校の不登校の児童生徒数は約14万4000人、高校は約5万人と、依然として相当数に上っている（以上、2018年度文部科学白書）。

また近年では、学校や教員に理不尽な要求を行う保護者（**モンスター・ペアレント**）への対応も問題になっている。学校現場を中心にこうした問題への対応

が求められ、現在さまざまな改革と取組みが行われている。

■学校運営の自立化

　まず教育改革の取組みとして、教育委員会の関与を縮小し、各学校の運営の自立化を図っている。

　たとえば、第 1 次分権改革の前後には、前述のとおり、①教育委員会の許可・承認等を縮減し、各学校の裁量を拡大する、②教職員について校長の意見具申を取り入れて人事異動等を行うとともに、特別非常勤講師等の人選を校長に委ねる、③学校関係予算の編制についてヒアリングを実施したり、校長の裁量で執行できる予算を取り入れるなどの見直しが行われた。

　また、こうした自立的な運営を行うために、教員免許を有しなくても一定の教育等の経験がある者に校長の任用資格を認めた。これによって、いわゆる民間人校長が全国で誕生した。また、主任、職員会議等の位置づけが明確にされるとともに、教育相談等に学校外の専門人材を活用できるようにした。

■学校選択の自由化と特色ある学校づくり

　現在、生徒側に学校選択の自由を与え、学校経営に競争原理を導入する改革が進められている。

　従来、小中学校については通学すべき区域を定める通学区域制（学区制）をとっていたが、文部科学省の緩和方針と就学校指定事務の自治事務化によって弾力的な運用が可能となった。これにより、通学者の事情による通学校の変更を柔軟に認める自治体や、保護者の希望により通学校を決定し、実質的に**学区制廃止**を行う自治体も生まれている（品川区など）。また、都道府県が設置する高等学校についても、学区制を廃止する動きが広がっている（東京都 2003 年度〜、埼玉県 2004 年度〜など）。こうした改革に対しては、進学実績などによって学校間の格差が拡大するという批判もあるが、学校運営に競争原理を導入し、各学校が主体性を発揮して特色ある学校づくりを促す改革といえよう。

　また、特色ある学校づくりも進んでいる。小中学校では、環境教育、国際理解教育、地域に根ざした教育など多様な取組みが行われている。高等学校では、新しい総合科の設置や単位制高校の開設、情報化に対応する高校や外国語能力の育成を目指す高校も生まれている。また公立学校においても、中高一貫校が

誕生している。さらに最近では、**構造改革特区制度**を活用して、学習指導要領によらないカリキュラムの採用、不登校児童生徒を対象とする学校の設置、株式会社やNPO法人による学校の設置など、従来の教育行政の「常識」では考えられなかったような取組みも進んでいる。

■開かれた学校運営

さらに、学校運営に地域住民の参加や連携を進め、「開かれた学校」を目指す動きも本格化している。

まず2000年から、各学校に学校評議員を設置できることとなった。**学校評議員**とは、校長の求めに応じて外部から学校運営に対して意見を述べる者で、教育について理解と識見を有する者の中から校長の推薦により各自治体が委嘱するものである。現在では、多くの学校で学校評議員が置かれている。

さらに2004年から、公立学校運営の仕組みとして新たに**コミュニティ・スクール**（**学校運営協議会制度**）が導入された。これは、各教育委員会の判断により、地域の住民や保護者等が一定の権限をもって学校運営に参画する合議制の学校運営協議会を設置できる制度である（図14-2参照）。地教行法改正（2017年）

図 14-2　コミュニティ・スクール（学校運営協議会制度）の仕組み

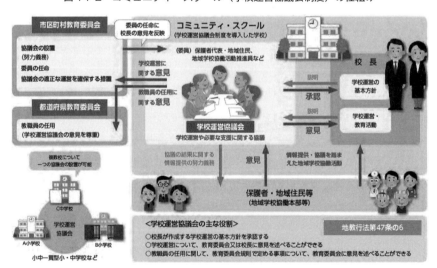

出典）文部科学省「コミュニティ・スクール 2018」

によりコミュニティ・スクールの設置が努力義務化されたこともあって急増し、2018年4月現在、5432校となっている。

　このような地域社会との連携・協働は、学校教育を再生する重要なカギになると思われる。これまで保守的とされてきた教育行政であるが、いま大きく変わろうとしているのである。

第4節　生涯学習と文化行政

■生涯学習の支援

　生涯学習とは、人が乳幼児期から高齢期までのライフステージを通じ、生涯にわたって各人の趣味・関心あるいは生活の場面に応じて学んでいくことをいう。現代では、科学技術の発達や情報化などの社会経済の変化、自由時間の増大・高齢化などに伴う学習需要の増大等に対応するため、生涯学習の重要性が増している。

　国では、生涯学習の重要性に鑑みて、1990年に**生涯学習法**を制定し、生涯学習に関する施策の企画・調整を行っている。これを受けて、自治体では、生涯学習センター等の施設整備、生涯学習に関する啓発と情報提供、大学の公開講座等を通じた学習機会の拡充等に努めている。従来、自治体では、公民館等を中心として社会人としての教育を行う社会教育が大きな割合を占めていたが、現在ではこれが自ら学ぶ力を養う生涯学習に発展したといえる。

■文化芸術・スポーツ政策

　文化芸術は、人間が人間らしく生きるための糧であり、ともに生きる社会の基盤を形成するなど、今日の社会においてなくてはならない役割を担っている。そのため、国では、**文化芸術振興基本法**（2001年）等に基づき、文化芸術の振興、文化ボランティアの推進、国際文化交流の推進等の施策を行っている。自治体では、芸術文化の振興、担い手の養成、文化交流の促進、文化施設の整備等の施策を講じるとともに、文化財保護法等に基づいて文化財の保全等の措置を行っている。最近では、**文化振興条例**や文化芸術振興計画を定めて、総合的な対応を図る自治体も増えている。

　またスポーツは、これを通じて幸福で豊かな生活を営むことが人びとの権利であることから、スポーツ振興法の全部改正により**スポーツ基本法**（2011年）が制定され、国がスポーツ基本計画を策定し、指導者の養成、施設の整備、学校体育の充実等が定められている。東京オリンピック・パラリンピック2020も踏まえて、多くの自治体でスポーツ推進条例を制定するなど、スポーツ推進の施策を講じている。

　教育行政は、学校教育から文化振興まで幅広い役割を担っているのである。

■参考文献
＊内閣府『少子化社会対策白書』、文部科学省『文部科学白書』のほか次の文献
青木栄一（編著）『教育制度を支える教育行政』ミネルヴァ書房、2019年
伊藤篤（編著）『子育て支援』ミネルヴァ書房、2018年
伊藤正次『日本型行政委員会制度の形成―組織と制度の行政史』東京大学出版会、2003年
小川正人『教育行政と学校運営（改訂版）』放送大学教育振興会、2016年
柏女霊峰『これからの子ども・子育て支援を考える』ミネルヴァ書房、2017年
加藤崇英・臼井智（編）『教育の制度と学校のマネジメント』時事通信社、2018年
新藤宗幸『教育委員会―何が問題か』岩波書店、2013年
日本保育協会（編）『保育を支えるしくみ－制度と行政』東京大学出版会、2016年
村上祐介『教育行政の政治学』木鐸社、2011年

Column ⑭　教育委員会は必要ないか

本文でも述べたとおり、2000年代には教育委員会廃止論（不要論）が強まった。たとえば、埼玉県志木市長を務めた穂坂邦夫氏は『教育委員会廃止論』（弘文堂、2005年）を公にした。その主張に耳を傾けてみよう。

第1に、教育委員会制度は、実施機関をもたない文部科学省と都道府県教育委員会に権限があり、実際に教育を担当している市町村教育委員会と学校には何も権限がないという「奇妙な実態」に支えられている。国や都道府県の方針は理想論と机上論によっているため、教育現場をゆがめる一方、現場は「思考停止」に陥り、主体性と自己責任が欠如している。市町村教育委員会は、所管する学校が「義務教育を国の命令どおり行っているか」をチェックする「監視機関」に変質している。

たとえば志木市では、市の財源で小学校の教員を採用して「25人程度学級」を導入しようとしたところ、文部科学省の意向を受けた県教育委員会が「教育の機会均等に反する」という理由で許可しようとせず、「小学校1、2年生に限ること」「市費負担教員を担任にすることは望ましくない」という条件をつけてようやく許可された。

第2に、教育委員会制度は、首長から独立させることで政治的中立性を確保することを目的としているが、実際には首長から独立しているとはいえず、一方国の政治の影響は強く受ける制度になっている。首長は教育委員や事務局職員の人事権や予算編成権を有しているため教育委員会をコントロールできるし、義務教育の最高責任者である文部科学大臣は政権政党に属しているため、政治的に中立ではありえず、かえって時の政権の方針によって「右にも左にも簡単にぶれる」。

第3に、教育委員会の内部を見ると、合議制によって前例踏襲で責任の所在が不明確になるとともに、「専門行政」という壁がたちはだかって住民と教育行政がかい離している。そのため、レイマン・コントロールは機能せず、一般住民が教育行政に関心をもつこともなくなっている。

著者は、ほかにも市町村が負担する教育費の問題、教員の人事や研修の問題など多くの問題点を指摘し、現行の教育委員会制度は「歴史的使命を終えた」という。

しかし、著者も教育委員会制度のすべてを否定しているのではない。国の関与を教育水準の維持などに限定すること、教職員の人事を含む任命権を市町村に与えること等の6つのポイントを示して、教育委員会制度の「抜本的な改廃」を提言しているのである。この提言には賛否両論があるだろうが、全国初の「25人程度学級」や「ホームスタディー制度」を導入した元市長だけに、その指摘には説得力があると思うが、どうだろうか。

第15章　防災政策と安全

　　住民の生命や財産を守ることは、自治体の第一の責務である。このため、地震、水害等による災害から住民を守る防災政策が、自治体の重要な課題となる。とくに東日本大震災によって広域巨大災害にどう対応するかが問われたほか、熊本地震、西日本豪雨など毎年のように生ずる災害に備えることが求められている。また、安全という点では消防行政や警察行政が重要な役割を占めている。これらの仕組みと課題を概観しよう。

第1節　防災政策の概要

■東日本大震災の衝撃

　2011年3月11日、三陸沖を震源とする大規模な地震（マグニチュード9.0）とこれによって引き起こされた津波（最大波9m以上）が、東北地方太平洋岸を中心に東日本を襲った。この**東日本大震災**による人的被害は、死者・行方不明者合わせて2万2252人、建物被害は全壊・半壊・一部破損を合わせて125万9626棟に及んだ（2019年3月1日現在、消防庁発表）。

　図15-1のとおり、戦後まもない時期は台風、地震等の災害によって毎年のように千人規模の犠牲者を出していたが、その後、国土保全などのハード事業が進み、甚大な被害は避けられていた。ところが、阪神淡路大震災（1995年）と今回の東日本大震災（2011年）では突出した規模の犠牲者が生じている。これが後述する**低頻度巨大災害**の問題である。

　さらに、この地震と津波によって東京電力の福島第一原子力発電所（原発）で電源喪失によって原子炉・燃料プールへの注水が停止し、水素爆発などによって放射性物質が外部に放出されるという事故が発生した。2019年12月現

在でも、施設内の増加する汚染水などの問題を抱えながら終息に向けた作業が進められている中で、福島県内で約 4 万 1701 人（県内 1 万 540 人、県外 3 万 1148 人、避難地不明 13 人）が避難を余儀なくされている（福島県公表資料）。東日本大震災は、広域巨大災害に対してさまざまな社会システムがいかに脆弱であるかを示した。

　その後も熊本地震（2016 年、死者 273 人）、西日本豪雨（2018 年、死者 245 人）、北海道胆振東部地震（2018 年、死者 42 人）、令和元年台風 19 号（2019 年、死者 99 人）など、近年、毎年のように大きな災害が生じている。

図 15-1　戦後の自然災害による死者・行方不明者数

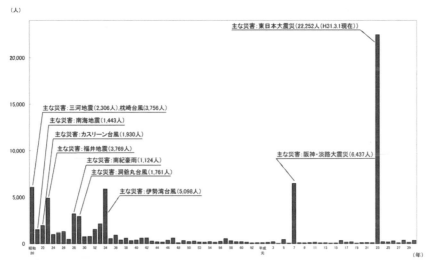

出典）内閣府『防災白書（令和元年版）』2019 年

■防災政策の歩み

　そもそも**防災**とは、国民の生命・身体・財産を守るために災害の発生を防止・抑制する取組みである。ここでいう**災害**には、地震、津波、風水害、火山災害などの「自然災害」のほか、海上・航空・鉄道災害、原子力災害など人の行為に起因する「事故災害」も含まれる。

　日本の防災政策は、戦後、大規模災害が生じるごとに少しずつ形成され、充

実してきた。ここでは4つの時期に分けて概観しておこう。

　第1期（1940年代後半〜60年代）は、戦後まもない時期で毎年のように災害に見舞われ、国土保全を中心にいくつかの法律が制定されたため、**国土防災期**と呼ぶことができる。たとえば、枕崎台風（1945年）やカスリーン台風（1947年）を受けて水害に備える水防法（1949年）が制定されたし、南海地震（1946年）を踏まえて災害救助法（1947年）が制定された。さらに伊勢湾台風（1959年）で5000人もの被害者が出ると、**災害対策基本法**（1961年）が制定されて防災政策の基礎がつくられるとともに、激甚災害法（1962年）もつくられた。

　第2期（1970年代〜90年代前半）は、急激な都市化に伴って災害リスクが増大し、都市の防災やコミュニティによる対応に力を入れたため、**都市防災期**と呼ぶことができる。この時期、東海地震に関する研究を受けて大規模地震対策特別措置法（1978年）がつくられ、地震防災計画が策定されるとともに、宮城県沖地震（1978年）を踏まえて建築基準の見直しが行われた。

　第3期（1990年代後半〜2000年代）は、多様な主体による地域の総合的な防災力の向上が目指されたため、**地域防災期**と呼ぶことができる。この時期、阪神淡路大震災（1995年）を受けてボランティア等の活動が注目されるとともに、後述の**地域防災**の考え方が定着した。この震災を受けて災害対策基本法が改正（1995年）されるとともに、地震防災対策特別措置法（1995年）や被災者生活再建支援法（1998年）が制定されて、防災を支える法制度が整備された。また、JOC臨界事故（1999年）を踏まえて原子力災害対策特別措置法（1999年）も制定された。

　第4期（2010年代〜）は、東日本大震災を受けて広域巨大災害への対応が求められているため、**広域防災期**と呼ぶことができる。現代の社会システムが、想定をこえた「低頻度巨大災害」に脆弱さをさらけ出したことから、今後予想される東南海・南海地震や首都直下地震に備えるためにも、後述する「減災」の考え方を取り入れて、災害に強い地域づくりを進めることが求められている。また、津波対策推進法（2011年）、大規模災害復興法（2013年）の制定など津波対策と復興施策の充実が図られたほか、福島原発事故を受けて、原子力規制委員会の設置（2012年）など原発規制や原子力災害対応が強化された。

■防災政策の考え方の変化

　以上からも分かるとおり、今日、防災政策の考え方は大きく変わっている。

　第1に、治山治水を中心とする国土保全から、日常生活を取りまくさまざまな施設やコミュニティの対策などに総合的に取り組む**地域防災**の考え方が中心となっている。ハード事業からソフト施策中心に移ったともいえる。

　第2に、想定される日常的災害への対応から、ごくまれにしか生じないが、いったん発生すると大規模な被害をもたらす**低頻度巨大災害**への対応が求められている（後掲永松2008、29頁以下参照）。この種の災害は、低頻度であるために十分なデータがないし、国民の関心も低くなりがちである。逆に、その対策には多くの時間とコストを要するために、実施するか否かの政策判断が難しい。

　第3に、災害による被害をゼロにすることを目指す防災（狭義）から、ある程度の被害が生じることを前提として人命など優先すべきものを守る**減災**に発想を変えることが求められている。自然の猛威の前にはいかなる対策も完全でないことを認め、どこまで災害の発生を減少させられるかを考えようというわけである。とくに低頻度巨大災害にはこのような発想が必要である。

　第4に、国や自治体による行政主導の防災から、住民、企業、コミュニティ、ボランティアなどの多様な主体で取り組む**住民協働**の防災が求められている。この点で、阪神淡路大震災で始まり、東日本大震災で大きく広がったボランティアによる被災地支援は、不可欠の存在になっている。

第2節　防災政策の展開と課題

■防災政策の3つの領域と責任主体

　防災政策は、時間的経過に沿って、①**災害予防**、②**災害応急対策**、③**災害復旧・復興**の3つの領域に分けることができる。以下でも、この区分に基づいて検討を進めよう（図15-2参照）。

　災害対策基本法では、国は、「防災基本計画」の作成・実施、自治体等の業務の総合調整、経費負担の適正化などを担当する。都道府県は、「都道府県地域防災計画」の作成・実施、市町村の業務の支援と総合調整を担当するほか、災

図 15-2　防災に関する法制度の概要

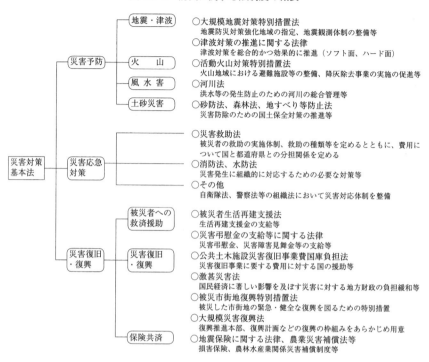

害救助法や被災者生活支援法に基づいて救助・支給等を担う。市町村は、「市町村地域防災計画」の作成・実施、消防機関、水防団等の組織の充実等を担当するほか、災害弔慰金等の支給・貸付を行う。

　防災行政の第一義的な責任は市町村にあるとされる。それを都道府県が支援し、さらに国が都道府県を支援することとされており、**補完性の原則**にのっとった役割分担となっている。しかし、東日本大震災のような広域巨大災害では、市町村の行政機能がマヒすることが想定されるため、都道府県が前面に出る必要があるし、被災者の救助・支援では自衛隊等の国の機関や、他の自治体による支援も不可欠になる。また、巨大災害の復旧・復興には多額の費用を要するため、**リスク分散**（日頃負担をしておいて、被害が発生したらみんなで支えるという考え方）の意味でも、財政面では国が中心となるべきである。

■日常的な災害予防

第1に、平常時の災害予防については、**災害対策基本法**で、防災訓練、防災物資・資材の備蓄、相互応援措置など主としてソフト施策の実施について定めている。同時に、災害ごとに関係法が制定されている（図15-2参照）。

災害予防に関して重要なのは、地域にどのような災害リスクがあるかを見定める**リスク設定**と、災害時にどの程度の被害が生じるかを把握する**被害想定**である（後掲永松2008、203頁以下参照）。従来、これらの検討は科学的に行われるべきものと考えられ、一部の専門家と行政職員が担ってきた。しかし、専門家の想定は過去の災害履歴をもとに行われるため、十分なデータのない低頻度の災害は想定の外に置かれるのが通常である。また、技術面・費用面から対策が難しい巨大災害は、被害想定から外されることが多かった。被害想定は、科学的妥当性だけでなく、どこまでのリスクや被害を想定するのが適切かという社会的妥当性を判断しているのである。とすれば、この判断にあたっては専門家任せでなく、情報を公開し住民等の意見を取り入れて検討するとともに、防災に関する計画については絶対視しないことが重要である。

東日本大震災や福島原発事故に際して、関係者や専門家が「想定外」の災害であることを強調する場面が目立った。こうした弁明に対して、メディアでは「防災に想定外があってはならない」とか「想定外を想定するのが災害対策だ」といった指摘があったが、効果的な対策を講じるために想定自体は必要である。ただ、災害リスクのレベルに合わせて複数の想定をしておくこと（多重防御）は可能だし、想定外の事態が生じてもその場の判断で被害を最小限にとどめる危機管理が重要である。いずれにせよ**「想定外」**問題は、災害予防の難しさを示すものといえる。

■人命につながる災害応急対策

第2に、実際に災害が生じた場合の応急対応については、災害救助法、消防法、水防法が必要な規定を定めているほか、自衛隊法や警察法などの組織法でも関連規定を置いている。**災害救助法**（1947年）では、都道府県が、①応急仮設住宅等の供与、②食品、生活必需品の給与・貸与、③医療・助産、④被災者の救出等の給与・貸与などを行うこととされている。もっとも実際には、これ

らに関しても市町村が重要な役割を担っている。また、捜索・救助については警察や消防の役割が大きいし、大災害では自衛隊の支援も重要である。

　とくに広域巨大災害の際には、被災地の自治体はマヒしていることが多いため、物資の提供、職員の派遣など国の役割や自治体間の連携・協力が不可欠となる。東日本大震災の際には、関西広域連合（2010年設立）が2府5県で分担して被災3県をそれぞれ支援する「**カウンターパート方式**」の支援が注目された。2018年に総務省が全国一元的な仕組みとして立ち上げた「被災市区町村応援職員確保システム」では、被災市区町村ごとに都道府県・指定都市を1対1で割り当てる方式を採用した。また熊本地震の際には、被災自治体は情報把握に時間を要すること、民間の供給能力が低下すること等から、被災自治体からの要請がなくても、国や他の自治体が避難所等で必要と見込まれる物資を緊急輸送する「**プッシュ型支援**」が行われた。

　さらに被災者の支援、避難所の運営等については、コミュニティの互助的活動やボランティアの支援が不可欠である。阪神淡路大震災の際に生き埋め等になった場合にどうやって救助されたかというデータによると、自力での脱出34.9％のほか、家族による救助31.9％、友人・隣人による救助28.1％等となっており、救助隊による救助はわずか1.7％にとどまっている（消防庁『消防白書平成23年度版』参照）。災害直後にはまず身近な者による救助（自助・共助）に依存せざるを得ないのである。

　応急対策では、自治体でも平常時と異なる状況の下で迅速な意思決定や対応が求められる。これが**危機管理**（crisis management）である。近年では、感染症対策やテロへの対応を含めてその重要性が注目され、危機管理監等のポスト（警察・自衛隊の出身者の任用例もある）や専担組織を設置する自治体も増えている。

■防災と情報

　災害予防と災害応急対策の両方で重要になっているのが、情報である。

　1つ目は、**ハザードマップ**の活用である。水害、土砂災害、津波等については地理的条件や災害履歴によって被災地域を予想できるため、自治体がそれを地域指定や地図情報として提供することによって、建築等を避けたり、緊急時に早期に避難することが可能になる。かつてはこうした情報を公表すると資産

価値の低下等につながるため、地域住民から反対が強かったが、最近では命を守るため多くの自治体が情報提供しており、重要な役割を果たしている。

　2つ目は、避難を促す**警戒情報**の明確化である。水害、土砂災害等の危険が迫った場合に、従来の区分は避難を判断するうえでわかりにくかったため、2019年から**警戒レベル1〜5**（1：心構えを高める、2：避難行動を確認、3：高齢者等は避難、4：全員避難、5：災害発生中）の区分が採用された。

　住民がこうした情報を活用できるよう自治体は周知を徹底する必要があろう。

■注目される災害復旧・復興

　第3に、災害後の復旧・復興も重要な課題である。このうち復旧は、主として物的施設を「元どおりに戻す」ことであるが、**復興**は「災害を受けた地域社会が再び活力を取り戻すこと」であり、人びとの生活や活動の再開・再興（ソフトの復興）が含まれる。

　災害復旧・復興について、一般的に定める法律は制定されていない（基本法の制定を求める意見もある）。まず被災者の救済援助については、**被災者生活再建支援法**（1998年）が、最大300万円（全壊世帯）の生活再建支援金を支給することを定めている。また被災者の生活支援については、**災害弔慰金の支給等に関する法律**（1973年）に基づいて弔慰金（生計維持者の死亡に500万円、その他の死亡に250万円など）が支給される。さらに、各地から寄せられる災害義援金は、配分委員会の決定に基づいて自治体を通じて被災者に配分される。

　次に公共的施設の復旧に関しては、公共土木施設災害復旧事業費国庫負担法（1951年）等に基づいて国が費用の一部を負担する制度があるし、激甚災害の場合には激甚災害法（1962年）に基づいて自治体や中小企業者への特別の財政措置が行われるほか、被災市街地復興特別措置法（1995年）も定められている。

　東日本大震災の復旧・復興については、国では**東日本大震災復興基本法**（2011年）と**同復興特区法**（2011年）を制定して土地利用等の規制を緩和したり、多額の復興交付金に基づいて復興事業を実施しているが、地域の活性化につながっているか否かは検討を要する。福島については、**福島復興再生特別措置法**（2012年）に基づいて各種の事業を進めているが、いまなお不十分である。

■福島原発事故から学ぶべきこと

　福島原発事故は、政治行政のあり方にも教訓と反省をもたらしている。

　第1に、政治行政に関わる者が、原発の安全性について事業者や一部の専門家に任せて十分な点検を怠ってきたことである。原発政策については、原子力工学等の専門家・技術者が、電力会社、規制官庁、研究者等に分かれながら、原発推進という共通目標をもって活動するいわゆる**原子力ムラ**を形成し、実質的に権限と情報を独占してきた。さらに、これを政治家が後押しするという形で、鉄の三角同盟（第8章第2節参照）ならぬ政官業学の「四角同盟」を形成して、原発利用を推進してきた（後掲吉岡2011参照）。この点で関係者・専門家の責任は重いが、安全神話を疑わずこうした構造を放置してきた政治行政のあり方も見直しが求められている。

　第2に、都市の自治体や住民が、原発の立地地域の状況に関心を持たないまま、その電力供給に依存してきたことである。原発は事故が起これば多くの人命にも関わる迷惑施設（Column ⑫参照）であるが、都市側はこれが特定の地域に集中することを長い間容認してきた。立地地域には**電源三法**（立地地域の振興のため1974年に制定された電源開発促進税法等の3つの法律）による交付金や地元雇用の拡大などのメリットもあったが、万全の安全対策を前提として受け入れているのであり、その前提に過誤があった以上、立地地域は被害者である。

　以上のように、原発事故の背景には、政治行政に関わる二重の意味での「他人任せ」の構造があったといえる。

第3節　消防行政の概要

■消防行政の仕組み

　戦前、日本の消防行政は、内務省の管轄の下で警察行政と一体的に実施されていた。しかし戦後、連合国軍総司令部の指示の下で内務省が解体され、警察行政の民主化が図られた際に、消防行政については警察からの分離と徹底した地方自治原則の導入が行われた。

　消防組織法（1947年）では、**市町村消防の原則**の下で各市町村が消防の責任を

負うものとし、市町村長が条例に従って消防を管理することを定めている。そのため、市町村に消防本部、消防署、消防団の全部または一部を設けることとされた（消防本部または消防団のいずれかは必置）。消防本部の長である消防長は、消防事務の経験など一定の資格を有する者の中から市町村長が任命し、その他の消防職員は、市町村長の承認を得て消防長が任命する。消防の任務は、**消防法**（1948 年）に基づいて、①火災からの国民の保護、②災害の防除と被害の軽減、③災害等による傷病者の搬送の 3 つとされている。

以上に対して、国には総務省の外局として消防庁が設置され、消防に関する制度の企画立案や広域的な事務を担当する。都道府県は、市町村間の連絡協調等を図るほか、消防職員等の訓練（消防学校の運営等）などの事務を担当する。

■消防行政の課題

消防行政はいまさまざまな課題を抱えている。

第 1 に、高層建築物の増加、大規模災害への対策、救急医療の複雑化など、消防行政への需要が高度化・多様化している。このため市町村消防の原則を堅持しながら、市町村間の連携・協力を強化するとともに、都道府県による補完・支援の役割（航空消防隊の出動など）を強化している。

第 2 に、消防行政への需要の高度化・多様化を受けて、消防組織の広域化が課題となっている。消防の広域化は、主として一部事務組合・広域連合の設置と事務委託によって進められてきた（第 4 章第 1 節参照）。2017 年 4 月現在、全国 732 消防本部（1683 市町村）のうち、単独設置が 442 本部、広域化による設置が 290 本部となっており、広域化の成果は限定的である。

第 3 に、消防本部・消防署が強化される一方で、地域の消防団について非常勤である団員の減少・高齢化が進み、維持することが難しくなっている。**消防団**は「自らの地域は自らで守る」という精神に基づいてつくられた組織で、2017 年 4 月現在、全国に 2209 団あり、すべての市町村で設置されている。しかし消防団員は年々減少し、2002 年の約 93 万 7000 人から 2018 年には約 84 万 4000 人に減少している（これに対し、常勤の消防職員は約 16 万人）。消防団は、地域の消防防災体制の中核として、住民の避難支援、被災者の救出・救助など重要な役割が期待されているため、女性や学生の入団を含めて団員確保の努力

が必要になっている（以上、消防庁『消防白書 平成30年版』参照）。

第4節　警察行政と安全安心のまちづくり

■特殊な警察行政組織

　警察行政は、戦前、内務省の下で国家警察とされ、幅広い権限を有していたが、連合国軍総司令部（GHQ）の下で警察行政の「民主化」が図られた。1947年制定の警察法では、人口5000人以上の市町1600に**自治体警察**を置き、それ以外の地域は国家地方警察（機関委任事務として警察事務を担当する都道府県の機関）が担当する体制となった。

　しかし、財政的な負担や広域犯罪への対応に問題があったことから、1954年制定の**新警察法**では、自治体警察を廃止して**都道府県警察**に一元化するとともに、政治的中立性を確保するため、**都道府県公安委員会**がこれを管理する体制とした。公安委員会の委員（原則3名）は、知事が議会の同意を得て選任する。警察は、都道府県の条例や予算に基づいて業務を遂行し、議会や監査委員の統制を受ける。もっとも、長である警察本部長をはじめ警視正（概ね部長級）以上の幹部は国家公務員たる**地方警務官**とされ、国家公安委員会が任命する仕組みとされた。警察官への指揮監督権は警察本部長が有する。このように警察は、組織的には都道府県の一機関とされながら、幹部人事を通じて国がコントロールする特殊な制度になっているのである。

　この制度の下で、都道府県警察には地方警務官が約600人、警視以下の地方警務官が約25万6000人、警察事務に携わる一般職員が約2万8000人、勤務している（表15-1参照）。地方警務官の中には、警察庁採用のキャリア警察官のほか、当該都道府県警で採用された生え抜きの警察官も含まれる。警察官の数は、1990年代後半からの治安の悪化、犯罪の複雑化等を受けて増やされてきた。

　この警察制度は、警察の民主的管理と能率的運営、地方分権と国の関与、政治的中立性の確保と治安責任の明確化という要請について調和を図ったものと説明されている（後掲田村2011、16頁参照）。しかし、都道府県の組織であるにもかかわらず、国が幹部職員の任命権を独占するという制度は、自治体の自律性

表 15-1　警察職員の定数の変化

（単位：人）

| 区　分 | 都道府県警察 | | | | 警察庁 | | | | 合　計 |
	地方警務官	地方警察官	一般職員	計	警察官	皇宮護衛官	一般職員	計	
1993年度	566	220,519	30,474	251,559	1,271	917	5,458	7,646	259,205
2002年度	590	237,056	29,126	266,772	1,524	920	5,101	7,545	274,317
2012年度	628	256,739	28,356	285,723	2,070	892	4,774	7,736	293,459

注）地方警務官は、一般職の国家公務員である警視正以上の階級にある警察官である。
出典）警察庁『警察白書（平成 5 年版、14 年版、24 年版）』（警察庁 HP から入手）から作成

を保障した団体自治の原則（第 1 章第 1 節参照）に抵触するおそれが強い。実際の運営を見ても、都道府県の施策方針よりも警察庁の方針・意向で動く集権的な組織になっているし、住民に見えにくい閉鎖的な運営に陥りがちである。もちろん警察には広域犯罪への対応など全国的な要請があるが、それは国の関与を制度化すること等で対応すべきであり、幹部人事を独占するという制度まで正当化することは難しい。この点は、この間の分権改革でも検討されていないが、分権型社会をつくるには避けて通れない課題である。

■警察行政の課題

　警察行政については、このほかにもいくつかの改革課題がある。

　第 1 に、犯罪対策を強化するとともに、振り込め詐欺、サイバー犯罪、ストーカーへの対応など多様な役割が求められていることである。とくに 2000 年前後から刑法犯認知件数が増加し検挙率が低下したため、警察官の増員などに取り組み、ある程度回復したものの、なお予断を許さない状況である。

　第 2 に、公安委員会等による管理を実効性のあるものとし、住民の参加・監視を実質化することである。公安委員会には警察本部に対して人事権などの具体的な権限が与えられていないし、委員側にも名誉職のような意識があり、形骸化しているという指摘がある。また、議会による監視・統制を強めることも必要であろう。

　第 3 に、警察組織の閉鎖性や官僚的な体質を克服し、風通しのよい組織に変えることである。また、国家公務員総合職試験合格者を昇進面で優遇するキャ

リア制度は、警察組織では警察本部長等のポストを独占させるという運用がなされており、一般警察官の士気の低下や組織硬直化の一因になっている（Column⑮参照）。見直しが求められよう。

■**安全・安心のまちづくり**

　前述のとおり2000年前後から刑法犯の増加など地域の安全が脅かされたことから、自治体としても、防犯設備設置への助成、防犯パトロールカーの運行、防犯ボランティアへの支援など防犯活動に取り組み、**安全・安心まちづくり条例**を制定する自治体も増えている。また、自治会・町内会や商店街が中心になって、防犯カメラの設置、民間交番の運営、防犯パトロールなどの自主防犯活動にも取り組んでいる。こうした風潮には、プライバシーの侵害や相互監視社会につながるという心配もあるが、住民の協働によって自ら地域の安全を守ることは重要といえる。

参考文献
＊内閣府『防災白書』、消防庁『消防白書』、警察庁『警察白書』のほか次の文献
生田長人（編）『防災の法と仕組み（シリーズ防災を考える4）』東信堂、2010年
大矢根淳・浦野正樹・田中淳・吉井博明（編）『災害社会学入門（シリーズ災害と社会1）』弘文堂、2007年
金井利之『原発と自治体―「核害」とどう向き合うか』岩波書店、2012年
佐々木晶二『最新 防災・復興法制』第一法規出版、2017年
消防基本法制研究会（編著）『逐条解説 消防組織法（第3版）』東京法令出版、2009年
田村正博『全訂 警察行政法解説』東京法令出版、2011年
永田尚三『消防の広域再編の研究－広域行政と消防行政』武蔵野大学出版会、2009年
永松伸吾『減災政策論入門（シリーズ災害と社会4）』弘文堂、2008年
吉岡斉『新版 原子力の社会史―その日本的展開』朝日新聞出版、2011年

Column ⑮　「踊る大捜査線」に見る警察事情

　警察をテーマにしたテレビドラマや映画は少なくない。それらを観ながら、実際の警察組織はどうなっているんだろうと考えてしまうのは、私だけではないだろう。

　たとえば、警察組織は厳格な階級社会である。警察法62条では警視総監から巡査まで9つの階級を定めており、国・地方を通じて画一的な制度がとられている。下位の巡査、巡査部長、警部補の3つで全体の9割を占めるが、警視正以上は合わせて1％にも満たない。少数の幹部が多くの警察官を統率する釣鐘型の組織になっている（表15-3参照）。

　さらに、キャリアとノンキャリアの昇進の格差は、他の省庁よりも大きい。最速昇格年齢（推定）を見ると、キャリアは25歳で警視に、30歳台前半で警視正に、そして40歳台で警視長に昇進するが、この間、試験はない。これに対して都道府県採用のノンキャリアは巡査から始まり、昇進ごとに厳しい試験があり、昇進してもせいぜい警視正までだ。

25万人をこえる一般警察官はどんなにがんばっても県警本部長等になれない一方で、キャリアが短期交代制でこれらのポストを務めて帰っていくという特殊な運用は、組織全体の士気の低下と硬直化を招いているのではないか。

そういえば「踊る大捜査線」の青島刑事は、湾岸署刑事課で係員（巡査部長）から係長（警部補）になっていたから、上司の指示に従わない割には順当に昇進している。キャリアの室井慎次氏は、当初、警察庁の管理官（警視正）だったが、後に審議官（警視監）に昇進しており、現場思いの異色の官僚としては順調な出世だ。階級と昇進に関する限り、このドラマはかなり正確に設定している。

青島刑事の「事件は会議室で起きてるんじゃない。現場で起きてるんだ！」というセリフも、官僚組織の問題点を鋭く衝いている。

都道府県警察が誕生して65年。現行制度はドラマの素材にはうってつけかもしれないが、現実には問題が多い。それにもかかわらず、制度を変えようという機運が高まらないのはなぜだろうか。警察内部からは指摘しにくいためか、外部から批判すると目をつけられるおそれがあるからか、国民がそれなりに支持しているためか。それにしても、そろそろ賞味期限が来ているのではないだろうか。

表15-3　警察官の階級制度とその運用

階　級	警察庁	警視庁（東京都）	道府県警察	人数（割合）	最速昇進年齢（推定）	
					キャリア	ノンキャリア（大卒）
（警察庁長官）	（長官）	―	―	（1人）	55歳?	
①警視総監	―	警視総監	―	1人	55歳?	
②警視監	次長・局長・審議官	副総監・主要部長	主要本部長	約40人	50歳?	―
③警視長	部長・参事官・主要課長	部長・主要参事官	本部長・主要部長	約0.5%	40歳?	－（一部可）
④警視正	室長・理事官・管理官	参事官・主要所属長・課長	部長・主要課長		33歳	50歳
⑤警視	課長補佐	理事官・管理官	課長・参事官・管理官、警察署長	約3%	25歳	40歳
⑥警部	係長	係長、警察署課長	課長補佐、警察署課長	約6%	23歳	29歳
⑦警部補	主任	主任	係長・主任、警察署課長代理・係長	約30%	22歳	25歳
⑧巡査部長	係員	係員	警察署主任・班長	約30%	―	24歳
⑨巡査	―	係員	係員	約30%	―	22歳

注）警察庁長官は警察官ではない。警視正以上は国家公務員である。最速昇進年齢は推定を含む。
出典）各種資料・HPから作成

第16章　自治体の組織管理

この章で学ぶこと

　自治体の行政を首長が1人で行うことは不可能である。そのため、行政を担う多人数の分業と協業からなる組織が必要であり、その組織は適切に管理されなければならない。東日本大震災などでも明らかになったように、自治体の役場機能が被災すると深刻な事態となる。役場組織の存在は、実はきわめて大事なことである。本章では、自治体組織の基本形態となるピラミッド型組織の特徴を解説したうえで、組織における分業と意思決定について扱う。また、自治体は単純なピラミッド型組織ではなく、多様な単位から構成される組織複合体であることを論じる。

第1節　ピラミッド型組織と柔軟化

■ピラミッド型組織

　一般に、自治体の行政組織は、最高責任者を1人とし、部下が下の階層に行くほど徐々に多くなるピラミッド型となっている。ピラミッド型（階統制）組織では、**命令一元化原則**が明解であり、職員は1人の上司の指揮命令に従えばよい。その上司は、さらに上司の命令に従うという連鎖になる。こうして、指揮命令の連鎖を上の方向にたどっていくと、最終的には首長にたどり着く。ピラミッド型組織は、指揮命令を一元的に明らかにし、行政組織に対する住民からの統制経路を一元的に明らかにし、責任の所在を明確にする。

■部課制と階層制

　自治体では、全庁―首長部局／委員会・委員―局―部―課―係というような組織の階層が形成される。法制では、執行機関としての首長（長）と委員会、

委員は同格・並列であるが、実態上は、総合調整権をもつ首長の下に、各部局・委員会が置かれているかのごとき運用のピラミッド型組織となっている。

　職員の階層としては、知事・市区町村長—副知事・副市区町村長（もとの助役）—局長・部長—課長—課長補佐—係長—係員、というようになる。

■総務系と所管系

　自治体の行政組織は、総務系部課と所管系部課に大別できる。所管系とは、土木、環境、福祉、教育、産業など、個別の行政・政策分野に対応した部課である。事業・個別・縦割・分野別の部課や、原局原課などと呼ばれることもある。**総務系**（あるいは管理系）とは、これらの所管系部課に共通する横断的な業務を集めた部課であり、単一の総務部になっている場合もあれば、総務部・財務部・企画部のように、複数部になっている場合もある。あるいは、市長公室・知事本部のように、首長直属組織の場合もある。

　第1に、所管系と総務系の区別は、ライン・スタッフの区分にも似るが、必ずしも同じではない。総務系部課は、機能としては、上位者であるラインの長が行うべき意思決定を代行している。しかし、組織としては、総務系と所管系は、共通の上位者である長のもと、同位同格である。第2に、所管系と総務系は、入れ子構造になっている。自治体の全庁レベルでは所管系の部の中にも、総務課・庶務担当課などがあり、各所管課と対置される（所管課の中の筆頭課が庶務を担うこともある）。各所管課にも、庶務係・経理係・企画係や担当が置かれることがある。逆に、総務部の中にも、総務部内の横断的業務を担う庶務課と、財政・人事などの特化した業務を担う各課が置かれる。

　一般に、自治体では、意思決定や人事任用において、**総務系＝内部管理優位**といわれる。総務系は、人事や財源などの行政資源を**総括管理**しており、

図16-1　総務系と所管系

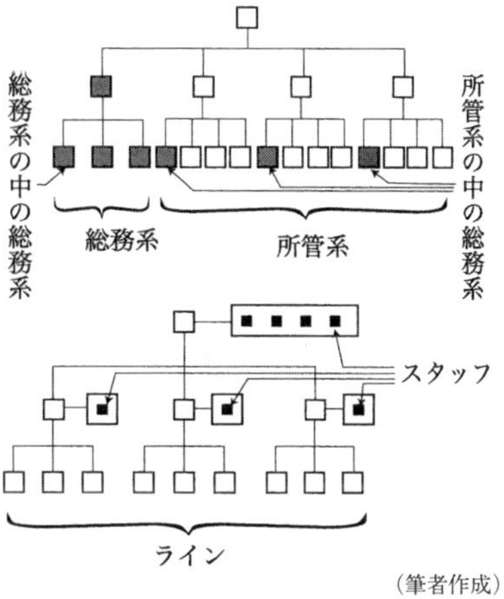

（筆者作成）

総務系の同意がなければ、所管系の望む政策は実現できない。しかし、この状況が行きすぎると、所管系部課は、住民や顧客に向けてではなく、総務系という内部管理部門に目を向けた仕事をするようになる。

■柔軟化

ピラミッド型組織は、分業が厳格で上下方向の指揮命令が基本であるなど、硬直化・縦割化しやすいため、多様な方法での柔軟な対応を模索することがある。たとえば、以下のものがある。

①**時限的組織**：永続する組織ではなく、臨時的な組織を設置する。

②**併任・兼任等**：関連する部課の調整をより円滑にする。

③**チーム制**：臨機応変に目的に合った多様な機能を組み合わせてチームを編成し、各主査は１つまたは複数のチームに加わる（１人チームもある）。

④**グループ制**：係よりは再編の容易な緩やかなまとまりとする。

⑤**プロジェクトチーム制**：特定の事案（プロジェクト）ごとに編成される実務レベルの職員集団であり、参加職員は、本務としては各部課に属することが普通である。各課のしがらみから離れたプロジェクト集団となることもあれば、各課代表者間の調整会議体となることもある。

⑥**臨時本部制**：既存の組織はそのままに、行財政改革、総合計画策定など、特定の事案ごとに、理事者や部局長をもって編成される全庁レベルの組織である。事案・テーマを細分化した部会制をもつこともある。事務局は担当課であり、担当部課の業務の全庁内横断的な実効化のための装置でもある。

■自治体の地区出先機関

役所機能の地域・現場レベルへの展開が、広い意味での出先機関である。**支庁・支所・出張所**ともいう。都道府県の出先機関は、市区町村より広域圏を管轄することもあり、住民に直接対応するだけではなく、市町村との窓口になっていることもある。市区町村の出先機関は市民センター、行政サービスコーナーなどの名称のこともある。また、政令指定都市では、区役所（行政区）も同様の機能を果たす。これらの出先機関は、税金・公証など定型的な対住民サービスの提供を中心とする。このほかに、保健・福祉や土木・建築などの機能の出先機関もある。それぞれ縦割の出先機関が置かれることもあれば、機能

を統合した統合出先機関のこともある。

　自動交付機械・コンビニ納付などの利用が可能になると、定型的な対住民サービスでは旧来型の出張所は不要になりつつある。他方、住民活動が重要になるにつれて、出先機関をコミュニティ活動支援へ転換させていくことがある。地区の情報提供・収集を行い、住民相談に応じることもある。

■地域施設

　自治体には、公民館や地区センターなど地域ごとに分散して設置される多くの**地域施設**（公の施設など）があり、住民に対する行政サービスの提供など、自治体と住民の接点になっている。しかし、地域施設は、特定の事業目的に限定され、利用者も限定されることや、利用時間やサービスの専門性・柔軟性が欠けやすいことなどで、住民から批判を受けることもある。無駄な箱モノという批判もある。

　地域施設は、主に1960年代から80年代にかけて、自治体の人口急増や財政拡大に併せて整備されてきた。しかし、ある時期に整備した地域施設は一斉に老朽化・更新時期を迎え、人口減少によって行政サービス需要は減り、経済停滞により維持更新の財政負担が重荷となっている。2000年代には民間企業等に契約で公の施設の管理を委託する**指定管理者制度**の導入などで、運営費用を抑える工夫もされた。しかし、2010年代以降は、本格的に地域施設の整理・縮小が求められるようになった。自治体もそれぞれに取組みを始めていたが、国も2014年から**公共施設等総合管理計画**の策定を自治体に求めている。

第2節　分業と組織的意思決定

■権限分業

　組織は、多くの人間が分業しながら、協業して仕事をする。行政組織では、権限をどのように分業するかが重要である。ピラミッド型組織の建前は、

　①公式の意思決定は上下方向の情報の流れによってなされる。

　②水平間の分業は所掌事務の配分により、重複・欠落なく整備される。

　③同レベル間の部下間の調整は、上司が行う。

である。権限分業は、垂直方向は決裁規程や専決・代決権限により、水平方向は事務分掌規則・規程により、なされることが普通である。

■**決裁制度**

　決裁とは、部下が**起案**して、中間者が承認し、最終的に上司が承認することで組織としての意思決定をする仕組みである。**決裁規程**は、通常は事案の重要度に合わせて、最終的な決定権限（専決権限）が所在する階層を明らかにする。また、これらの決定を代行できる代決権限の所在を示す。しかし、専決権の割付は、「非常に重要」「重要」「通常」などという区分によるなど、実は曖昧なこともある。また、専決・代決権限の所在が明確でも、実質的権限の再配分は適宜に可能である。中間者の実際の影響力も状況によって変化する。

　このような決裁制度は、以下のような特徴と効果をもつ。

　①個々の職員の権限と責任範囲が不明確であり、責任拡散が見られる。

　②安全のために上司に起案を上げるようになれば、案件が上司に集中して分業にならない。逆に、上げるべきものを上げないで済ますことも起きる。

　③上司・部下間の実質的な能力の差異を反映して臨機応変の上下間の分業が可能になる。したがって、無能な上司でも上司が分をわきまえたうえで有能な部下が補佐すれば、事務は滞りなく遂行される。育成人事の受け入れや、年功序列昇進が可能であるのも、このためである。

■**事務分掌制度**

　事務分掌とは、組織単位間でそれぞれが所掌・担当する事務の範囲を仕分けることである。事務分掌規則・規程により水平方向の権限分業は比較的に明確である。それが強すぎれば、「縦割」「縄張り」となる。また、整然と過不足なく分業しきれず、「盥回し」や「権限争議」が発生するので、調整が必要となる。部課同士間の調整は、上司によるのではなく、部課間同士の水平的調整に委ねられるのが普通である。これらは、「**合議**」「**協議**」などといわれる。

■**庁議**

　庁議は、自治体の全庁横断的な会議体である。メンバーの原則は、首長等理事者、全局長・部長などである。庁議は、いくつかの階層に分かれることもある。メンバーを首長等理事者と重要局長・部長のみに限定した会議体が置かれ

ることもある。庁議には、報告連絡・周知徹底、政策調整・検討、意思決定などの機能がある。特定の機能を重視する場合もあれば、庁議の種類によって機能を分けることもある。たとえば、庁議には意思決定機能をもたせず、連絡報告を中心とし、意思決定は縦の決裁手続に委ねることもある。また、ほぼ同じメンバーでありながら、調整検討のための政策調整会議と、意思決定・確定のための政策会議を分けることもある。

■「大部屋主義」

　行政学者の大森彌は、日本の自治体の仕事の在り様を、欧米の「**個室主義**」と対比して、「**大部屋主義**」と呼んだ。その特徴は、以下のとおりである。

　①公式任務が課・係単位でのみ規定される。個人単位での職務割当ではない。

　②個々の職員の任務は概括的である。任務に明確性がない。

　③職員は課・係に「所属」する。管理職員などを除き個々の職務ポストには直接には配置されない。

　④空間的に大きな部屋に同居する。机の集まった「シマ」を形成する。

　⑤人事異動は人事課が全体として行う。直属上司が行うのではない。

　⑥職場の先輩に仕事を教わる。前任者からの引継をして、着任したらすぐに仕事にとりかかるのではない。

図 16-2　大部屋主義と個室主義

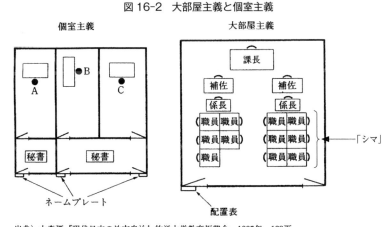

出典) 大森彌『現代日本の地方自治』放送大学教育振興会、1995年、138頁

■「大部屋主義」の特色

「大部屋主義」では、職員は課・係の任務を適宜分担しながら、相互に協力・応援・支援できる。職員は相互に仕事ぶりを評価し合えるが、個々の職員の実績を評価しにくい。人事評価に関しては漠然とした総合的な「相場」が形成される。仕事は職員間の協業であるから、課・係などの人間関係の形成・維持が重要となる。管理職も人柄のよさが求められるとともに、職場討議の意義が大きい。ぬるま湯になることや過剰同調、いじめが起きることもある。人事異動は大部屋間の移動であり、職員の一部交代によって、継続と変化を両立させる。最適職員数は曖昧で、員数の点で伸縮の余地がある。逆に、職務を廃止しても定員・職員の削減は同時にはできない。

■「個室主義」的な要素

自治体の仕事の仕方は必ずしも「大部屋主義」だけではなく、「**実質的個室主義**」の様相を呈する職場も多い。空間的に大きな部屋に同居していても、隣の職員の仕事内容は分からない、手を出さない、出せない、出したくない、（職員にとっては）支障もない、という縦割の傾向もある。年度当初には「**事務分担表**」が作成され、個々の職員に特定の仕事が割り振られることも多い。職員間の職務配分の固定化が、「盥回し」や職員間の負担の不均衡を生むことがある。係制廃止などは、こうした「個室主義」的傾向への対策の一手法である。

■組織的意思決定

自治体における公式の意思決定の原則は、文書による意思決定である（**文書主義**）。**電子決裁**はこれを電子情報上で行うが、実質に差異はない。なお、正式な会議での口頭合意が、公式の意思決定になることもある。

稟議制での決裁手続は、**起案**から、**回議**、**合議**、**決裁**に至る。担当者が起案書を作成する。起案書は、(a)件名、(b)本文（起案理由、経過、前例、調査内容など）、(c)通知・照会・回答などを含む事案の場合には、それらの施行文、(d)関係法規、(e)参考事項や関係書類などの添付書類、などからなる。起案書は、事案の内容に応じて上位者の承認を求める回議に付される。また、水平方向にも、関係する部課に、関係の深いところから順次に承認を求める合議がされる。これらの手続は、起案書に捺印（または署名）する決裁によってなされる（**決裁主義**）。起

案書には押印が並ぶため、「ハンコ行政」ともいわれてきた。

■実質的決定

　決裁手続による意思決定は、実質的なものもあれば、事前の実質的意思決定を後から形式的に確定するものもある。一般に、軽微な機械的な案件や、日常的ルーティン的な案件では、前者になる。その場合には、**マニュアル**や**先例**に従って起案書を作成して、実質的な意思決定を進める。しばしば、過去の決裁書類が先例として、事務処理の実質的なマニュアルとしても機能する。

　政策的な案件や、重要な影響を及ぼすような案件では、決裁手続による公式の意思決定の事前に、関係者からの大筋の合意の獲得が必要である（「**根回し**」）。決裁手続での修正・異論の可能性を予期して、先取り的に調整をする必要がある。とくに、新規政策の場合には、実質的に首長等理事者・局長・部長などに説明し、関係部課の了解をとりつけ、部課長会議・庁議などで承認を得て、そこから、所管課担当者による起案書の作成に至る。

　関係者間の合意が必要ではあるが、「**原案は七分の強み**」といわれ、原案作成と実施にあたる所管課の意向が相当に反映されるという。所管課が納得しないものは、そもそも原案として提起されない。首長や上司は原案の作成を指示することはできるが、作業を担うのは首長や上司ではないからである。

■協議

　自治体では、部課等の組織間の協議の積み重ねとして、自治体としての組織的な決定に至る。所管課は課として意思決定するとともに、課の外部と協議を行う。協議の相手方は、内部組織・準内部組織である。関係団体や国・府県との協議も多い。機構（組織）・例規・定員・予算などに関わるときには、総務系部課との協議が不可欠である。**総務系部課**との協議などでは例外もあるが、同格職員間での協議が普通である。協議範囲は、事案の内容・軽重、長年の慣行・前例・経緯、関係者の性格・実力などで左右される。

■審議会・専門員

　自治体が意思決定をするときには、組織の外部の声を借りることもある。このような舞台として重要なのが、いわゆる審議会である。**審議会**は、団体関係者、学識経験者、公募住民などから構成される会議体で、自治体が意思決定す

る際に、検討をしてもらう舞台である。法制的には、条例に基づいて付属機関として設置するのが原則であるが、必ずしもそうとは限らない。

　自治体は審議会に諮問をし、審議会が答申するのが一般的である。自治体の関係部課が事務局となり、会議運営を補佐する。このため、関係部課の「隠れ蓑」という批判もある。また、委員に議員や行政職員を含む場合もある。

　また、こうした会議体ではなく、個々のアドバイザー的な役割として、**専門員**や、参与・顧問などを委嘱することもある。顧問弁護士などが代表例である。専門員などには、通常は専門家や学識者が登用されることが普通である。ただし、こうした顧問などが、首長などの信任が厚い場合には、単なるアドバイザーを離れて、事実上の指揮命令者となることがある（コラム⑥も参照）。

第3節　自治体という組織複合体

■自律的組織

　自治体の組織は、通常イメージする首長の直属の指揮監督下の首長部局だけではなく、首長からの自律性を持った多様な組織・団体からなる。法制的には、首長とは別個の執行機関が置かれている（**執行機関多元主義**）。それぞれ事務局組織が置かれており、**首長部局**とは法制的には分立している。また、議事機関である議会にも**議会事務局**が置かれている。

　ただし、法制的な分立性と、実態的な自律性とは、必ずしも同じではない。しばしば、教育委員会事務局、監査委員事務局、議会事務局などの職員は、首長部局の職員が人事異動で交流しており、人事集団としては一体のこともある。実態としては、首長部局の部課単位とあまり変わらないこともある。

　実際の組織の活動の自律性は、しばしば職員集団の異質性と連動する。警視庁・道府県警察本部という警察組織、消防本部・消防署などの消防組織は、自治体の中ではかなり異質の組織になっている。公立学校・公立病院・公立保育所や文教系・保健福祉介護系の施設も、専門職を中心とする独自の組織である。公立学校は執行機関としての教育委員会のもとにあるが、学校現場は教育委員会事務局からも一定の自律性がある。

■公営企業と企業会計・特別会計

　企業的に公共サービスを担当する**公営企業**もある。たとえば、上下水道、病院、交通（路面電車・バス・地下鉄など）、ガス・電気、港湾、宅地造成、有料道路などで見られる。合理的・能率的経営のためには、経営者の自主性と責任性が重要である。そこで、公営企業には、独自の権限を有する公営企業管理者（任期4年）が置かれる。また、企業職員には団体交渉権・労働協約締結権も認められる。

　公営企業は財・サービスの対価である料金収入で賄われる。事業ごとに経営成績や財務状態を明らかにするため、事業ごとに**特別会計**を設置する。原則的には**企業会計方式**である。民間企業のように発生主義・複式簿記であり、損益計算書・貸借対照表などの作成を行う。一般行政の**官庁会計方式**は現金主義・単式簿記である。公営企業は、通常の民間営利企業が行わない事業を経営するため採算性がよくないので、一般会計などからの繰出金が必要になることがある。

　公営企業でもなく、また、組織としても区別されないが、一般会計とは別個に特別会計で経理している事業もある。その典型は、国民健康保険、介護保険などの社会保険事業会計である。高齢化により、金額的には一般会計と比べても、相当な比重を占めるに至っている。

■外郭団体

　法人としての自治体（地方公共団体）の外側に、別法人格あるいは任意団体としての組織が存在する。**地方三公社**（土地開発公社・地方住宅供給公社・地方道路公社)、出資法人、財政援助団体、監理団体、**地方独立行政法人**などである。地方独立行政法人は、国の独立行政法人に倣ってつくられたものであるが、大半は大学型（公立大学法人）である。これらの団体は慣行的に**外郭団体**と総称される。外郭団体は、自治体と密接な関係をもって公共サービスを担っている団体で、基本的には自治体の意向をかなり反映して意思決定する。現実に、どの団体までが外郭団体かを線引きすることは、必ずしも容易ではない。

■第三セクターなど

　外郭団体の典型的なものの1つが、**第三セクター**（通称、三セク）である。自

治体と民間がともに出資した商法法人（株式会社が中心）、という定義が普通である。三セクは、とくに 1980 年代半ばの、民活ブーム・リゾートブームの中で多数が設立された。しかし、甘く杜撰な事業計画で立ち上げられ、経営改善が先送りされる事案も多く、各地で破綻が続出した。

　また、民間組織であっても公共サービスを担っている機能の面では、自治体組織と同等の組織もある。たとえば、私立病院は公立病院と同じく医療サービスを提供する。さらに、自治体組織の運営を、民間組織が担うこともある。たとえば、公の施設については、民間企業などが**指定管理者**として、公共サービスを担っている。また、地域包括支援センターも、行政の直営ではなく、社会福祉法人などの民間組織が担っていることも多い。

参考文献
今村都南雄（編著）『「第三セクター」の研究』中央法規出版、1993 年
大杉覚（編著）『自治体組織と人事制度の変革』東京法令出版、2000 年
大森彌『自治体行政学入門』良書普及会、1987 年
大森彌『自治行政と住民の「元気」』良書普及会、1990 年
大森彌『現代日本の地方自治』放送大学教育振興会、1995 年
田尾雅夫『行政サービスの組織と管理地方自治体における理論と実際』木鐸社、1990 年
田中豊治『地方行政官僚制における組織変革の社会学的研究』時潮社、1994 年
田中豊治・日置弘一郎・田尾雅夫『地方行政組織変革の展望』学文社、1989 年
堀場勇夫・望月正光（編）『第三セクター』東洋経済新報社、2007 年
松尾聖司『裁量の拘束と政策形成』東京大学行政学研究会研究叢書 2、2005 年

Column ⑯　自治体組織の連携

　自治体は他の自治体とも協力や連携を行ってきた。その典型は一部事務組合や広域連合である。これ以外にも、協議会、事務委託、機関の共同設置など、さまざま**広域連携**の実践が行われている。協定・協約、連絡会、イベント・事業・施設などの共同開催・共同管理・共同利用などもある。さらに、職員の派遣・研修という職員個人レベルの連携もある。

　しばしば、これらは地理的に近辺の自治体同士の連携である。個々の自治体の区域を超えてはいるが、近隣の広域または圏域での連携である。しかし、自治体間の連携は地理的に近隣同士とは限らない。**東日本大震災**の災害復旧などでも発揮されたように、**遠隔**の自治体との連携も重要である。近隣圏域で広域的に被災しているときには、遠隔地の自治体こそが重要になってくる。日常的にも、さまざまな姉妹都市や交流関係を構築してきている。関係人口・交流人口の観点からも、都市圏と地方圏の共生の観点からも、遠隔の自治体組織の連携への模索が進んでいる。

第17章　財政運営と財政改革

この章で学ぶこと

　自治体が仕事をするには資金がかかるから、自治体は財政に関して適切な管理・運営をしなければならない。これが財政運営である。本章では、自治体の財政運営を規定する制度的な枠組みである地方財政制度の概観を行ったのち、個別の自治体としての財政運営の実態を解説する。そのうえで、自治体で行われているさまざまな財政改革の試みについて紹介する。

第1節　集権・融合型の地方財政制度

■歳入・歳出

　自治体の財政運営の基本的な枠組を規定しているものが、**地方財政制度**である。歳入は、自主財源か依存財源か、一般財源か特定財源かで分類できる。**自主財源**は**地方税**など自治体が自ら調達する。**依存財源は地方交付税・国庫支出金**（補助金・負担金など）など国から自治体に移転される財源である（地方債もかつては許可制のため依存財源とされることが普通であった）。**一般財源**は地方税・地方交付税など特定の使途が決められておらず、**特定財源**は補助金・地方債など使途が決められている。自治体の歳出には、性質別、目的別、義務的経費・政策的経費、経常経費・投資経費などの分類方法がある。戦後日本の地方財政には、地域の経済力によって税源の偏在がある、国の法令などによる実質的な義務的経費が多くかなり硬直的である、府県は法人関係税の比重が大きく景気変動の影響を受けやすい、国から自治体への財政移転が多い、などの特徴がある。

■3割自治論

　財政制度の面から分権・集権を論じるのは、戦後日本の地方自治論の1つの伝統である。「**3割自治論**」は、「自治体の自主性が3割しかない」という意味

図 17-1　財源配分と財政移転（2017 年度）

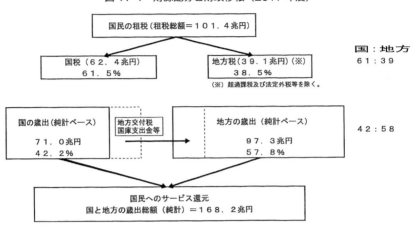

出典）総務省ホームページより

で、集権的であると論じてきた。数字で示される分かりやすい議論である。

　ただし、近年ではあまり使われなくなった。第１に、支出面では、国：地方＝１：２ないし２：３程度であり、この点では「6〜7割自治」である。第２に、地方税の比重は近年では４割程度である（地方税／地方総収入＝ 39％（2017年度）であり、「4割自治」である）。第３に、標準税率などを国が決めており、その点では「0割自治」ともいえる。

■補助金論

　補助金とは、国が自治体に条件を付けて支出する財源である。使い道が広い印象を与える交付金の名称でも、条件付きなため補助金と同じこともあるので要注意である。補助金には、次の諸点から、集権性が指摘されてきた。第１に、補助金が付くものを優先させ、自治体の政策的順位づけを歪める。第２に、自治体担当者は住民ではなく、国の意向に従う。そのため、**陳情政治・利益誘導政治**を激化させる。自治体は国の意向を忖度して提案をしなければならない。

■負担金体制

　地方財政制度は、**集権・融合型**の地方自治制度の一部を構成してきた（第2章）。この中核が、国と自治体が同一の行政に融合的に取り組むことを明示している**国庫負担金制度**であり、戦後地方財政制度は**負担金体制**と呼べる。三位一

体改革（2002 ～ 2006 年）を経ても、負担金体制の骨格は維持された。

　負担金体制では、多様な歳入手段によって、結果的に財政資金量を確保する。地方税もその 1 つにすぎない。国庫負担金は、国にとって重要な利害関心のある一定の事務への費用分担である。補助金も同様である。地方債は負担金・補助金と結合して、当座の資金を賄う。地方交付税は、国庫負担金・補助金・地方債による事務事業の実施の際に自治体側が賄う**裏負担**を可能にする。

■**財源確保主義と地方財政計画**

　自治体が裁量的に必要な財政資金を調達する「**歳入の自治**」は制約されているから、国が十分な財源を確保しない場合には地方財政は破綻する。地方財政全体の財源確保の機能を担うのが**地方財政計画**（単年度計画）である。財務省主計局と総務省自治財政局が、国の予算編成と並行して、地方財政の見通しに関する折衝を行い、12 月頃の国の予算案の決定に合わせて**地方財政対策**を決定する。なお、個別の自治体の収支を賄えるように、地方交付税を配分する。

■**財政調整制度**

　地方交付税制度は、財政調整制度の一種とされる。**財政調整制度**は、税源や行政対象の偏在などで発生する自治体間の財政格差を是正し、すべての自治体に一定水準の財源保障をする。自治体の自主性と格差是正（財源調整）・財源保障を両立させるために、一般財源を依存財源として配分する。

　地方交付税は、2020 年度現在では、**法定五税**の一定割合（所得税・法人税の33.1%、酒税の 50%、消費税の 19.5%（2019 年 10 月の消費税 10% 引上げに伴う措置、2014 ～ 18 年度は 22.3%、2019 年は 20.8%）、地方法人税の全額）を総額のベースとする（入口ベース）が、上述のように、地方財政対策での調節があり得る（出口ベース）。各自治体への個別配分は、普通交付税と特別交付税による。**普通交付税**は、自治体ごとに**基準財政需要額**と**基準財政収入額**の差額を算出し、その差額のほぼ100% を交付する。基準財政需要額は、「客観的」な指標と、全国画一的な算定式によって、「全国標準的」な行政を行うのに必要な財源量を算定する。ただし、地方交付税は一般財源なので、基準財政需要額に掲げられた行政内容に使途が限定されているわけではない。また、**特別交付税**は、普通交付税配分後の事情やその他に基づき、一定部分はルール化されているが、残りは裁量的に配

分される。

■国・地方を通じる集権的税制改革

　集権・融合型の地方財政制度をとる日本では、税制改革も国・地方を通じて一体となることが多い。そのため、税制改革は集権的な色彩を帯びやすい。

　2012年に決定された**社会保障と税の一体改革**では、消費税率5％からの段階的引上げ（2014年4月から8％、2015年10月から10％）と、それに伴う国・地方間の配分が決定された。**地方消費税**は、それまでの5％中の1％分から、2014年度には8％中の1.7％へ、2015年度には10％中の2.2％とされた。また、消費税にかかる地方交付税率29.5％（消費税率換算1.18％）を、2014年度から22.3％（同1.40％）、2015年度から20.8％（同1.47％）、2016年度から19.5％（同1.52％）とされた。なお、消費税率の10％への引上げは延期され、2019年10月からとなったため、地方消費税・地方交付税の変更もそれに併せて遅れた（前述）。

　また、**森林環境税**（国税、2024年度から課税、一人年額1000円の人頭税、市町村が個人住民税と併せて賦課徴収して国に払い込む）と森林環境譲与税（森林環境税収入全額相当、2019年度から交付）が2018年度に創設された。

　またこの間、自治体間の偏在が大きな法人関係税を中心に偏在是正措置が執られてきた。2008年度から、法人事業税（都道府県税）の一部が地方法人特別税（国税）とされ、地方法人特別譲与税として都道府県に譲与された。その後、社会保障と税の一体改革に合わせて、2014年度から法人住民税（住民税法人税割）の一部を**地方法人税**（国税）とし、全額が地方交付税の原資となった。

　さらに、経済活動のデジタル化・グローバル化の進展の中で、情報産業やプラットフォーマーのデジタルサービスに対する課税が世界的な課題となっている。国家間でも**デジタルサービス課税**の強化が模索されている。さらに自治体にどのように配分するのかも、今後大きな課題となるだろう。

第2節　自治体財政運営

■予算制度

　予算は、一会計年度の歳入歳出の見積もりの一覧表である。予算制度は、住

民に対する自治体の予算責任（アカウンタビリティ）を明らかにする。そのために、以下のような仕組みがとられている。

① **執政部予算**：自治体全体として統合された予算責任を果たすため、首長が編成する。首長とは別に行政委員会などが独自に議会に予算を提出する二重予算制はとられていない。また、議会にも予算編成権はない。

② **予算議決**：財政民主主義から、住民代表である議会の議決が事前に必要である。しかし、執政部予算の性格を強調し、議会の予算修正権に限界があるという前提での運用がなされている。

③ **公開予算**：予算・決算は住民にも自動的に公表される。

④ **総計予算**：すべての歳入歳出を計上することで、漏れをなくす。

⑤ **単一予算**：当該年度の予算編成を1回にして、全体を把握できるようにする。当初予算で当該年度の予算の全体がカバーされる。しかし、現実には自治体では補正予算が常態化している。

⑥ **会計年度独立**：当該年度の歳出は当該年度の歳入で賄う。

これらは予算責任を担保するが、財政運営に硬直的な制約要因にもなる。

■会計

歳入歳出は会計ごとに見積もられる。自治体の基本となるのは**一般会計**である。しかし、統一的処理が望ましくないときには、一般会計とは別個に、特別会計と公営企業会計を置く。**特別会計**は、国民健康保険や介護保険などのように、特定の歳入を特定の歳出にあてる場合などに設置される。**公営企業会計**は、企業的な活動に相応しいように、独立採算を原則に、**発生主義・複式簿記**の民間企業型の会計をとる。なお、一般会計・特別会計・公営企業会計の区分は自治体によって相違があるので、全国的な統計や地方財政対策・地方財政計画のためには、**普通会計**という観念上の範囲を設定している（基本的には、公営事業会計を除いた一般会計・特別会計の重複分を除いた純計）。

■予算の中身

予算は、歳入歳出予算、継続費、繰越明許費、債務負担行為、地方債、一時借入金、流用からなる。歳入歳出予算が予算の中心部分である。**歳入歳出予算**は、款・項・目・節に区分される。款・項までは議会の補正の議決なくしては

行政機関が変更できない。目・節は行政機関が変更できる。また、流用は、同一款内での使途あるいは計上事業間の変更を、予算の段階で認めておく。

　予算は、一会計年度の範囲で区分するという**単年度主義**が原則である。**一時借入金**は同一年度内に借入・返済するものである。しかし、現実の行政活動は多年度にわたるので、そのための工夫が、継続費、繰越明許費、債務負担行為、地方債である。**継続費**は、多年度事業についての、経費総額と年度ごとの支出予定額を示す。**繰越明許費**は、当該年度に支出ができない見込みの経費を、あらかじめ繰り越すものである。**債務負担行為**は、次年度以降の歳出の原因となる行為（たとえば、土地買収契約）を行える限度額を決める。**地方債**は、当該年度の歳入ではあるが、次年度以降に債務が残る。

■予算編成の日程

　自治体の**予算編成**は、自治体の規模によっても相違があるが、秋頃の**予算編成方針**の通知によって開始されることが普通である。しかし、より早期に予算編成作業を始める自治体もある。あるいは、予算編成そのものではなくとも、総合計画の実施計画・主要事業計画の改定や、行財政改革計画の検討や、その他のサマーレビューや行政評価などの各種の検討などが、初夏あるいは夏頃から開始されていることも多い。

　予算編成方針を受けて、各所管部課が来年度の予算要求書を作成し始める。一般に、**予算要求**は、**義務的・経常的経費**と、**政策的・投資的経費**などで区別されて行われる。実質的な政策判断は後者が中心になる。10月から11月頃には、各所管部課から財政課（名称は多様）に予算要求書が提出される。財政課は内部の担当者から検討を行い、**査定**をしていく。予算査定は、担当者レベルから財政課長、財政（総務）部長、副知事・副市区町村長（もとの助役）と順次、上方に上げられ、最終的には1月から2月頃に首長査定を受ける。こうして、行政側の予算案がまとめられ、2月頃に議会に提出される。3月議会で予算が審議・議決され、4月から**予算執行**が開始される。

　自治体の場合には、国庫支出金（補助金など）・地方交付税のような依存財源が多いため、4月の**当初予算**の段階では、歳入は漠然とした見込みである。また、国も年度途中に補正予算を組んで、自治体に対して新たな補助金の支出などを

行うこともある。そのため、自治体では、国からの依存財源の動向や、自治体の地方税収などの情勢を反映させ、また、年度途中からのさまざまな政策的要請を勘案し、**補正予算**を編成することが通例である。これまで、自治体では定例的に議会が開かれることが多かった6月・9月・12月・3月などに補正予算案が提出され、審議・議決を受けることが多い。

■予算編成過程の特徴

予算編成は、要求する所管部課に、査定する財政部課が対峙する構造である。予算編成は膨大な作業であり、財政部課の担当職員も所管部課組織単位ごとに対応し、部分ごとに決定され集積されていく。これらの予算を財政課長・部長レベルが総合して、最終的には首長によって統合される。

財政部課は、政策的優先順位づけより、一般財源のやりくりが主たる関心という。財政部課は総枠に収めることを重要視する。また、可能であれば所管部課の要求に応じようとする。査定根拠は、事業が想定する効果を効率的に発揮できるかの“確信”であり、職員の経験と決断による。各部課間との紛争を回避するため、部課間のバランスも配慮する。また、補助金などが獲得できると、当該年度の一般財源への負担が軽くなるので、追認・奨励する。

第3節　自治体財政改革

■自主課税

負担金体制のもとでは、自治体が裁量的に歳入を増減することは一般的ではない。主要な税源が法定されているため、有力な独自の課税対象は残されていない。また、法定地方税には、標準税率・制限税率が規定されることが多かった。自治体にとっての自主課税は、あくまで、例外的なものである。

2000年分権改革を契機に、**自主課税**を試みる自治体も増えた。とはいえ、歳入確保の量的側面では例外的にとどまっている。むしろ、自主課税の意義は、

①政策的誘導・規制の手段：産業廃棄物税、企業誘致減税など、

②国の制度改正への要求のための先導・自力行使の手段：場外馬券税、銀行外形課税など、

③自助努力と意識改革の表明：水源保全税・コミュニティ税など、にあろう。さらには、一般的な自主減税を目指す動きもある。

■予算会計情報改革

予算制度は、住民に対する予算責任を明らかにするため、公開が原則である。ところが現実に公開されている予算関係情報は大量で、住民には分かりにくい。近年、予算会計情報を、自治体の自らの財政運営に必要な情報に改め、住民に真に開かれたものにする改革が試みられている。たとえば、以下のようである。

① 公会計情報：バランスシートなど財務ストック情報を管理・開示する。

② 各種財政白書：全体的な財政状況、補助金支出、中期財政見通し、公共施設白書（維持・補修の費用の予測など）などをまとめる。

③ 事業別予算：事業別に予算をひとまとまりにして、分かりやすく提示する。

④ 予算解説書・説明書：予算の内容を住民に分かりやすく説明する。

⑤ 予算編成過程公開：編成過程での要求・査定の内容を公開する。

■予算改革

財政的な厳しさの中で、予算改革がテーマとなっている。

① 行政評価の予算への活用：予算におけるPDCAサイクルである。

② 庁内権限分散：所管部課が要求し、財政課が査定する予算編成では、所管部課には予算を一定枠内に抑えて効率的に使用するという誘因が乏しい。そこで、所管部課の誘因と行動様式を変える工夫が試みられている。予算節約奨励制度は、各所管部課の努力で節減された経費は、一定程度は、各所管部課の裁量で次年度新規事業を認める。また、部別枠配分は、事務的・経常経費などを各部に総額配分し、各部の判断で支出する仕組みである。

③ 経営会議：首長等理事者と各部長級で重要事項を戦略的に運営する。

④ 予算過程への住民参加：予算執行や予算編成の過程に、住民の直接参加の要素を組み込む。たとえば、市民による企画提案事業を市民委員会で補助採択を審査したり、市民委員会が予算編成を検討するなどである。

⑤ 予算審議改革：議会改革の一環で、予算決算常任委員会を設けるなど、予算に関する議会審議を充実させることが試みられている。

■財政再建制度の沿革

　自治体が財政困難に陥ったときに、健全な状態に回復するのが財政再建である。戦後日本では、**地方財政再建促進特別措置法**（以下、再建法）に基づいて再建団体となる**法再建**と、それ以外の**自主再建**とがあった。財政困難の程度に応じて、国・都道府県から強力な財務調査と指導がなされるのが普通である。

　再建法は、1950 年代の地方財政窮乏への対策のために制度化された。当時は、都道府県の 8 割、市区町村の 3 分の 1 が実質赤字状態であった。1960 年代からは、高度成長により全体的には地方財政は再建された。しかし、その後も、個別的な自治体の財政困難に対して、同法制による準用再建も行われてきた。

　(準用)再建団体になると、総務大臣（かつては自治大臣）の同意を得た再建計画に基づく財政運営が義務づけられる。基本的には歳出抑制による自然回復を辛抱するだけで、国などからの追加的資金の投入はほとんどない。高度成長を前提とするものであった。しかし、1990 年代後半以降の経済環境には合わない。そこで、早期是正措置を盛り込んだ**健全化法制**（**地方公共団体の財政の健全化に関する法律**）への変更が 2007 年に行われた。

　当初は自治体の債務の一部を免除する債務調整の導入が検討された（再生型破綻法制論）。しかし、債務調整を認めると、今後の自治体による地方債発行などが困難になるため、総務省は採用しなかった。破綻段階では実質的に救済・再生は不可能であるため、それに至る前段階での早期健全化を義務化した。

■自治体財政の健全化・再生の手続

　財政健全性を判定する指標は、①実質赤字比率、②連結実質赤字比率、③実質公債費比率、④将来負担比率、である。これらの指標が一定比率を超えると、健全化団体となり、首長は**早期健全化措置**をとらなければならない。さらに、①から③の指標がある一線を超えると、再生団体となる。このときには、首長は、議会の議決を経て、**財政再生計画**を策定し、それに基づいて予算編成・執行をしなければならない。なお、財政再生計画に総務大臣の同意を得ると、地方債の起債が可能になるとともに、収支不足額を振り替える再生振替特例債（償還期間は再生計画の期間内）を発行できる。

■公営企業等の経営改革

　公営企業などは独立採算制をとるがゆえに、経営問題がより表面化しやすい構造にある。近年では、公立病院や水道事業などを中心に、より一層の公営企業の抜本的な改革の取組みが全国的に進められている。また、国も、経営戦略の策定を求めるガイドライン・マニュアルを提示して、改革を促している。なお、2009年から、公営企業も経営健全化基準（資金不足比率）を上回る場合には、経営健全化計画を策定しなければならないこととなった。

■自治体財政と地域経済

　地方税収などは基本的には地域経済状態に左右される。また、そうした地域経済状態の凹凸を平衡化する機能を持つ地方交付税も、全体としての総額は、全国の経済状態に左右される。したがって、財政と経済は密接な関係を持つ。

　自治体が財政健全化の努力をしても、地域経済が疲弊する場合には、財政状態は改善しない。さらに、緊縮財政それ自体が地域経済を冷え込ませる悪循環も生じ得る。そこで、財政再建のためにも地域振興（第10章）への期待が生じる。とはいえ、積極的な振興政策が、結果として功を奏さず、膨大な債務を残すだけで、かえって財政悪化を招くこともある。そのときには、さらに厳しい財政再建が求められ、より一層の悪循環に陥ることもある。

■参考文献

出井信夫・池谷忍『自治体財政を分析・再建する』大村書店、2002年

金井利之「中央地方の財政調整制度」西尾勝・村松岐夫（編）『講座行政学第2巻制度と構造』有斐閣、1994年

金井利之「国・地方間の財政関係システムとその改革の展望」『ジュリスト』1109号（1997年4月1日号）

北村亘『地方財政の行政学的分析』有斐閣、2009年

小西砂千夫『日本地方財政史—制度の背景と文脈をとらえる』有斐閣、2017年

小西砂千夫『自治体財政健全化法のしくみと運営』学陽書房、2019年

佐藤俊一『地方自治要論』成文堂、2002年

神野直彦他（編）『課税分権』日本評論社、2001年

曽我謙悟「日本のアーバン・ガバナンス（2）」『阪大法学』第49巻第1号、1999年

高木健二『交付税改革』敬文堂、2002年

松本茂弘『自治体財務の12か月［第1次改訂版］』学陽書房、2018年

日比野登『財政戦争の検証』第一書林、1987年

峯野芳郎「地方自治体における予算編成」『レヴァイアサン』1995年春号

Column ⑰　ふるさと納税

住民税は居住している自治体に納めることが原則である。地方圏で育った人が大都市圏に出ていって暮らすと、「ふるさと」に納税できない。地方圏の自治体からいえば、一所懸命に育てた人たちが出て行ってしまい、大都市圏が美味しいところだけを取っているという感覚を持っていた。

このような中で西川一誠・福井県知事によって提唱されたのが、「ふるさと納税」である（西川誠一『「ふるさと」の発想―地方の力を活かす―』岩波新書、2009 年）。居住に限定されずに、人びとが住民税の納税先を決められれば、「ふるさと」に対しても納税できる。こうした発想を受けて国では制度設計が進められたが、住民税の納税先を分割することにはしなかった。そうではなく、ある自治体に「寄附」をしたときに、寄附相当額を居住自治体への住民税から控除すれば、実質的に住民税の納税先を選択したのと同じと考えたのである。自治体向けの寄附税制という便法を使って「ふるさと納税」が導入された。

実際には、ふるさと納税は返礼品競争に転化した。ふるさと納税（寄附）を集めたい自治体は、魅力的な「返礼品」を提供する。たとえば、1 万円の寄附に 7000 円相当の返礼品を提供しても、3000 円の得になる。人びとは 1 万円の寄附で居住先自治体から 8000 円分の税額控除が受けられるから（2000 円は居住先自治体に納税する制度）、実質負担は 2000 円なので、7000 円相当の「返礼品」によって 5000 円分がお得である。

ふるさと納税を掻き集めようとして、多くの自治体は返礼品提供競争に励む。居住自治体からは 8000 円の税金が消えて、ふるさと納税先の自治体には 3000 円の臨時収入が増え、返礼品業者の売上げが 7000 円分増え、ふるさと納税者は 5000 円分のお得感を味わう。もちろん、ふるさと納税者も、他の住民の負担で居住自治体の行政サービスを受ける。

国は返礼品競争の過熱化に対処して、返礼品は 3 割までと指導した。返礼品が 3 割ならば、1 万円でも返礼品は 3000 円相当であって、お得感は 1000 円程度にとどまる（10 万円ならば返礼品は 3 万円相当なので、お得感は 2 万 8000 円と大きくなる）。さらに、それを制度化するために、2019 年度から指定団体制度を導入した。

納税者の損得なしに納税先を選択するという当初の理念は消えた。大都市圏の財源を地方圏に還流する偏在是正の目的は、結果的にはある程度は達成されている。但し、多額の寄附が可能な大都市圏の富裕層の負担を減らして、階層間の格差も助長する。総務省シミュレーションによれば、単身の場合、所得 300 万円であれば「寄附」（ふるさと納税額）2 万 8000 円が全額控除であるが、所得 2500 万円であれば 84 万 9000 円が全額控除される。84 万 9000 円の 3 割は 25 万円相当であるから、2000 円の負担で 25 万円相当の返礼品を得る。実態は、居住自治体が返礼品業者から返礼品を購入し、居住自治体がふるさと納税者に無償提供したことと、同じ結果となっている。

第18章　職員の職務と人事管理

この章で学ぶこと

　自治体職員が効果的・効率的に仕事をできるようにして、住民サービスを向上させることが人事管理の役割である。本章では、人事管理の枠組みを形成している地方公務員制度を、非正規化の進行にも触れながら、概観する。その上で、人事管理の主要な2つの領域である任用と給与について、論じていきたい。

第1節　地方公務員制度と人事管理

■多様な自治体職員

　全国で約270万人（2018年度、以下同様）いる自治体職員であるが、その種類は多様である。法制的な地方公務員は、**一般職**と**特別職**とに区分される。通常イメージする自治体職員は一般職である。特別職は、首長、議員、議会同意職、審議会などの委員が中心である。

　通常の職員は、事務系も技術系もいわゆる一般行政職であるが（約92万人、福祉系を除くと約55万人）、それ以外にも、教師（約100万人）、医師、看護師、保健師のような専門職や、警察官（約29万人）・消防士（約16万人）のように別個の職種の職員もいる。また、自治体職員は、常勤・任期無しが原則であったが、職員形態の多様化によって、非常勤、再任用、再雇用、臨時、任期付などのさまざまな形態が発生してきた。さらに、民間委託や住民との協働の進展で、自治体の職場で仕事をしている人が自治体職員とは限らなくなっている。

■地方公務員制度

　法制的に人事管理にあたるのが**任命権者**である。実態的には、首長を中心とする管理職層や人事部課である（「当局」）。自治体職員といえども、人間生活を

もった勤労者であり、政治的には有権者の1人であるから、当局といえども絶対の存在ではない。人事管理の大枠を規定するのが、地方公務員制度である。

　第1に、一般行政職員は、団結権・団体交渉権・書面協定締結権は認められるが、労働協約締結権・争議権は否定されている（**労働基本権制限**）。また、政治的中立性を要請され、積極的な政治活動は制限される。第2に、**能力実証主義（成績主義）**と身分保障によって、当局側の恣意的な人事管理を排除する。自治体職員は、地域住民全体の奉仕者という意味で「公僕」であり、首長の「下僕」ではない。第3に、労働基本権の制限の代償と、能力実証主義と身分保障の担保のために、一定範囲の自治体には**人事委員会**（または**公平委員会**）が置かれる。第4に、不祥事問題などを起こした場合には、分限・**懲戒**などの服務管理がなされる。第5に、職員の能力向上のための職員研修がなされる。

■自治体人事管理の特徴

　国との比較を念頭に、戦後の自治体の人事管理には以下の特徴がある。

　第1に、首長の影響力は、国の任命権者である首相・大臣の影響力に比べて大きい。首長は直接公選により住民からの正統性をもち、1期4年の任期が安定的であるため、首長はじっくりと人事管理に取り組める。実態においても首長の専権であり、職員は首長の意向を予測して反応せざるを得ない。小規模自治体では首長は全職員を実質的に把握でき、大規模自治体でも幹部職員は把握できる。幹部の任用には、首長の政策的・政治的意向が反映できる。

　第2に、自治体という組織全体での**一括採用・一括管理**である。自治体では職員集団の一体性が強い。議会・委員会・委員の各事務局の職員も、人事的には首長部局と一体化していることが普通である。また、国のようなキャリア・ノンキャリア制の運用は弱く、一般に採用試験区分の相違に基づく上級職・初級職の間の格差は小さく、一体性が強い。

　第3に、自治体では国に比べて、**職員組合**との実質的な話合いの余地は大きい。自治体では、当局側も職員組合側も比較的統一されており、労使が多くの事項の話合いをすることが多い。首長が強いので、労使合意ができれば、議会によって拒否されにくい。自治体は、住民と直接に接触する現場業務や、サービス業務を直接に担う現業業務が多く、職員は「ブルーカラー労働者」的意識

をもちやすい。また、自治体職員は、しばしばその自治体にとっては有権者でもあり、その意向は無視できない。職員組合幹部を務めた職員が、組織をまとめる能力があるので、昇進して自治体の管理者的立場に就くこともある。

　職員の勤務条件が改善されることが、行政サービスの質量の充実につながれば、住民利益と合致する。しかし、待遇改善は財政負担を増やすことも多く、また、当局側は住民サービスを維持しつつ財政再建を図るために職員に負担を求めることもあり、職員組合と住民との利害が対立する場面もある。

■非正規化と会計年度任用職員

　人件費を抑制しつつも、住民は行政サービスの効果を維持することを求め、首長や議会もその方向に立つ。とはいえ、現行の給与を下げることや人員整理をすることは、現在の職員の抵抗も大きく、また、職務上のモラールを下げて、行政サービスにも悪影響を与える。そこで、自然退職に対する不補充によって定員を削減するとともに、不足する労働力を、**非正規職員**に期待するようになる。

　非正規職員は、正規職員のような身分保障がなく、雇用期間も不安定であり、給与水準も低い。しかし、職務は正規職員と同様のこともあるし、さらには、専門的なスキルが期待されていることもある。自治体は、財政状況、住民要望、正規職員の3すくみの中で、非正規職員に依存してきた。

　しかし、多数の非正規職員は、任用制度もまちまちであり、適切な管理が行き届かないことが多い。特別職非常勤職員が約22万人、一般職非常勤職員が約17万人、臨時的任用職員が約26万人とも言われる。そこで、人事管理の適正化のために、**会計年度任用職員制度**が2020年度から導入された。一般職で従事されるべき職務に、便法として使われがちだった特別職や臨時的任用を厳格化し、一般職の非常勤職員としての会計年度任用職員制度を創設した。採用試験は必須ではないが、採用では客観的な能力実証を行う。任用にあたり勤務条件を明示する。フルタイムも可能である。給与水準は、常勤職員の**給料表**と関連付ける。任期は一会計年度の範囲内で任命権者が必要かつ十分な期間を定める。一年未満の有期であるが一般職として服務が求められ、懲戒処分の対象になる。

第 2 節　任用管理の実際

■任用の全体像

　自治体職員の任用は、**採用**から**配置転換**を経てある程度は**昇進**して**退職**する。水平方向の配置転換と垂直方向の昇進は、合わせて**異動**と呼ばれる。**終身雇用的慣行**が強いため、この過程は、職員個人のライフステージと重なる。

　通常、任用を全庁的に担当しているのは総務部人事課（名称は職員課など多様）である。人事課が、各所管部課長の意向・推薦や、職員個人の希望などを斟酌しつつ、全庁的な観点から任用を行う。通常は、多数の職員が同時に**一斉異動**する形態を採る。任用は、既存の職場・ポストに、既存の職員を嵌め込む「ジグソー・パズル解き」のような作業である。部課長の幹部・管理職の任用は、首長や幹部層職員の意向がより強く反映される。上位の職員が決まれば、「玉突き」的に下位の職員の配置にも影響する。任用は、適材適所や上司部下間の組み合わせなど、個別事情を反映しなければならない。同時に、不公平な任用では庁内が収まらないので、公平性と納得が必要である。しかし、客観的で透明性の高い判断基準が見出しにくい。実際には、職員集団内での「**相場**」などを反映してなされるが、任用の決定過程は保秘が徹底されている。

■採用管理

　自治体職員になるためには、通常は、**採用試験**を受け、自治体の採用の決定を得る。高校・大学からの新規学卒者の採用が基本的な方法であったが、近年では、社会人・中途採用や、短年間の民間企業経験者の「第 2 新卒」者採用も増えている。また、大学院卒業者からの採用も増えている。行政改革の観点から自治体は採用数を絞る傾向がある。民間が不況のときには競争率は高くなるが、民間が好況のときには応募者が少なくなる傾向がある。とくに近年では技術職や保育士などの採用が困難なことが起きた。択一式筆記試験重視から面接重視への変化など、さまざまな工夫が進められている。法律専門科目を廃止し適性検査 SPI（性格・能力、リクルート系民間試験）を導入するなど、採用方法を民間と似せることで、民間企業志望者からも募集を増やす狙いもある。

　職員定数は条例で決定されているため、採用者数は自然退職などの欠員状況に制約される。その他、行政需要の動向や、財政状況を考慮して、採用者数を決定する。このため、各年度の採用者数には凸凹が生じやすい。この年齢層別の職員分布の凸凹は、終身雇用的な実態から、30年程度の影響を及ぼす。年齢階層別職員数のばらつきがあり、ある年代は「団塊の世代」となる。

　職員分布の山は時間とともに水平移動し、ポスト数との乖離を発生させる。この世代が定年を迎えると、一気に大量退職が生じる。人件費負担では、大量の退職手当の発生と中期的な負担減少が起き、また仕事的には、技能継承が問題となり、また、これまで昇進できなかった次世代の急激な昇進が行われる。年齢構成別の凸凹は補正が難しいため、採用者数の決定は、長期的な視点も求められている。しかし、財政事情や行政改革、自然退職者数、民間労働市場の状況など、短期的な視点で行われやすい。

■配置転換管理

　一般行政事務職は幅広い配置転換の**ジェネラリスト型**人事異動が行われるのが普通である。**技術職**（土木職・建築職など）や**専門職**（教師・医師・看護師など）は、それぞれに適した職場への配置転換が多いから、仕事の範囲は限定される。しかし、教師・看護師・警察官などは人的集団も大きく、職場数（学校、診療科、警察署など）も多いため、職場間の幅広い配置転換は頻繁に見られる。自治体の幅広い配置転換には、いくつかの機能と限界がある。

　① **能力開発**：自治体職員の能力開発は、実際に仕事をしながら研鑽を積むという OJT（On the Job Training）が中心である。多くの職場を経験することは、職員の幅広い行政に対応できる能力を開発するには有用である。また、当該自治体に特有の技術・習慣・文化・人脈を学べる。他方で、特定分野・地域での専門知識・能力のない職員を大量生産する。また、配置転換直後は、素人同然の職員が仕事をしていることになる。

　② **服務規律**：特定領域・地域で職員がボス化することや、住民・業者との癒着を防止する。しかし、住民・事業者との信頼関係の醸成には短期間で職員が替わることは逆効果のこともある。

　③ **モラール**：新しい職場・職域での新鮮さにより、職員の退屈・惰性を防

止する。しかし、仕事が分かり面白くなった頃に配置転換になり、達成感を阻害することもある。不承不承、前任者の着手した仕事を継承する。

④ **政策転換の機会**：既存職員による紛糾・膠着・惰性状態を変える転機になり得る。もっとも、経緯・歴史・特性・専門性などへの無知による混乱が起きることもある。また、無知ゆえに前例踏襲になることもある。あるいは、前任者の責任追及になる政策転換は、かえってしにくい。

⑤ **公平性**：定期的な配置転換により、特定の職員だけが「辛い」職場に回され続けたり、特定の職場に長く「問題」職員が滞留することを避け、全庁的全職場的に「公平」性を図る。住民・事業者から見れば、どのような担当者にあたるかは運次第という意味で「公平」に、困ったことでもある。

■昇進管理

国からの**交流**（**天下り**）**人事**のように、外部からの任用もあるが、原則は内部昇進である。昇進は、個々の職員のやる気を引き出すための手段でもあるが、不平不満の原因でもある。ここでも、客観的・画一的選抜基準による公平性と、管理職として相応しい能力・識見・人柄をもつかという実情性の両立が問われる。一般には、採用後かなりの期間、一律的で緩慢な昇進が続くという意味で、「**遅い昇進**」といわれる。昇進の決定方式には大別して 3 つがある。

① **年次方式**：採用年次・年齢という客観的基準による画一的・公平的昇進方式である。能力実証主義の観点からは、経年により能力が高まる（「年功」）という擬制がなされる。近年、単純な年次方式は困難になりつつある。

② **選考方式**：所属長などの推薦を受けた候補者について、人事課で検討して昇進決定する。特定の職務に関する能力ではなく、包括的な人材判定である。首長・幹部層の求める人材のシグナルにもなる。しかし、人事課などでの「密室」での決定であり、情実の混入もあり得る。職員の納得のない昇進は、職員のやる気を阻害する。したがって、職員集団内での「**相場**」（**相互評価**）を反映することが普通である。近年では、人事考課・人事評価を活用する動きがある。

③ **試験方式**：人事委員会を置く自治体では、法制上の原則は試験方式であるが、昇進試験を実施する割合は低い。昇進試験は、通常は、筆記試験、面接試験、勤務評定などを点数化する。客観的に能力を判定できる。試験勉強を契

機として、能力開発を促す。職員規模が大きくなると、試験により一定規模に絞ることは便利である。しかし、日常業務が試験に有利な部課とそうでない部課があり不公平がある。試験は知識偏重になりやすい。試験には技術的な得意不得意が反映し、試験で能力が測れない面もある。昇進意志があり、日常業務に誠実に取り組んでいるが、試験には合格しない職員の努力にどう報いるかが、試験方式の課題である。受からないと腐ってしまう。そこで、年次・年齢による分類試験方式が採られることがある。これは、年次・年齢別に昇進試験を区分して、中高年層に日常点を加点するものである。

　多くの職員に昇進希望があるときには、昇進は職員のやる気を引き出す作用がある。しかし、近年では、昇進すると責任が重くなるので、昇進しないまま安穏とした職員生活を全うしたいとする職員も目立つようになっている。そのため、昇進意欲を促すことから必要となっていることもある。

■退職管理

　自然退職が基本である。**定年制**が普通であるから、職員の年齢構成から、毎年度の定年退職者数は予想できる。早期に職員数を削減しようとするときには、勧奨退職の方策が採られる。退職後に外郭団体に「**天下り**」（**再就職**）を周旋することも、ないわけではない。また、再任用・再雇用という形で、低い給与で短時間勤務の途を開くこともある。自治体職員は、一般に、定年退職まで終身雇用的に「大過なく勤め上げる」のが通例である。

第３節　給与管理の実際

■基本原則

　地方公務員は労働基本権が制限されているため、代償措置として**人事委員会勧告制度**が導入されている。人事委員会勧告を尊重して、当局側は給与改定を決定する（**勧告尊重原則**）。最終的には条例と予算として議会の議決を要する（**自治原則・条例主義**）。国・他自治体・民間の給与・賃金との均衡が必要である（**均衡原則**）。給与は職員が果たす職務の責任に応じて決定される（**職務給原則**）。給与は社会情勢に適応しなければならない（**情勢適応原則**）。財政状況や震災復

興などを理由にして、給与が変更されることもある。

■均衡原則

　均衡原則のうち、とくに、国家公務員との均衡が重視されてきた（「国公準拠」「官公均衡」）。国家公務員給与は、人事院勧告に基づき民間賃金と均衡しているため、国公準拠により必然的に他自治体や民間全国水準とも均衡する。しかし、民間賃金には地域差があるから、全国一律の国公準拠では、地域の民間賃金との均衡になるとは限らない。国家公務員給与も地域差を反映する方向にあり、これは自治体にも影響する。

　国（総務省・財務省）は、均衡原則（より正確には、国の水準を上回らないという「劣等所遇」）を自治体に強く求めてきた。地方財政計画では、給与費は国と同水準で計算されている。また、**ラスパイレス指数**により、国と各自治体の総合的な給与水準比較を行ってきた。これは、学歴別・経験年数別の職員構成が国と同一と仮定したときの平均賃金を計算し、国を 100 として指数化したものである。ラスパイレス指数の高い自治体には指導や制裁（起債許可制限・交付税減額）がなされる。一般に、財政窮乏期には統制は効果的である。

■自治原則

　自治原則が優先すれば、自治体間の給料などは多様化する。夏から秋にかけての人事院・人事委員会勧告を背景に、秋には、当局側が給与改定について原案を決定する。人事委員会を置かない自治体でも、勧告を参考にして当局側が原案をつくる。その後、当局側と職員組合とによる**給与交渉**がなされ、合意結果を条例案として、12 月議会などに提案する。給与問題は当局（首長）の責任という意識が強く、議会は当局側方針を追認することが多い。給与改定は、当局側と組合側の両者の力関係に依存する。労使の密室交渉は不明朗な慣行を生み得る。しかし、住民・マスコミの目は厳しく住民の給与抑制要求・運動を背景に、当局側が労使交渉に臨むこともある。とくに、ヤミ給与などの不祥事が発覚すると、見直しの勢いは強化される。厳しい財政状況などを反映し、人事委員会勧告を下回る水準で給与交渉が決着することも見られる。

■給料表

　個々の職員の給与管理は、**給料表**を中心に行われる。給料表は、職員集団ご

とに適用される。一般の行政事務・技術職員は、通常は行政職給料表が適用される。教師・警察官・医師・消防士などは、別個の給料表が普通である。給料表を何種類作成するかは、自治体によって異なる。給料表は、**級（等級）**と**号給**からなる表である。各職員は、どこかの「○級○号給」に格付けられる。級（等級）は、基本的には組織階層の職層によって決定される。昇進せずに同一級内つまり同一職層であっても、号給が上昇すれば、給料も上昇できる。

　給料表は、**積み上げ報償型**である。級の上昇によって給与も上昇するから、昇進に報償を与える。過去の経年の昇進選抜の蓄積に基づいて、積み上げ的に給与には格差が付く。必ずしも「悪平等」というものでない。

■給与管理の諸技術

　職員の給与の決定では、相反する多様な要請を満たさなければならない。職員間の**部内均衡**では、適度な較差による動機付けが求められ、平等化と差異化が求められる。較差がなさすぎても公平感もなくやる気が殺がれるが、較差がありすぎても腐ってしまう。また、実際に果たしている職務の責任と実績に対応する職務給、職員が中長期的に人材として有する能力を評価する**職能給**、職員（およびその家族）の人生設計に関わる意味での**生活給**など、多様な給与観を満たす必要がある。こうして、多面的な説明がつく技術が、給与管理には必要である。そして、この管理技術は、どの方向にでも比重をかけることができるため、実際の運用では、世論・意識や政治情勢を反映できる。

　① **級・号給**：給料表では、級・号給の併用によって、これらの多様な要請のバランスを図る。同一の級内の号給数が多ければ、昇進しなくとも給与を上昇させることができる。また、級間号給間の差異の付け方によって、平等指向にも較差指向にも運用できる。同一の級には１つの号給しかなければ、厳格な職務給となる。給料表には級がなく号給のみという「通し号給（号俸）制」では、厳格な年次型給与が可能になる。また、「わたり」や「一職二級」と呼ばれるように、職層の昇進や職務内容の困難化がなくとも給料表上の級を上昇させれば、「通し号給」のような運用も可能である。

　② **手当**：本給のほかに、期末勤勉手当などの各種手当が支給される。手当は査定に基づいて較差が付けられる仕組みであるが、画一的に運用することも

表 18-1　ある市行政職給与料表（1）給与

職員の区分	職務の級号給	1級 給料月額	2級 給料月額	3級 給料月額	4級 給料月額	5級 給料月額	6級 給料月額	7級 給料月額	8級 給料月額
再任用職員以外の職員		円	円	円	円	円	円	円	円
	1	141,600	158,800	223,300	255,900	310,600	337,600	346,900	348,700
	2	142,700	160,300	225,100	258,100	312,800	339,900	349,200	351,000
	3	143,800	161,800	226,900	260,300	315,000	342,200	351,500	353,300
	4	114,900	163,300	228,700	262,500	317,200	344,500	353,800	355,600
	68	238,800	273,000	350,900	388,300	425,800	461,900	478,500	500,500
	69	240,100	274,900	351,400	389,500	426,500	462,500	479,200	502,300
	70	241,100	276,800		390,800	427,200			504,000
	76	246,400	288,100		397,200	431,300			512,600
	77	247,000	289,800		397,900	431,800			513,700
	78		291,400		398,800				514,800
	84		301,100		403,400				521,400
	85		302,500		404,000				522,500
	86		303,700		404,700				
	87		304,900		405,400				
	107				418,000				
	108				418,600				
	109				419,200				
再任用職員		187,300	214,900	241,400	259,100	278,500	293,100	317,500	356,000

出典）ある市職員の給与に関する条例 (2018 年 12 月 25 日改正)「別表第 1 」より

可能である。査定による較差付けは、主観的評価が入るので、職員の納得を得られなければ不平不満が出やすい。そのため、年次的運用や「もち回り」によって、手当の配分が広く共有されることもある。

　③ **スタッフ職・職能資格給**：上位級のスタッフ職・専門職ポストを新設することで、処遇も向上させられる。また、現実に当該職務に就いているかどうかではなく、職務遂行能力を給与の基準とする職能資格給的な運用をすれば、任用での昇進はなくとも、給与での昇給が可能になる。しかし、これらの運用は、職員のモラールを高める場合だけでなく、単に年次平等的な処遇を確保するだけになってしまうこともある。

■参考文献

稲継裕昭『日本の官僚人事システム』東洋経済新報社、1996 年

稲継裕昭『人事・給与と地方自治』東洋経済新報社、2000 年

稲継裕昭『この一冊でよくわかる！　自治体の会計年度任用職員制度』学陽書房、2018 年

大谷基道・河合晃一（編）『現代日本の公務員人事—政治・行政改革は人事システムをどう変えたか』
　第一法規出版、2019 年

大森彌『自治体職員論』良書普及会、1994 年

大森彌『自治体職員再論〜人口減少時代を生き抜く〜』ぎょうせい、2015 年

上林陽治『非正規公務員』日本評論社、2012 年

中村圭介『変わるのはいま』ぎょうせい、2004 年

中村圭介・前浦穂高『行政サービスの決定と自治体労使関係』明石書店、2004 年

西村美香『日本の公務員給与政策』東京大学出版会、1999 年

林嶺那『学歴・試験・平等—自治体人事行政の 3 モデル』東京大学出版会、2020 年

Column ⑱　自治体職員の世界と生きがい

　自治体職員は、仕事もそれほどきつくなく、リストラの心配もなく、とくに市区町村では強制的な転勤の懸念もなく、給料と身分が保障された仕事であると、一般には思われてきた。心掛けは「遅れず、休まず、働かず」と揶揄され、組織風土は「出る杭は打たれる」と評される。余暇時間が長いため妙（タエ）なる趣味人や、実質兼業農家もいるし、公務員ランナーもいたくらいである。とくに、地方圏では、夫婦がともに自治体職員で、自家用コメづくりをできる田圃をもっていたりすると、かなり豊かな生活を送れたりする。自治体職員の中からさえ、「委託業者や派遣の人はよく働く」などという声も聞かれる。不況になると自治体への就職希望は殺到する。

　とはいえ、自治体職員に対する世間の風当たりとバッシングは強く、住民にクレームはぶつけられ、職場によっては長時間労働で、思ったほど楽な仕事ではないため、「メンタル」（心理的に疲弊あるいは病む）になり、病気休職も少なくない。多くの職員は、行政改革で減少した人数で、多様化・複雑化する住民ニーズに応じるべく、増大する業務をこなしている。土日も地域活動に借り出されることも多い。

　他方、地域のまちづくりに生きがいをもって邁進する自治体職員も多い。自治体の場合、政策への取組みは独学と実践によるところが大きいため、やる気のある職員は、自学研鑽に努めたり、地域住民との協働に没入したり、勉強会・研究会・シンポジウム・学会や大学院に出席・就学したり、自主研究グループを構成したりする。

　このような中から、「はみ出し職員」や「カリスマ職員」「レジェンド職員」が登場する。各地の政策実践には、必ずといっていいほど、中心的な牽引力となった職員の名前が存在する。「出過ぎた杭は打たれない」ともいう（もっとも、「出過ぎた杭は抜け落ちる」こともある）。自治体とは、決して匿名の世界ではなく、むしろ、仕事における職員個人の銘が刻まれる世界である。

第19章　行政統制と自治体改革

この章で学ぶこと

　自治体の行政組織は、組織の維持・管理自体が自己目的ではなく、住民福祉に寄与するように統制に服さなければならない。また、それがうまく機能していないときには、さまざまな改革が試みられる。本章では、自治体における行政統制の諸方策を紹介するとともに、近年に見られる自治体改革を概観したい。

第1節　自治による行政統制と国による行政統制

■行政統制

　行政統制とは、行政機関・職員の活動が適切になるように、行政の外部から統制することである。とはいえ、すべての行政活動を逐一詳細に統制することは困難であるし、行政統制の仕組みが複数になれば、相互間の齟齬も発生しやすいなど、行政統制には限界がある。このため、行政機関・職員が自発的に自己規律する**行政責任**も期待されている。

■首長による統制

　住民の直接選挙によって選ばれる政治機関は、首長と議会の2つであり、政治による行政統制も2つある。首長は、自治体のすべての行政機関の実質的最高責任者であり、人事異動、予算査定、総合計画の策定、条例案の決定、組織機構の改革など、さまざまな行政統制の手段をもっている。

■議会・議員による統制

　議会は、行政機関に対する直接的な統制をすることはできない。しかし、自治体における組織管理は、議会の**議決**を必要とするものが多く、これらを通じて、議会は行政統制を行うことができる。たとえば、条例・予算の議決、**議会**

同意人事などである。議会による行政統制は、以下のような特徴をもつ。

第1に、首長と議会の**抑制均衡の関係**から、議会が統制すべきは首長の政治・行政運営全体である。議会は、政治機関である首長を統制する。議会は首長を介して間接的に行政統制を行う。実際の議会審議も、通常は、議員が個別に首長や幹部行政職員に**質疑**をする形で進められている。議員が首長や幹部行政職員の答弁を引き出すことは、説明責任を確保する重要な手法である。議員間討議が少ないのは、それが行政統制にはあまり機能しないからである。

第2に、議員による行政職員への公式的な統制手法はないが、非公式には、いろいろなルートがある。議会質疑は、行政職員にとっても大きな影響がある。また、議員は、職員に資料提供や説明を求める。反対に、議員は自己や会派・政党の見解などを伝達したり、予算などで住民からの要望を取り次ぐ「口利き」を行う。「口利き」が望ましい行政統制の機能を果たすこともある。

第3に、議会による行政統制と議員による行政統制とは、必ずしも一致しない。議会多数派と議会少数派と、与党的議員と野党的議員とでは、行政統制のあり方は異なる。議会多数派与党が首長提案をそのまま承認するときには、議会による行政統制は機能していない。しかし、議会多数派与党を構成する議員は、議決権を背景に首長や行政職員に非公式な統制を及ぼす余地がある。

■住民による直接統制

住民が直接に行政機関・職員を統制するのが、**住民参加・市民参加**である（第22章）。住民による直接統制は、議会・議員や首長という政治機関に対する統制も重要である。間接民主制では、住民は、議員・首長を統制することを通じて、間接的に行政統制する。間接的な行政統制が不十分にしか機能しないときには、住民による直接的な行政統制が模索される。

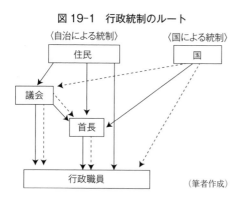

図 19-1　行政統制のルート

〈自治による統制〉　　〈国による統制〉

住民　　　　　国

議会

首長

行政職員

（筆者作成）

■国による統制

　国が自治体の行政機関を統制する国による統制には、いろいろな分類がある。第1は、立法的統制、行政的統制、司法的統制である。国の議会・行政府・裁判所のどこが統制を行うかによる分類である。第2は、政治的統制、官僚的統制である。統制の主体が、政治家なのか官僚なのかによる分類である。官治とは、国の官僚による自治体への統制である。第3は、財政的統制、法的統制、人的統制、情報的統制である。統制に使われる行政資源による分類である。第4は、統制される対象による分類である。たとえば、健全化法制に基づく早期健全化は財政全般への統制であるが、補助金は個別政策への統制である。

第2節　自治体における行政統制の仕組み

■いろいろな情報提供制度

　行政統制の基盤が、行政に関する情報の開示・公開の仕組みである。自治体は、住民などの理解を得るために情報を自ら提供する**広報**を行う。また、住民の意向を行政運営に反映できるように、住民から情報を集める**広聴**や調査を行うことは普通である。しかし、広報・広聴・調査は、行政による裁量的な活動であり、行政統制には不十分である。むしろ、行政が事業・政策を展開するときに有用な活動に限定され、住民に対する宣伝や誘導になり得る。そこで、マスメディアによる独自の取材活動や、自治体側からの公式発表に関する調査分析も重要である。マスメディアは、非公式の行政統制の主体である。同時に、自治体側はマスメディアを利用した広報戦略も目指している。

　行政統制のための情報は、行政機関の裁量判断にかかわらず、自動的あるいは強制的に**開示**されなければならない。行政運営に有用で定型化された情報は、自動的に情報開示される仕組みが効果的である。このため、予算やその他の行政活動の実態に関する資料や報告を行政機関に作成させ、議会に提出させたり、一般に**公表・公告**させる仕組みがある。正式の意思決定をする前に情報を開示する**縦覧**する仕組みも、一部の手続では制度化されている。

■情報公開制度・個人情報保護制度・公文書管理制度

　原則としてすべての行政情報を公開するものとし、具体的な情報公開請求に応じて、情報を開示していく仕組みが**情報公開制度**である。情報公開制度では、行政機関が情報を開示するかしないかを裁量的に判断するものではない。また、情報は、加工して開示するのではなく、ありのままの形で公開する。

　また、個人情報を自治体がどのように使用するのかも、行政統制される必要がある。しかし、個人情報を一般に開示できない。そのため、**個人情報保護制度**では、本人からの請求によって、本人開示する。情報公開制度も個人情報保護制度も、自治体での制度化が先行して、その後、国が制度化した。

　情報公開制度・個人情報保護制度が機能するためには、自治体が情報を適正に管理する公文書管理制度が不可欠である。自治体が文書を作成・保存せず、あるいは、廃棄していれば、機能しない。また、仮に公文書が存在していても、適正に管理・保存されていなければ、開示請求に応じて公文書を発見して特定できない。公文書管理は情報公開と車の両輪といわれる。

　行政の意思決定は文書に基づいて決裁がされる文書主義であるから、通常の業務により自然に公文書は管理されている、と想定されがちである。しかし、必ずしも、直接の事務処理に直結するとは限らないので、適切に公文書を管理しているとは限らない。

■内部監査制度

　監査委員は、首長とは独立の執行機関として、財務その他の行政事務の監査を行う。このため、監査委員は、統制機関・牽制機関と呼ばれることもある。監査委員は各個人で判断を行う独任制のため、「委員会」ではない。ただし、監査報告の決定などに関しては、委員間の**合議**が必要である。

　監査委員の独立を保つために、監査委員は首長が議会の同意を得て選任する。監査委員は、議員の中から選任される**議選委員**と、自治体の財務管理などに関して優れた識見を有する者から選任される識見委員とが、あり得る。議選委員の実際の選出方法は、それぞれの議会の慣行による。識見委員には、弁護士、公認会計士、大学教授などの専門職や、ジャーナリスト、行政職員経験者が選任されることが多い。行政機関を監査すべき監査委員が、当該自治体の行政職

員経験者ばかりでは疑念があり得るため、一定の制限がある。

　監査委員を補佐するのが**監査（委員）事務局**である。実際上は、首長部局採用の一般事務職の職員が異動してくるので、専門性と独立性の欠如も指摘される。しかし、監査の相手方の内情に通じている利点もある。

■内部監査の運用

　監査の運用は、協議監査と指導監査である。協議監査とは、監査側と所管部課側との協議・合意によって監査が行われることである。監査の過程も、自治体内部の通常の部課間の**合議**と基本的には変わらない。監査側にとっても、所管部課側の同意を取り付けることで、監査意見の妥当性・確定性を図れる。しかし、所管部課が同意しない限り、厳しい意見表明はできない。

　指導監査とは、公正・合理的・効率的な行政を達成するために改善を指導することを、監査の目的とすることである。行政改善という目標では、監査側と所管部課側は利害を共有できる。監査は過誤や不正の摘発が目的ではない。場合によっては、善後策・再発防止と引換に、事件を公表しないなどという措置がされるともいわれる。

■外部監査制度

　外部監査制度は、内部監査の限界である専門性と独立性を補うとされる。独立第三者である公認会計士などの専門家を、外部監査人として選定して監査を行う。外部監査には、**包括外部監査**と**個別外部監査**とがある。外部監査人は、自治体から発注を受ける立場であり、発注元である自治体（理事者層など）の意向に従属し得る。しかし、監査対象部局の職員へのインパクトは大きい。

■監査・決算制度改革

　2020年度から実施をすべく、内部統制の導入と併せて、監査制度が改革された。監査委員が監査などを行うにあたっては監査基準に従うこととなった。監査基準は各自治体の監査委員が定め公表する。なお、監査基準の策定に関して、国が指針を定めて必要な助言を行う。

　関連して、自治体の首長は、議会による決算不認定の場合、当該不認定を踏まえて必要と認める措置を講じたときは、その内容を議会などに報告・公表することになった（2018年度から）。また、内部統制（後述）・監査の充実などと

セットで、条例において、首長・職員の自治体に対する損害賠償責任について、免責ができるようになった（2020年度から）。

■自治体オンブズマン制度

いくつかの自治体は、**自治体オンブズマン制度**をもつ。その内容は多様であるが、住民によって提起される苦情などの行政事務的課題に対して、行政機関からは独立した第三者として、公平かつ中立の観点から、調査・判断をし、その行政事務的課題の解決を図る自治体の機関である。行政全般を担当するオンブズマンとしては、川崎市に置かれた制度が嚆矢とされる。

また、このほかに、人権、子ども、男女共同参画などの特定の事項に対して、オンブズパーソン（名称は多様）を自治体が置くこともある。これらは、自治体オンブズマンと異なり、行政に対してだけではなく民間に対しても働きかけて解決を図ることを目指す。なお、自治体オンブズマン制度は、民間の活動である**市民オンブズマン**とは異なる。

第3節　自治体改革

■行政改革大綱と集中改革プラン

1980年代から、国の行政改革と並行する形で、国の主導によって自治体でも行政改革が進められた。旧自治省は、地方行革のための指針（いわゆる**地方行革指針**）に基づき、自治体への指導を行った。こうして策定された行政改革計画は、**行政改革大綱**と称されている。2005年3月には**新地方行革指針**が出され、自治体に2005年度を起点としておおむね5カ年の「集中改革プラン」を策定し、定員削減目標などの具体的取組みを明示することを要請した。全国でほぼ斉一的に同プランは策定された。

職員数の削減を中心とする行政改革は、財政上の一定の効果はあるが、副作用もある。住民向けのサービスを減らすことは難しく、多くの仕事が民間や非正規職員の低賃金労働に委ねられ、官製ワーキングプアを生み出すとともに、サービスの粗雑化が懸念されている。また、残された職員は少数で大量の仕事をこなさざるを得ず、過労などで心身疾患に悩まされたり、モラールが低下す

ることもある。さらに、こうした行政の活動量の低下は、地域経済での経済需要を減らすことになり、地域経済疲弊を加速化させることもある。

■総合計画と行政改革計画

　行政改革の対象も拡大し、自治体の事業・政策運営の全般に及ぶようになった。旧来型の総合計画が「右肩上がり」とすれば、行政改革計画は「マイナスの総合計画」の様相を呈している。このように、アクセルとブレーキを同時に踏むような両者の関係は改めて問い直されている。

■民間委託

　費用や質の観点から、民間事業者への委託が進められた。人事・労務管理や人材育成などの直営コストが大きいときには、自治体の管理上の手間の削減の面から、民間委託が選択されやすい。委託コストは、受託団体の性質や、事業の競争の程度などによって左右される。実質的に特定業者しかいなかったり、談合が発生すれば、競争は十分に行われず、コストは高まる。

　民間委託が可能な業務は、拡大している。**PFI**（Private Finance Initiative）では、施設建設と施設管理・サービス提供とを一体化して、民間資金を初期には活用して施設を建設し長期契約でサービス提供を民間委託する。**指定管理者制度**は、従来は第三セクター会社や公共的団体に制限されていた公の施設の管理委託を受ける資格を、広く一般の事業者等の民間団体にも開放した。総務事務サービスなどのアウトソーシング（外注）もある。

■契約・入札改革

　随意契約では入札を行わずに随意に相手業者と契約する。**指名競争入札**は、自治体が指名した複数の業者の間での入札である。競争性の観点からは一般競争入札が原則とされる。しかし、件数では随意契約が多く、入札をしても指名競争入札が中心である。業者説明会などで入札に参加する業者の範囲が分かる指名競争入札は、**談合の温床**ともいわれる。入札では、上限である予定価格と下限である最低制限価格が設定されることが普通である。さらに、地元業者優先という配慮が作用することも多い。

　そこで、契約・入札改革が模索されている。最低制限価格の廃止や、談合がしにくい電子入札（説明会などで集まらないのでどの業者が指名されているか分かりに

くいから）や総合評価型入札（応札価格だけでは決まらないから）も試みられている。**市場化テスト**では、通常の民民間の競争入札だけではなく、民間と行政内部門とが同じ条件のもとで受注を競走する官民競争入札も可能である。

■電子自治体

電子自治体化によって、情報コミュニケーション技術（ICT）の活用が進められてきた。たとえば、総合行政ネットワーク、**住民基本台帳ネットワーク**、電子申請、電子入札、公的個人認証サービスなどである。併せて、情報セキュリティ・個人情報保護対策が着手されている。

職員がパソコンや**電子メール**を使い、自治体がホームページを開設することは、常識となった。仕事の省力化の効果は一般的には大きい。全国の情報収集は、格段に容易になった。しかし、電子決裁の導入でも決裁経路は変わらないし、添付書類が必要である。電子画面上の文書へのチェックは甘くなる。

個人にパソコンが割り当てられ、仕事が無言で1人で進められるので、「大部屋主義」が弱まる。「言った、言わない」という争いは減る。「CC.」などで「念のため」送信される膨大なメールの処理に時間が浪費される。電子メール上の議論は過激になりやすい。深夜・早朝に発信されたメールは、要注意である。かつてはパソコンを使うのが苦手な中高年層職員への若手からの不満や不公平感が高まった。さらに若手のスマホ・ライン世代は、メールや十本指入力が苦手だったりする。

プログラム化の度合によっては、より杓子定規的な運用を促すが、公平性も増している。また、システムが不具合を起こしたり、サイバー攻撃を受けたりすると、業務が一気に停滞し、かつ、手作業でそれを挽回することは至難であり、非常に脆弱である。災害時の停電などにも弱い。しかし、電子データでの接続・複写転送のおかげで、失われたデータの回復が可能なこともある。

■スマート自治体

職員数が限られる中で効率的に職務を進めるために、**人工知能**（AI）の活用に期待がもたれている。これまでも、行政の現場では、さまざまな情報処理技術が世間の流れに応じて、導入されてきた。但し、それによって革命的に円滑化・効率化が進むわけでもなく、ときには、住民間・職員間にある情報格差に

対応して二重の手間暇が必要になってきた。

　また、近年では、自治体の保有する個人情報の集積が、**ビッグデータ**として企業からは期待されている。これまでも住民基本台帳情報などは企業のダイレクトメールに活用されてきたが、その質量が激変する。あるいは、福祉・医療・保健・防災・防犯・教育など、行政サービスの改善にも、データ活用は期待されている。自治体は、個人情報の保護に留意しつつ、民間営利事業への情報供与や、行政サービスの改善などについて、判断を迫られてきている。

■行政評価

　自治体の事業・政策を適正に運営するには、実際に行った結果を評価して、将来の政策決定や改善にフィードバックすることが重要である。このように、企画（plan）―実施（do）―検証（see）を循環させる考え方を、**PDS マネジメントサイクル**という（plan-do-check-action の PDCA サイクルというときもある）。従来の自治体の行政運営は、企画・実施を重視して評価は熱心でなかった。しかし、財政状況や世論の行政に対する視線が厳しくなった 1990 年代半ば以降、**行政評価**への関心が急速に高まった。

　行政評価ブームの火付け役は、三重県の事務事業評価などである。行政評価は各自治体で多様な取組みがなされている。経営品質に係る ISO 取得の試みも、その１つである。もっとも、過去にも評価に関する関心はあった。たとえば、1970 年代には、**シビル・ミニマム論**（松下圭一）が唱えられていた。

■内部統制

　内部統制制度は、監査制度の充実強化や、首長・職員の損害賠償責任の見直しと一体として、導入が決定された。内部統制の中心は首長である。2020 年度から首長は内部統制に関する方針を策定・公表するとともに、必要な体制を整備する（知事・政令指定都市長は義務）。首長は内部統制評価報告書を作成して、監査委員に付し、議会に提出され、一般に公表される。

■人事改革

　給与・手当の削減・適正化、専門職的キャリア形成と専門化・複線化、年功によらない抜擢昇進、**人事評価**の導入、能力主義・成果主義の強化と成果・業績の任用・給与への反映、異動の庁内公募制、希望降格制、内部昇進人事への

240　第Ⅳ部　管理論

風穴を開ける外部選考採用や外部公募制など、さまざまな試みがされている。他方、不祥事などに対する**コンプライアンス**への取組みをしている自治体もある。また、職員が内部告発することを保護する**公益通報制度**を導入する自治体もある。さらに、問題を起こした職員への懲戒処分などが、以前よりも強化されている。しかし、これらの改革による副作用もある。

■職場改革

自治体でも**パワー・ハラスメント**、セクシャル・ハラスメントなど、不当な圧力やいじめ・嫌がらせ・暴力がない職場が目指されている。今日の自治体の職場は、人員削減、住民からの要望の複雑化、首長主導の強化などにより、ストレスの多い職場となっている。それゆえに抑圧移譲が起きやすい。

また、従来は無視されがちであった**ワーク・ライフ・バランス**（仕事と家庭生活との両立）が求められている。かつては、妻の家事・育児・介護などの無償労働を前提にした男性職員が中心だったので、ワーク・ライフ・バランスは自治体の関心外であった。一部の女性職員は、家庭生活を犠牲にしたり、超人的に一人二役をこなすか、あるいは、「寿退職」「庶務担当（おちゃくみ）」「マミートラック」で「戦力外」に排除されてきた。しかし、本来はすべての職員が適切に家事などを分担しなければならない。育児・介護休業などは制度だけではなく、実際に取得できる職場でなければならない。また、休暇の取得や、休日出勤や時間外勤務などの抑制も同様である。

■ NPM 論とガバナンス論

自治体改革を統一的に理解する試みが NPM 論とガバナンス論である。NPM（New Public Management）とは、1980 年代のイギリスのサッチャー政権以降の主として英米系諸国の行政改革の総称であり、市場メカニズム、企画と実施の分離、競争、選択、契約の重視、成果・業績評価等の民間経営的手法を**行政経営**に活用する。実際にも、「NPM」が言及されることも多い。

ガバナンス（Governance）とは、「**ガバメント（government）からガバナンスへ**」という標語にあるように、公共サービスを自治体（政府）だけではなく、外部の民間諸団体との連携による達成を目指す諸改革の総称である。民間でもとくに NPO などの非営利・ボランティア部門への関心が高い。また、信頼、

ネットワーク、協働、パートナーシップ、使命（ミッション）意識等のメカニズムを活用する。自治体だけでは限界があるので、広く地域社会全体で運営していく「新しい公共」と地域経営という視点が提示されることがある。

■市民自治論

　NPM 論やガバナンス論では捉えきれない自治体改革もある。第 20 章の用語を先取りして単純化していえば、NPM 論は対象住民（顧客）を重視し、ガバナンス論は公務住民を重視する。第 3 の潮流は、市民を重視する市民自治的諸改革である。情報公開、住民投票、市民参加、パブリックコメント、提案制度、マニフェスト運動、市民オンブズマン活動などである。

■参考文献
井熊均（編）『「徹底検証」電子自治体』日刊工業新聞社、2003 年
上山信一『日本の行政評価』第一法規出版、2002 年
江藤俊昭『協働型議会の構想』信山社出版、2004 年
金井利之『実践自治体行政学』第一法規出版、2010 年
構想日本（編）『入門行政の事業仕分け』ぎょうせい、2007 年
仙台市民オンブズマン『官壁を衝く』毎日新聞社、1999 年
中邨章『自治体主権のシナリオガバナンス・NPM・市民社会』芦書房、2003 年
林屋礼二『オンブズマン制度』岩波書店、2002 年
松下圭一『自治体は変わるか』岩波書店、1999 年
三野靖『指定管理者制度』公人社、2005 年
武藤博己『入札改革』岩波新書、2003 年

Column ⑲　市民オンブズマン運動と食糧費・官官接待問題

　1980 年頃から、自治体の税金の使い道や行政改革のあり方への監視を中心とする民間活動は見られたが、市民オンブズマン活動として脚光を集めるようになったのは 1990 年代である。中でも、情報公開制度を活用し、自治体の食糧費などの支出データを集め、官官接待（自治体が国の官僚を接待）や、架空接待の実態を明らかにした。さらに、世論を喚起するだけではなく、住民訴訟制度を活用し、不正支出に関して個人の責任を法的に追及していった。

　市民オンブズマン活動は、多数の住民からなる団体ではなく、むしろ個人でできる活動が中心であり、政策的是非よりは違法不正の追及にならざるを得ない傾向はあった。実際、住民訴訟では政策的判断は問いにくいという限界もある。また、自治体の大胆な政策的挑戦を萎縮させる作用もあるといわれる。しかし、市民オンブズマン活動は、明らかにバブル経済によって弛緩した自治体に粛正を迫り、自治体改革の 1 つの大きな要因になったことは間違いない。

```
第 V 部　住民論
```

第 20 章　住民と自治体

この章で学ぶこと

　自治体と国とのもっとも大きな違いは、住民との近接性である。とくに、市区町村は、基礎的自治体として、住民にもっとも身近な政府である。住民との関係こそが、自治体の最大の特徴であるといっても過言ではない。本章では、住民の多様性を踏まえるとともに、行政による住民の把握の手法を解説する。そのうえで、自治体行政と住民の関係の総論として、市民としての住民（市民）、行政対象としての住民（対象住民）、公務の担い手としての住民（公務住民）、という 3 つの側面に区分する。この区分は本書の後続の章でも重要である。

第 1 節　住民の捉え方

■人口動態の変容

　全国的に**少子高齢化**が進行し、さらに、日本全体が人口減少社会に転換した。しかし、少子高齢化・人口減少は、一部の自治体においてはより早く現れていた。1960 年代の高度経済成長により、農村部から大都市部への人口の大幅な社会的移動が生じ、前者では人口減少の**過疎化**、後者では人口急増の**過密化**が進行した。農村部の自治体では、若者や生産年齢人口が流出し、少子高齢化が急速に進展した。2000 年代以降は、むしろ、大都市部での急激かつ大量の高齢化が見込まれている。それぞれの地域における年齢構成の変化や人口増減は、自治体のなすべき仕事に、大きな影響を与える。

　住民は、細かく見ると、さまざまなタイプに分けることができる。年齢階層、出自（旧住民と新住民、出身地、居住年数）、性別・ジェンダー、職業、国籍・民

族・エスニック、所得・資産階層、**世帯構成**などがある。住民をどのように区分して把握するか自体が、自治体にとって大きなテーマである。さらに、**被差別部落**問題も自治体に影響を与えてきた。

　近年の自治体で重要な変化の1つは、世帯構成である。従来は、三世代世帯や、核家族の中でも標準世帯（両親と子ども2人）など、多人数世帯が典型的なイメージであった。しかし、今日、**単身世帯**や2人世帯も増えている。かつて前者は、親元を出た若者が結婚するまでの過渡的形態と想定されていたが、必ずしもそのようなイメージだけでは妥当ではない。高齢単身世帯も多く、晩婚化・非婚化によって中高年の単身世帯も多くなっている。また、ひとり親と子どものみの世帯も増えている。多様な世帯形態は、多人数世帯を想定した行政サービスの妥当性を下げる。多人数世帯内での互助に依存して、行政サービスを回避してきた手法が、もはや採れないのである。

■**人口の地域間移動**

　自治体にとって重要な影響を与えるのは、地域間の移動である。自治体は、地域の住民に対して行政サービスを提供するが、行政サービスを行うための行政資源は、地域住民の活動に大きく依存している。一般的にいえば、自治体は行政資源をもつ住民を惹き付けようと、人口増加を目指す。

　住民の流出は、自治体の立場からは好ましいことではない。しかし、自治体は住民の定着・移動を強制できない。そうであるからこそ、自治体は住民を惹き付けようとして、住民にとって魅力的な行政を展開するように、動機づけられる。結果的には、住民の希望に合った行政を行うことが期待される。こうしたメカニズムを「**足による投票**」という。

　もっとも、住民の地域間の移動は、良い面だけではない。自治体の狭量で利己的な観点から、行政サービスの負担が大きそうな住民には、なるべく来て貰いたくないと思うかもしれない。そこで、負担になる住民にとって好ましくない行政運営をすれば流入しにくい。逆にすると負担になる住民が流入する。福祉政策を充実させると貧困層が流入するので（「**福祉の磁石**」）、福祉サービスを拡大できない。それゆえ、住民の希望に沿う福祉サービスができず、結果として住民利益に適わないことになる。

　自治体が人口吸引・拒絶をお互いに目指すとゼロサム関係になる。ゼロサムの競争関係は、自治体間の対立を生みかねない。但し、「足による投票」は、各自治体がそれぞれ住民の期待に添う政策を目指す意味で、自治体全体としても良い面が期待される。「福祉の磁石」は、各自治体は住民意思よりも低く福祉を抑える意味で、悪い面が懸念される。比喩的にいえば、前者は「上を目指す競争」で、後者は「底辺への競争」である。

■住民と関係する複数の自治体

　住民は、どこか１つの自治体に住所を有すると、考えられている（民法では住所複数説が通説である）。住む＝寝る、ならば**夜間住民**である。しかし、通勤・通学・買い物その他の活動などで、昼間には夜間と同じ自治体にいるとは限らないので、夜間住民と**昼間住民**とは同じとは限らない。こうした定時制住民と対比して、昼も夜も同じ自治体内で生活する人は、全日制住民と呼ばれる。

　住民は一日単位でも自治体間を移動するが、より長い期間でも、もともとの住所との関係を維持しながら、移動をする。旅行、単身赴任・出稼ぎ・出張、進学、帰省、施設入所、避難・疎開などである。Ｉターン・Ｊターン・Ｕターンもある。こうした場合、住民は同時に複数の自治体と関係を取り結ぶ。また、反対にホームレス・**行旅病人死亡人**や漂泊者・住所不定者のように、１つの自治体との関係をも取り結びにくい人びともいる。また、引き籠もり・孤立無業者（スネップ）のように、自治体との関係が切れていることもある。

　住民と自治体の関係は、一対一とは限らない。この関係の整理は、自治体にとっても住民にとっても重要な課題である。住民が２つ（以上）の自治体に住所をもつ「**二（多）地域居住**」を、正面から認めることが必要になるかもしれない。人びとが複数の自治体と関係をもつことは、ゼロサム競争関係を乗り越える可能性をもつ。これが、**関係人口**や**交流人口**という発想である。住民が複数の自治体に関係をもつときに、当該住民と複数の自治体の三角（多角）関係におけるサービス・負担と参政のあり方が問われるだろう。

第 2 節　自治体による住民の把握

■戸籍

　自治体は負担やサービスのために人びとを把握しようとするが、国も同様の関心をもつ。国は津々浦々までに出先機関を張り巡らせることは困難なので、自治体を通じて人びとを掌握しようとする。明治政府は徴税・徴兵・皆学などのために、**戸籍**制度を整備した。戸籍は地方制度の末端である市町村を通じて人びとを把握する。

　戸籍は、特定の土地が市町村に区域として管轄されることで、土地（本籍地）に人びとを紐付けて、人びとを把握する。戸籍は「個籍」（個人単位）ではなく、戸（＝家）単位に作成される。**戸主**（＝家長）が戸籍筆頭者となることが明治期の前提である。そして、戸籍は日本国籍をもつ者にのみ作成されるので、国籍とも連動する。

■住民基本台帳

　戸籍は**本籍**地を管轄する市町村に人びとを結びつけるが、近現代社会では人びとは移動する。このため、現実に生活している場所と本籍地とは、異なっていることが多い。自治体が行政を展開するためには、実際に地域に存在している人びとを把握する必要がある。このために、実際の**住所**（生活の本拠）を前提に住民を把握するのが、**住民基本台帳**である。たとえば、本籍地が（本人または配偶者の）地方圏の故郷・帰省先・先祖出身地にあっても、大都市圏で生活している場合、日常行政は住所地の自治体との間で行われる。

　住民基本台帳は、氏名、生年月日、性別、住所、**世帯主**氏名・続柄などが記載された**住民票**を編成したもので、自治体の事務処理の基礎となる。住民基本台帳をもとに、自治体は住民の居住関係を証明する（**公証**）。住民票は個人別のものであり、個人の死亡や転出によって消除される。しかし、住民票には世帯主が記載されるように、**世帯**（しばしば**核家族**）を前提にしている。家族を想定して住民を把握する発想では、**戸籍**と同じである。また、戸籍の附票によって、住民票と戸籍の個人情報を連動させている。

　同一戸籍の家族であっても住所が異なれば、別々の世帯となる。また、世帯主しかいない単身世帯が増えており、複数人世帯（しばしば家族）を前提にした住民の把握は困難になっている。また、制度上は、同一世帯は必ずしも家族である必要はない。

　住民基本台帳は、選挙、国民健康保険・後期高齢者医療・介護保険・国民年金、児童手当、生活保護、予防注射、小中学校、印鑑登録などの行政サービスのための基礎となる。しばしば、これらのサービスは、必ずしも住民だけに限るわけではないし、また、住民であっても受けられないものもあるが、大まかにサービス対象者を把握するには便利なのである。

■住民基本台帳ネットワーク

　1999 年に**住民基本台帳ネットワーク**が構築された。行政機関等に対する本人確認情報の提供や、市町村の区域を越えた住民基本台帳事務の処理を行うための、自治体間共同のシステムである。住民に関しては、個々の市町村は、当該区域の住民についてのみ把握すれば必要十分である。しかし、1 人の人間が複数の市町村の住民ではあってはならないとすると、ある人がある市町村の住民であることは、同時に他のすべての市町村の住民ではないことを意味する。市町村間の相互の情報交換が必要である。従来からも、市町村間の相互の情報交換をして来たので、それをネットワーク化して迅速・簡便化するものである。

　さらに、住民基本台帳は、実質的には国が人びとを把握する手段にもなっている。すべての市町村は事実上の国の出先機関として流用されている。

■個人番号（マイナンバー）制度

　国が個人（正確には納税にも活用するので法人も含む）を把握するために導入したのが、2015 年に開始された**個人番号（マイナンバー）制度**である。個人番号は、日本に住民票を有するすべての個人（外国人も含む）がもつ 12 桁の番号である。**住民基本台帳制度**が個人番号制度の基盤となっている。

　個人番号は、原則として生涯同じとされ、漏洩による不正使用のおそれなどの場合を除き、自由に変更はできない。国が個人を生涯にわたって一元的に把握できる、「**国民本人確認（ＩＤ）番号**」である。転入転出で切断される住民票とは異なり、**戸籍**と似た機能を果たす。戸籍のように多様な文字情報で把握さ

れるのではなく、数字で把握できるので、「国民総背番号制」とも呼ばれてきた。但し、シリアル（連続）番号ではない。

　個人番号は、社会保障、税、災害対策の３分野で、複数の機関に存在する個人の情報が同一人の情報であることを確認するために活用するのが、所期の目的であった。もともとは、**納税者番号**として構想されていたが社会保障に拡大されたので、**税・社会保障番号**ともいわれる。従前も国・自治体などの行政機関の間で、サービス資格確認のためなどに情報のやりとりをしてきたが、サービスごとの管理番号が別々だったので本人確認に労力・時間がかかっていた。分野横断的で統一的一元的な個人番号となると、確実・迅速に本人特定が可能になる。この点を強調して「**共通番号**」という呼び方もある。

　活用だけでなく濫用・悪用も確実・迅速にできるようになる。それゆえ、上記の３分野以外にも活用できるし、民間事業者の営利目的にも活用され得る。それが不適切なときには濫用・悪用にもなる。住民情報はこれまでも、企業、ストーカー・ＤＶ加害者によっても濫用・悪用されてきた。個人番号の共通化・ネットワーク化・電子化・カード化などによって、有用性が増すと同時に悪用性も増す。適切な運用がきわめて重大な課題である。

■本人確認

　戸籍・住民票・個人番号などで、自治体は行政情報の名簿として個人を把握している。しかし、現に窓口などに現れる個人が、一体、誰であるのかという**本人確認**は、名簿の整備だけではできない。自治体では、本人確認が重要な業務となることがある。住民からすれば、自分を証明することは重要である。

　住民からも自治体からも、ある個人が誰であるのかを確認することは、実は簡単ではない。この中で形成されてきたのが、**写真付き書類**であり、運転免許証や旅券（パスポート）などである。写真と本人の顔を見比べる（アナログな顔認証）ことで、写真付き書類をもつ人間が、書類記載の人間であると推定する。

　写真なしの健康保険証や住民票・印鑑証明書などを提示されても、それだけでは本人であることは分からない。それゆえ、通常は、複数の書類を同時に提示させることで確度を高めてきた。あるいは、住民票・個人番号に紐付けた写真付き文書を拡大してきた。これが、住民基本台帳カードや**マイナンバーカー**

ドである。もっとも、写真付き書類を最初に交付するときには、その人が誰であるのかは写真付きカードで確認することはできない。

　結局、ある人が誰であるのかは、行政自体で確認することは、実は難しい。生まれて以来の人間関係の編み目の重層のうえに、誰が誰であるのかの確からしさが濃くなるだけである。それは、しばしば、親子・家族関係であり、地域社会の人間関係である。行政は社会に存在する編み目のうえの構築物である。人間関係の編み目から排除されて、自分が誰であるかを証明しにくくなると、行政も公証が困難になり、しばしば**排除**につながる。

第3節　住民活動の3つの側面

■住民の3つの側面

　自治体行政との関係という観点からは、住民には3つの側面がある。市民、対象住民、公務住民である。もちろん、現実に存在する個々の住民は、渾然一体として3つの側面をもつ。しかし、これらの側面を区別しておくことは、住民と自治体の関係を考察するうえで有用である。

■市民としての住民（市民）

　本書でいう市民（citizen）とは、自治体の主人としての住民である。「○○市の住民」のことではない。自治体を統制する主体であり、「主権者」・「株主」（比喩的な表現）または信託者である。制度的には、選挙・被選挙権をもち、そのほかの直接請求権をもつ。抽象的な民意・世論の担い手でもある。

　市民の側面が強い住民活動は、自治体を統制する正統性をもつことが強みである。しかし、実際には限られた比率の人数しか活動はしないので、市民としての代表性には限界が生じやすい。実際に活動していないサイレント・マジョリティが真の市民である、といわれやすい。公共サービスを担う実働部隊がなく、必ずしも十分な影響力をもたない。また、一般的な市民としての観点から活動するため、活動を支える報酬・反対給付や特別の利害が乏しく、エネルギーがとぎれがちである。

■行政対象としての住民（対象住民）

　対象住民とは、自治体から公共サービスを受給したり、規制・負担・服従を求められる利害関係者（stake-holder）としての住民である。自治体の政策対象として基本的には受動的な客体である。しかし、能動的・主体的になると住民活動を開始する。サービス受益者として、顧客、消費者とも称される。住民は自治体によって、負担者・受苦者・被害者にもさせられる。納税

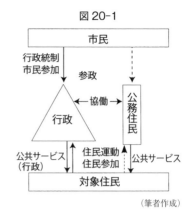

図 20-1

（筆者作成）

者とは、負担するゆえに統制する住民であり、対象住民と市民とを統合する概念である。

　対象住民の側面が強い住民活動は、受益者としても負担者としても利害が明確なので、活動に参加する動機づけが強い。しかし、具体的な個別利害関係を背景にするため、市民としての正統性・代表性をもちにくい。公益に関わりない私人として、「**住民エゴ・地域エゴ**」や「既得権集団」などのラベリングを受けるおそれもある。また、市民と同様に、公共サービスを担う実働部隊がないことも弱みである。

■公務の担い手としての住民（公務住民）

　公務住民とは、公共サービス（public service）提供を担う住民である。公共サービスを担うのは行政職員＝職業公務員だけではない。民間事業者・専業的NPO も公共サービスを担うことはある。そして、住民・住民団体が公共サービスの担い手となることもある。

　公務住民の側面が強い住民活動は、実際に公共サービスを担える実働部隊をもつことが強みである。当事者とは、対象住民自体がサービス提供を担うという、対象住民と公務住民を架橋する概念である。自治体がサービス提供で住民団体に依存するようになれば、無視し得ない存在になる。サービス提供活動が事業的に成り立つようになれば、それ自体が（準）生業となる。こうなると、それ自体も独自の利害動機をもつ利害関係者となる。

　しかし、公務住民は、それ自体では正統性をもちにくい。また、サービスによる直接的な利害関係者ではないときには、継続的な動機を欠くことがある。無償・低報酬で義務感・奉仕精神が先行せざるを得ないときには、担い手不足になったりする。逆に、利害関係が深くなると、既得権集団となる。

■住民活動の純粋型と混合型

　住民の３つの側面に応じて、３種類の純粋型があり得る。しかし、それぞれが強みと弱みをもつから、混合型による相互補完もある。市民の正統性と代表性、対象住民の利害関係性と動機・エネルギー、公務住民の実働力と影響力の相互補完である。このため、住民活動は、これらの側面を併せもって展開されることも多い。とはいえ、混合化により妥協をせざるを得ないこともあり、それを不適当と感じる住民は、より純粋な活動に変わることもある。

　たとえば、地域に迷惑施設の建設構想がもち上がる。しばしば、地域の対象住民として反対の住民活動が開始される。しかし、「ただ反対」では「地域エゴ」といわれかねないので、広く市民に共感を求めるように、自治体全体のまちづくりに市民として提案を拡大することになる。また、公務住民としてまちづくりの事業に着手することもある。ところが、自治体全体の市民としては、迷惑施設を認めざるを得ないことがある。こうして、迷惑施設の受容という「苦渋の決断」を迫られる。そのため、対象住民としても条件闘争派が強まり、補償・代償措置や、より望ましい設計・規模への変更などの条件協議に移る。その条件協議も、要望が通るものとは限らない。こうして、絶対反対派が分裂したり、住民活動が純粋型へ回帰したりすることもある。

■２つの系統

　戦後日本の住民活動は、基本的には、２系統に区分できる。第１は、公務住民としての色彩の強い住民活動である。町内会、コミュニティ、NPOなどである。第２は、対象住民の側面の強い住民活動である。住民運動、住民参加などである。これらは、混合型もあれば、純粋型の特色を強くもつこともある。

　なお、市民としての側面が強い住民活動も存在するが、必ずしも主たる系統ではない。手弁当の活動になるが、受益は一般的に及ぶため、活動から得られる個別的利益が乏しいからである。むしろ、公務住民や対象住民との混合型の

ことが多い。しかし、**市民オンブズマン活動**のように、特段の個別的な利害関係を離れて、自治体を統制しようとする住民活動も登場している。

■参考文献
金井利之「自治体経営」特別区職員研修所『特別区職員ハンドブック 2004』ぎょうせい、2004 年
金井利之「戦後日本の自治体行政と住民活動」西尾隆（編）『住民・コミュニティとの協働』ぎょうせい、2004 年
澤昭裕・経済産業研究所『民意民力』東洋経済新報社、2003 年
中西正司・上野千鶴子『当事者主権』岩波新書、2003 年
初谷勇『NPO 政策の理論と展開』大阪大学出版会、2001 年
宮崎伸光「行政委嘱員・関係団体再考」松下圭一・西尾勝・新藤宗幸（編）『自体体の構想 5 自治』岩波書店、2002 年
武藤博己『分権社会と協働』ぎょうせい、2001 年
山本啓・雨宮孝子・新川達郎（編）『NPO と法・行政』ミネルヴァ書房、2002 年

‥‥‥ Column ⑳　イエとムラ

　明治時代に自治体は、「行政村」と「自然村」と対比されたように、自治体はムラという人間集団の側面を重視しているようである。しかし、他方で「イエ社会」とか「家族主義国家」と呼ばれる日本では、イエという人間集団の側面も、自治体にはあっても不思議ではない。人びとを市町村という土地に紐づけることによって、戸籍制度を整備したが、市町村の区域とされる土地は、同時に人間集団としてのムラ（市町村）と不即不離だったのかどうかは、必ずしも判然としない。

　戸籍は「戸」という用字に表れているように、住戸＝家屋＝家族を前提にしている。戸籍は、個人が直接に市町村の区域という土地や、市町村というムラに結合させるものではない。「戸主」（家の長）の下に属し、その戸主が戸籍によって「戸長」に結びつく。「戸長」とは、市制・町村制によって市町村長が登場するまで行政村の長であったが、その役職が「村長」「社長」「団長」ではなく、「戸長」と呼ばれていたことは興味深い。

　こうして見ると、日本の自治体による住民把握は、イエの論理で組み立てられているのかもしれない。戦後になって家制度や家（父）長制が公式には廃止されたものの、戸籍は相変わらず個人単位ではなく家（ただし核家族：親と未婚の子ども）単位のままであった。また、住民基本台帳も、世帯ごとにまとめられる。世帯は、論理的には家族や家とは同じではないが、しばしば、父親を世帯主とし、妻子を世帯員とする核家族を想定していた。今日でも、選挙の投票場入場券は世帯ごとに一括して郵送される。また、みだりに他人には知らせていけない個人番号も、世帯ごとに一括して通知されたので、世帯内家族の個人番号はお互いに知り得ることになった。

　もっとも、今日では、多くの自治体で単身世帯が急増している。日本人社会が単身世帯化するならば、いずれはイエの論理では実務はこなせなくなるだろう。ただし、これから増える外国人が、新たな家族的紐帯を日本の自治の現場に転生させるかもしれない。

第21章　コミュニティの自治と協働

この章で学ぶこと

　地域には、人びとのさまざまな集団からなるコミュニティがある。自治体、とくに市区町村は、住民に身近な政府として、地域のコミュニティとの関係なくして、行政を進めることはできない。本章では、コミュニティについて、伝統的な町内会をはじめ、自治体のコミュニティ施策や地域ボランティア、自治体と住民やNPOとの協働の実態について触れることにしよう。第20章に即していえば、公務住民の側面に着目することになる。

第1節　町内会とコミュニティ

■町内会の特徴

　戦後日本のコミュニティの自治を考えるうえで、もっとも基本になるのが町内会である。その沿革には諸説ある。名称は、町内会、自治会、部落会、町会など、多様であるが、以下では、**町内会**と呼ぶことにしよう。社会学者の倉沢進らの研究をもとにすれば、町内会には、以下のような特徴がある。① **全国的遍在性**：全国的にもっとも一般的に見られる住民活動であり、ほとんどすべての自治体の地域に、何らかの意味での町内会が存在する。② **世帯加入**：必ずしも明確な加入資格があるわけではないが、通常は、各世帯を単位として加入する。③ **自動加入**（半強制的加入）：町内会は強制加入ではなく、町内会費を払わないことも可能である。しかし、自治体あるいは町内会関係者は地域住民が加入することが自然・当然であると理解している。④ **包括的機能**：町内会は特定の目的をもった団体ではなく、地域に関する事柄について包括的に活動することがあり得るとされている。そのため、町内会は、PTA、防犯協会などの分野別団体や、老人会、子供会、婦人会などの世代別・性別の団体を包括す

る位置づけがされることが多い。⑤ **行政補完機能**：市区町村などの行政の機能を補完する活動も行う。⑥ **排他的地域独占**：ある1つの地域には1つの町内会が想定され、空間的には、重複も空白もない町内会の地域区割りがされる。

　町内会の特徴は、実は、日本の自治体の特性と共通する。町内会は準自治体あるいは**近隣政府**（neighbourhood government）としての性格を帯びている。しかし、住民による代表民主制（選挙制）は存在しないのが普通である。

■包括的行政補完機能

　特性の④⑤⑥から、町内会は幅広い包括的な行政補完の機能を営むことができる。町内会は、自治体から委ねられた業務（広報紙の配付、街灯の管理、清掃活動など）を行うとともに、地域の固有の業務（親睦、祭りなど）もする。自治体からの「委任」の仕方には、町内会の代表者などを自治体の連絡員（非常勤特別職・報酬あり）とする**連絡員方式**と、町内会という団体に業務委託する**町内会方式**がある。町内会の業務は一括して、「**地域共同管理**」（中田実）として捉えることもできる。住民にとって共同社会消費手段の整備が必要であり、その管理機能が求められるが、それを担う中核が町内会であるという。

■媒介機能

　町内会は、自治体に対して住民の要求を伝える要求伝達機能ももつ。町内会は、自治体と地域住民の間を双方向でつなぐ媒介機能をもつ。媒介ルートは、町内会長・連合町内会長による陳情、地元合意形成における交渉の仲介、町内会と自治体幹部との意見交換会（行政懇談会、市長と語る会など）、各種**行政委嘱員**・審議会委員の推薦、地元選出議員の選出母体・後援会、など多様である。

　とはいえ、町内会が住民一般を代表するには限界がある。町内会は特定町内の意向を表明するにすぎない。町内会は任意団体であり特段の正統性もなく、実際にも**加入率**は低下しており、積極的に関わっている住民は少なく、住民の「総意」を集約するとはいえない。町内会の意思決定を仕切っているのは旧住民の「ボス」のこともあり、一般住民の声は反映しにくいことも多い。

　しかし、町内会は、**町内会連合会**（連合町内会）への積み上げによって、自治体全域の要求に集約する。地域レベルでは町内会の加入率を上回る組織はあまりない。また、自治体からの認知や委託などを得ている。依然として町内会は、

地区住民の要求を準代表して準正統に伝達する機能が推定され、自治体は町内会を基本的には重視している。町内会は真の住民代表にはなり得ず、首長・議員は代表性を脅かされる懸念を抱くことなく、安心して共存できる。このように、自治体側から見ると、町内会は有用なことが多い。

■町内会と自治体の相互依存関係

町内会は住民を動員する実働力があるから、自治体が町内会に公務遂行を依存することがある。町内会は、それを交渉材料に、自治体に対する要求伝達機能を効果的なものにする。もっとも、公共サービスに関しては専門処理機関が発達し、町内会は担い手不足となり、行政補完機能は空洞化しつつある。

しかしながら、自治体は、イベントの動員力や、簡便な民意の把握ルートであることなどを考え、町内会の存在価値を見出す。そこで、自治体による町内会存続への支援策が採られる。こうして、「持ちつ持たれつ」の相互依存関係となる。さらに、政治家にとっては、町内会を後援会組織的に動員できることは非常に便利であるため、町内会を支援する動機が生じる。

■コミュニティ対策要綱

戦後日本のコミュニティは町内会を基礎として展開されてきたが、高度経済成長や人口の社会的移動によって、旧来的な町内会は弱体化を見せていった。このような中で1970年代頃から展開されたのが、コミュニティ施策である。

1969年に**国民生活審議会調査部会コミュニティ問題小委員会報告**『コミュニティ—生活の場における人間性の回復』が出された。それによれば、コミュニティとは、生活の場において、市民としての主体性と責任を自覚した個人および家庭を構成主体として、地域性と各種の共通目標をもった、開放的でしかも構成員相互の信頼感のある集団とされた。目標としてのコミュニティである。

伝統的な村落共同体・都市隣保組織（＝町内会）は衰退・解体しつつあった。それは、伝統社会の拘束からの解放という点では望ましい。しかし、個人が連帯感を失って孤立化する点ではマイナスである。そこで、プラスを活かしつつ、マイナスを克服するのがコミュニティとされた。こうして、1971年に「**コミュニティ（近隣社会）に関する対策要綱**」（自治事務次官通達）が出され、3カ年の**モデル・コミュニティ事業**が展開された。

■自治体のコミュニティ施策

　1970年代から展開されたコミュニティ施策は、しばしば、以下の３点セット方式からなるという。① **地域分割** (ゾーニング)：しばしば小学校区・中学校区を単位とする。コミュニティの開放性からは厳格な区画はおかしいため、実際には地域性を背景に緩やかな区画とされる。② **地域コミュニティ施設** (コミュニティ・センター、いわゆる「コミセン」)：コミュニティ形成の核として、地域住民の活動の場を提供するとされた。「箱モノ」＝施設サービスの支援策によるコミュニティ育成である。③ **住民団体管理**：コミセンを核にして住民コミュニティ活動の組織化が期待される。まず、コミセンの管理運営 (＝委託事務) のための住民団体の形成が進められる。公務住民としての性格が先行する。住民団体は、コミセン建設の前後は積極的でも、次第に担い手不足に直面する。

　コミュニティは、包括的行政補完機能を期待され、実質的には排他的地域独占であるなど、町内会に類似する。このため、既存の町内会があるところでは、町内会丸抱えコミュニティになることもある。

■地域コミュニティ施設の運営方式

　コミュニティ施策では、地域施設を梃子にしたコミュニティ育成が想定されたが、行政直営方式は少なくない。**出張所**の色彩が強いと行政直営の傾向は強まる。コミュニティ施設の色彩が大きくなると、関係住民の運営委員会が設置されたりする。住民委託方式も見られる。受託される住民組織の性格は厄介である。開放的で、政治・宗教・経済などの目的をもたず、民主的に運営され、自発性・自主性をもち、特定少数集団イメージをもたないことが求められる。町内会との関係も難しく、行政の下請けになりやすい。施設管理をめぐり、利用者との間などで、住民間トラブルが起きることもある。

第２節　行政と住民の協働

■行政委嘱員

　自治体は、これまでも、正規の常勤職員だけで行政活動を担うことができないため、住民の手を借りてきた。このときにしばしば使われるのが、行政が特

定の住民に特定の仕事を委嘱する**行政委嘱員**の方式である。自治会の会長や役員などを行政協力員・連絡員などとして委嘱し、自治体の業務の依頼を行うことが多い。また、民生委員や消防団員も無償奉仕のボランティアとされている。ただし、同時に、非常勤特別職公務員としても位置づけられる。

■地域ボランティア

　住民は、自治体と無関係に、自発的に何らかの公共サービス活動を組織化することがある（自助型住民活動）。これが、1970 年代から自治体レベルでは目立つようになった地域ボランティアである。この頃から地域住民（当時は主として女性）が担い手となって登場した。それ以前は学生セツルメント活動（学生が地域に入ってボランティア活動すること）などが見られた。

　第 1 に、育児・教育、老人福祉・障碍者福祉、食品安全、生活環境などで、行政サービスが及ばない領域が多かったため、サービスを自発的に組織化する必要に迫られた。第 2 に、当時の「専業主婦」層の存在がある。比較的に時間の余裕のある「主婦」ストックが存在し、「高学歴」などを背景に社会的関心がありながら、新住民として地縁的町内会への違和感をもち、夫は「会社人間」で地域に不在で担い手として機能しなかった。しかも、潜在的には「主婦」が、「当然」に子どもをもったうえで、子ども・老人の世話をするという、特定の性的役割分担（ジェンダーバイアス）的な意識を背景にしていた。

　地域ボランティアは、1980 年代以降、NPO 活動に発展していく。また、1990 年代には阪神淡路大震災を契機として、全国的にも認知された。一億総中流の「主婦」中心から、社会の格差化・非正規雇用化・男女共同参画化を反映して、雑多な人びとを担い手とする広がりをもつようになった。

■行政と地域ボランティアをめぐる議論と葛藤

　1970 年代以降、地域ボランティア活動が盛んになるにつれて、公共サービスのあり方や担い手をめぐって議論が起きてきた。地域ボランティアが行政の肩代わりになると、負担転嫁と行政の責任放棄に繋がる懸念がある。とくに、1980 年代の行政改革の「行政の守備範囲論」が、公共サービスの切捨てを正当化すると危惧された。しかし、行政が公共サービスを専管する問題も大きかった。行政サービスの膨張は、サービスの質・量を保証しないからである。

■地域ボランティアと地域の人びと

　地域ボランティア活動が盛んになるにつれて、地域の他の人びととの関係の整理も問われるようになった。第1が、町内会との関係である。ボランティアには熱意はあるが全地域での公平な展開には限界があり、町内会はその逆である。前者は自発性と特定課題への関心というテーマ性が強いが、後者は義務感と地域限定性が強い。両者が、性格の相違から葛藤を起こすか、相互補完的な協力が可能になるか、別々に棲み分けができるかが、問題となったのである。第2が、ケースワーカー、ホームヘルパー、民生委員などの専門的活動との摩擦である。互いに指図されたくないが、連絡報告と協力は欲しい。第3が、サービス対象者との関係である。篤志によって一方的に恩恵的に援助される、という対象者が受ける嫌悪感をなくすことが求められた。

　これらの葛藤と議論は、1990年代以降のNPOの発展の前提となるとともに、NPOと行政や他の人びととの関係では、繰り返し問われている。

■コミュニティの展開

　町内会やコミュニティ施策の想定するコミュニティは、基本的には地縁性を前提としていた。しかし、開放的な人間集団としての側面を重視すれば、必ずしも区画割りを行う必要はない。地域ボランティアは、実際にはある程度の範囲内の地域での活動が中心であるが、特定の区割りを前提とはしない。

　従来型のコミュニティを地縁型コミュニティとして位置づけ、それ以外の観点からの人間のつながりを、テーマ型コミュニティ、電子型コミュニティとして位置づけることも生じている。テーマ型コミュニティとは、福祉、子育て、食品安全、環境、まちづくり、など特定の関心や目的などのテーマに即した人間集団である。電子型コミュニティとは、電子会議室やソーシャルネットワークサービスなどの電子媒体を通じた人間集団である。

　平成の大合併で市町村が住民から遠くなったこと、高齢化・過疎化・無縁化・単身世帯化の急速な進行で住民間の紐帯が弱まっていること、財政危機によって行政の対応力が低下したこと、防災や見守りなどの必要性が高まったこと、地域のことは地域住民が自ら行政の手を借りずに行うことが「地域自治」や「新しい公共」として唱導されていることなどから、コミュニティへの行政

からの期待は高まっている。しかし、同時にこうした要因はコミュニティそれ自体の力も弱めさせている。

■地域住民協議会

　市区町村よりも狭い地区である住区に、住民の会議体を設け、コミュニティの制度化を図ることがある。その名称は多様で、住区会議、住民会議、市民委員会、地域協議会、コミュニティ市民委員会、地域会議、区民会議、地域振興会、まちづくり協議会、地域自治組織、住民自治組織、地域運営協議会などがあるが、**地域住民協議会**として総称できる。組織モデルとしては、小学校区―中学校区―全自治体という、地域の広狭のレベルごとに地域住民協議会を構成することがある。その意味では、町内会―支部町会―連合町内会という階層構造をもつ町内会と同様である。ただし、構成メンバーは非特定のことがあり、多様な背景の人材を発掘・結集する意図がある。

　行政の組織対応としては、コミュニティ・住民関連を専管する単独の部課が置かれることもあれば、地域担当制の職員や、支所・出張所があたることもある。これらは、地域住民協議会の事務局として運営支援にあたる。たとえば、討論資料・議事録の作成や、関係機関との連絡調整、会議の準備などである。自治体本庁全体と住民の架橋役であり、コーディネーターとなる。

第3節　NPO（非営利公益活動団体）と協働

■NPOの性格と系統

　NPO（非営利公益活動団体）は、いわゆるNPO法（特定非営利活動促進法）による認証によって法人格を取得したものに限らず、広い意味での公益活動団体を含む。法制的には、法人格の有無、税制での扱いなどに差がある。NPOには、地域居住の生活者としての住民が、生業を別にもちつつ行う活動という住民団体的性格の強いものから、NPO活動自体を専業として行う専門家などを中心とした、事業者的性格の強いものまである。両者の側面が重なると、市民事業者やコミュニティビジネスとなる。

　住民団体的性格のNPOは、公共サービスの提供に関わることが多く、公務

住民系統に位置づけ得る。ただし、起源は、対象住民系統から発生していることも多い。対象住民としては、自治体に公共サービスを要求したり、そのあり方に抵抗したりするが、自治体が応じないことがある。そのときに、障碍者・女性など対象住民が自主的に、当事者として、必要に迫られ、代替的に公共サービスの提供を開始する。公共サービスの実績を示すことで、自治体に公共サービスの必要性や別のあり方を認知させる活動に繋げる。

■ NPO の社会的な認知と正統化

　公務住民・対象住民の側面が強い NPO は、市民としての正統性は十分ではないから、社会的な認知と正統性を獲得するように努力している。

　① 価値：使命感（ミッション）、倫理観、信念、自主性などは重視される。もっとも、これらを強く押し出しすぎると、参加者の負担が重くなりすぎるだけでなく、周りが「引いてしまう」ので、適度な遊び感覚や自己実現的側面や柔軟さも求められている。

　② 技術的・業務遂行能力：専門家・専門職としての能力と倫理や、実際にサービス提供ができるという実力による正統化である。

　③ 法的位置づけ：法令遵守を心がけることはもちろんであるが、NPO 法による法人格の認証や、NPO 推進・支援条例などでの位置づけである。

　④ 認知：政治家・世論からの直接的な正統性の獲得を目指す。「市民」を標榜し、市民の感覚を反映して、実質的な代表性を保つ努力をする。また、パートナーシップ協定を結び、自治体から業務委託や委員委嘱を受け、協働関係を構築することは、一種の自治体による認知である。また、自治体に対して、反対運動ではなく事業・政策提案をすることは、自治体からお墨付きを得て公共サービスを展開することに繋がる。

■協働と実働

　公共サービス提供のために実働することが、NPO など公務住民の特徴である。住民と行政の協働を支える鍵は、住民団体が自治体と対等・協力関係に立って実働することにある。

　第 1 に、実働自体には価値がある。「口先だけ」ではなく、実際に「汗をかく」からである。第 2 に、公共サービスの提供を実現できる。住民自らがサー

ビス提供に携わることによって、確実で良質なサービスを自らの手で提供できる。第3に、実働力を背景として、自治体などに影響力を発揮できる。ただ要求するだけでは、自治体が応じるとは限らないからである。

　第4に、実働力の調達・再生産のためには、報酬・反対給付が必要である。篤志に頼るのは限界がある。反対給付が乏しければ、「担い手不足」や「燃え尽き症候群」になる。活動実費程度の弁償は非営利活動でも必要である。反対給付が過剰であれば、既得権・利権化する。当初の活動では、「やりがい」「楽しさ」「自己実現」などの主観的補償が重要である。しかし、ある段階からは政策的支援が求められる。NPO活動支援センター（中間支援組織）によって、活動の場の提供、人材育成、情報共有などを進め、業務委託・補助金・助成金・活動保険によって、政策的な認知と支援をすることがある。

■協働関係における諸原則

　協働は、自治体行政・住民（・事業者）などが公共サービス提供のために協力することである。一般には、対等・協力関係に立つことが念頭に置かれている。しかし、住民団体（NPOなど）と行政と事業者は、それぞれの利害と立場を否定するわけではなく、むしろ、相互に尊重する。住民と自治体職員が渾然一体化するわけではない。したがって、目的を完全に一致させることはあり得ない。住民と行政の協働関係は、協働原則としてまとめられつつある。たとえば、対等、相互理解、目的共有、情報公開、自主性・自立性などである。

■協働関係における責任と統制

　協働による公共サービス提供に関しても、行政サービスの提供と同様に、住民に対する責任と住民による統制が必要である。公務住民が関わるからといって、市民に対する一般的な責任や、対象住民に対する個別的な責任は消えない。行政と住民が対等な立場で責任共有・分担できるのは、あくまで公務住民としての側面に限定される。協働による公共サービスへの責任と統制のメカニズムの構築は、重要な課題である。

　行政職員に対する責任と統制は、選挙による政治的代表者を通じた民主的統制が基本にある。しかし、公務住民に対しては、選挙を通じた統制は難しい。このような統制を強く要求しすぎると、結果的には、自治体首長・議会・行政

が公務住民（NPO など）を指揮監督することに繋がり、対等・協力関係に基づく協働は崩壊し、「行政の下請け」になりかねない。政治・行政の関与を抑え、民主的代表性を確保しつつ、市民・対象住民に対する責任と、市民・対象住民による公務住民への統制が求められる。行政と住民の協働は、協働によって提供される公共サービスの責任と統制のために、住民（市民・対象住民）による市民参加・住民参加を要請する。

参考文献

岩崎信彦他（編）『町内会の研究』御茶の水書房、1989 年
倉沢進（編）『改訂版コミュニティ論』放送大学教育振興会、2002 年
倉沢進・小林良二『改訂版自治体・住民・地域社会』放送大学教育振興会、2004 年
辻中豊・ロバート・ペッカネン・山本英弘『現代日本の自治会・町内会』木鐸社、2009 年
中田実『地域共同管理の社会学』有信堂、1993 年
名和田是彦『コミュニティの法理論』創文社、1998 年
名和田是彦（編）『コミュニティの自治』日本評論社、2009 年
西尾隆（編）『住民・コミュニティとの協働』ぎょうせい、2004 年
沼尾史久「町内会再考」松下圭一・西尾勝・新藤宗幸（編）『自治体の構想 5 自治』岩波書店、2002 年

Column ㉑　行政と住民の押し付け合い

　日本の自治体では、地域住民による自主的活動に期待する傾向は根強いものがある。第 1 に、江戸体制以来、明治国家になっても、統治の末端機構としての行政村だけでは必要なサービスを提供することはなかった。

　第 2 に、明治・昭和・平成と市町村大合併が進められ、基礎的自治体は集落や住民生活からは遠くの存在になり、結局、住民が自主的に対処せざるを得なかった。しばしば、合併は地域自治組織の活性化を同時に求めるが、本当に地域自治組織が必要ならば、合併を進めなければいいはずである。

　第 3 に、行政の人員・財源に限界がある以上、一定の公共サービスを確保しようとすれば、住民によるサービス提供に期待せざるを得ない。とくに、行政改革が行政サービスの低下を招くときには住民から反発を受けるので、自助・互助・共助で住民が自ら提供すれば問題はない、という弁明がなされる。しば

しば、そのときイデオロギー的に持ち出されるのが、住民の行政依存体質への批判である。本来の自治は、住民が自ら自分のことを処理することであって、自治体行政に依存してはいけない、という通俗的な「住民自治」の議論である。もっとも、自治体は行政サービスを提供するために住民自らが設置したはずである。

　ともあれ、実際に地域現場で起きがちなのは、行政と住民との負担の押し付け合いである。同じ公共サービスを提供しなければならないときに、住民が多くを担えば行政の負担は減り、行政が多くを担えば住民の負担は減る。行政と住民の協働という建前の下では、このような負担の押し付け合いの葛藤が生じていることがある。もっとも、行政も住民も、ともに負担を担う体力が低下しているからこそ相手に期待するが、それゆえに期待に応えることができない状況にある。

第22章　住民運動と市民参加

> **この章で学ぶこと**
>
> 　第20章で触れたように、住民には、市民、公務住民、対象住民の3つの側面がある。対象住民としての住民が、主体的に活動するようになると、住民運動と住民参加が発生する。対象住民としての住民運動と住民参加が、市民一般の立場に立って活動するときに、市民参加となっていく。本章では、住民活動の類型を踏まえて、住民運動、住民参加、市民参加を解説していく。

第1節　住民活動の類型

■自助・同調・抵抗・参加

　住民の行う活動は、行政学者の西尾勝によれば、自治体行政への関係のとり方によって、4つに分けられる。

　自助：自治体とは無関係に行う自主的な住民活動。

　同調：自治体の意向と違和感のない住民活動、いわば、行政追従の住民活動。

　抵抗：自治体からの働きかけに対して受け身で反応する、反対住民運動。

　参加：自治体を自分たちの期待する方向へ動かそうとする住民運動。

　自助では、住民の意向が、結果的に自治体の意向と一致しても、同調ではない。同調は、自治体の働きかけに住民が従属的に反応するときや、住民が自ら自治体の意向に合わせるときに、生じる。もっとも、現実には、自助と同調が混ざることも多い。

■拒議・抗議・異議・協議・建議

　狭い意味での住民運動は、住民活動の抵抗・参加の点に注目する。抵抗の契機がなければ参加や自助は育たず、同調になるからである。権限も実力ももた

ない住民運動が自治体に働きかけるには、コミュニケーションが必要である。同じく西尾勝の議論を参考に、コミュニケーションの取り方によって、抵抗・参加としての住民運動は分類できる。なお、同調でのコミュニケーション方法が**請願・陳情**である。

拒議（抵抗型1）　自治体との話合いに応じないことを運動方針とする。一般に、事業計画の説明会に臨んだり、話合いに応じること自体が、事業の追認というコミュニケーション機能をもつことがあるためである。事業実施に不可欠の権利（たとえば土地所有権）を住民がもっているときには有効である。

抗議（抵抗型2）　自治体に対して反対の意思を表明する住民運動である。署名・反対表明（文書・看板・旗・横断幕・HPなど）、デモ・集会、マスコミの動員などをする。場合によっては、座込み、道路・土地封鎖などの実力行使をすることもある。周辺受苦者・非土地所有者は、拒議では事態は勝手に進行してしまうことがあるから、積極的に反対の意向を表明する必要がある。

異議（抵抗型3）　対決・反対表明や白紙撤回要求から、自治体との交渉へ向かう住民運動である。自治体が交渉に応じようとしない場合には、住民運動が、抗議によって交渉や話合いを要求することもある。ただし、交渉に入ることが事業追認という意味を持つこともあるから、そうならないために交渉は入口論から紛糾しやすい。

協議（参加型1）　自治体との交渉を主眼に置いた住民運動である。協議において話し合われる内容やスタイルには、大きな幅があり得る。話合いは実質的なこともあれば、形骸化した行政側のアリバイづくりになることもある。事業の必要性を根本的に問い直して、結果的に白紙撤回や中止・休止になることもあれば、事業の必要性や妥当性に対する住民の理解が進み、当初の計画のままで事業展開することに合意がなされることもあろう。その中間には、かなり大幅な計画変更から、部分的な修正を求める条件闘争や、事業計画を追認したうえでの補償や代償が協議されたりすることもある。あるいは、両者の主張が平行線のまま、協議が決裂することもある。

建議（参加型2）　住民運動のきっかけとなった事業に対して交渉するだけではなく、より広く、自治体に対して代案・対案を示して提言する。自治体に

対する政策提案である。一般に、ただ反対では世論・市民・マスコミの支持が
得られず、また、当該事業だけに限定して運動を展開しても、広い世論の支援
は得られない。そのため、運動の理解を市民一般に広げるために、建議するよ
うになる。

第2節　住民運動と住民参加

■原因①：建設事業

　住民運動のきっかけは多様である。もっとも典型的なものは、**公共建設事業**
である。事業ごとに受益・負担の空間的範囲は多様である。鉄道・道路のよう
な線的事業では、数市区町村に及ぶ反面、沿線からの距離などによって、同一
市区町村内でも影響に差が生じる。点として立地する施設でも、影響圏は多様
である。建設事業の影響では、空間的な広がりが重要であるから、受益・受苦
などの関係から、住民運動が空間的まとまりによって組織されやすい。

　住民への影響が生じる点では、民間の建設事業も住民運動のきっかけとなる。
この場合、住民運動の主たる働きかけの相手方は、建築主・民間事業者となる。
両者が容易に納得できずに、**建築紛争**の状態になることもある。この場合には、
紛争の解決を求めて、住民から自治体に働きかけが生じることが多い。行政は、
しばしば住民側と建築主・事業者側の双方から「中立」的な立場を取り、それ
ゆえに住民側から不信を招くことがある。

■原因②：行政活動一般

　建設事業以外のさまざまな活動も、住民運動のきっかけとなる。たとえば、
障碍者福祉の利用者や予防接種の被害者などは、行政活動によって大きく影響
を受けるから、当該行政のあり方に影響を与えるために運動を組織することが
ある。この場合、全国的な行政課題であるから、対象者は全国に遍在している
一方で、地域では障碍者福祉の対象ではない住民も多いので、対象者は自治体
内では偏在している。つまり、空間的な広がりが、必ずしも行政活動の影響と
強く関係しない。しかし、自治体ごとの行政判断は、実際の対象者に大きく影
響する。自治体ごとの判断の積み重ねは、国の判断にも影響を及ぼす。また、

運動を展開するには、空間的な近さは重要である。直接的な対象者以外にも理解を広げることは、運動の広がりに重要である。こうして、比較的に近隣の空間を主たる基盤としつつ、住民運動がつくられていく。そのうえで、住民運動間の自治体を超えた横の連携が目指される。

■不確定性と住民運動の難しさ

住民運動のあり方はきわめて不確定的である。ある事業がある住民にとって、利益になる存在か迷惑な存在かは、一義的には決まらない。また、どの範囲の住民にとって利益をもたらし、どの範囲の住民にとって不利益をもたらすのかも一義的ではない。住民の主観によっても受け取り方は変わる。行政や民間の活動の内容によって、受益になる場合もあれば、迷惑になることもある。住民の利益・不利益の範囲は一義的には決まらないため、住民運動がどの範囲でつくられていくのかも不確定的である。

個々の住民にとっての利害濃淡や意見は多様であるから、多くの住民を集めて住民運動を組織することは、容易ではない。また、住民運動が活動を開始してからも、常に、内部での意見や利害の対立は起こり得る。利害関心が同じであっても、フリーライダー的な行動をとる場合には、その住民は住民運動には加わらない。また、積極的に運動に関わること自体を好まない住民もいるし、そもそも「お上」に同調するのが好きな住民もいる。時間的に余裕がない、仕事や私生活やレジャーの方が重要であるという時間配分の問題もある。人びととのつながりや相互の信頼関係という「縁」・「脈」・「閥」・「結」・「講」・「組」・「班」・「会」などの**社会関係資本**（social capital）（ロバート・パットナム）のないところで住民運動の組織化は難しい。

住民運動は既存の団体や人間関係を母胎として、ある原因となるきっかけを契機に、組織化がされることが普通である。農林漁業や商工業・観光業などのある地域では、これらの生産者組織（農協・漁協・商店会・観光協会など）や、そこでの人間関係が、住民運動の触媒となり得る。町内会・団地管理組合などの地理的な単位や人間関係のつき合いも、学校・PTA や生協活動なども、住民運動の組織化への母胎となり得る。ただし、同時に、これらの団体や人間関係は、自助や同調を求める母胎としても機能してきた。

■住民運動の問題提起

　住民運動は、既存の政策決定方式・決定内容・執行手法などのあり方に問題提起をする機能を果たしてきた。

　第1は、行政活動や政策・計画の決定手続への問題提起である。いわゆる「ボタンのかけちがい」論である。事業の正統性や妥当性を決定する手続が不十分であり、住民・関係者への十分な情報提供、説得、合意形成の努力が欠けていることが、しばしば指摘された。また、仮に決定手続があっても、形骸化して、実質的な合意形成の場となっていないことも、指摘されてきた。

　第2は、自治体が主張する政策・事業の技術的・実体内容的妥当性に対して、問題提起してきた。このためには、住民運動にも、専門的な分析能力や代案作成能力が問われる。外部の専門家集団の援助や参画などが重要になる。また、事業に関わる情報・データが開示されるかも重要であるし、情報・データの開示を求める段階から住民運動が必要なこともある。一般的には、行政・事業者側は、専門能力、情報・データや資金の点で、住民運動よりも優位しているが、住民運動がまったく無力であったわけではない。

　第3は、補償・代償や事業の総合化などへの問題提起である。自治体が進める政策・事業を大枠で認めるにせよ、工夫の余地はある。たとえば、単なる財産権補償を超えて、生活・機能回復や事業損失の補償をどうするのか、生活再建・事業再建に関する措置をどう展開するか、などが問われてきた。また、事業を組み合わせて、受益と受苦を総合的に公平にする配慮や、周辺一帯の総合的なまちづくりを行う機会として活用するなど、問題提起をしてきた。

■自治体の住民運動対策

　自治体は住民運動に対して、いかなる対策をとるかは、重要な選択である。第1の**住民参加戦略**は、行政の事業には被害者・反対者は不可避であり、抗議・異議を予想したうえで、住民との交渉・協議によって事業の改善と実施を目指す。少数派への配慮をする、特定者が犠牲になることを当然視はしない、総合的な政策展開の観点をもつことで、柔軟に交渉する。計画は早期に知らせ、問題点も示すなど、時間的な余裕が必要である。政策・計画に関する情報は開示する。また、交渉担当者に幅広い裁量的決定権を認めるとともに、交渉担当

者の意見統一のための庁内討議の徹底をしておく。いずれも、住民参加を実効的にするためである。形骸化した住民参加のポーズは、住民の不信を招き、住民運動を異議から抗議・拒議へ導く。

　第2の**対決戦略**は、住民運動を切り崩すことによって、事業の実施を目指す。住民運動を収束させるために、譲歩を行うこともある。直接的には、秘密や抜打ちの作業などを行うなどして、既成事実を積み上げて諦めさせたり、ときには、実力行使もある。このような直接的対決は、住民抵抗運動を激化させることもあるし、世論の反発を招くこともある。

　対決戦略は間接的な方法でも行われる。住民運動との取引や懐柔・切崩し工作を行う。住民との個別交渉・個別取引によって、個別に納得を広げていく。十二分に時間を掛ける持久戦もある。交渉・対話の姿勢を続けるが、変更や譲歩はなく、ただただ一方的に説明して理解を求める。住民運動操縦方法としては、資料山積み作戦（情報洪水で運動リーダーやメンバーを困憊させる）、リーダーもち上げ作戦（リーダーをもち上げて、メンバーと遊離させる）、怪文書・怪情報（メンバー間の疑心暗鬼を誘う）、レッテル貼り、などいろいろあるという。

■住民参加の制度化

　住民運動の問題提起を正面から受け止めて、行政の意思決定を改善するためには、自治体として住民参加を進める。しかし、住民の範囲を一義的に確定することは難しく、住民参加の制度化は容易ではない。伝統的には、地域住民を包括的に反映していると推定された町内会の代表者を通じて、住民の意向を汲み取ってきた。コミュニティや地域住民協議会に諮ることもある。これらは**地縁型コミュニティ参加方式**である。しかし、住民の範囲は、争点となる自治体の施策に左右されるならば、案件ごとに柔軟でなければならない。そのときには、事業区域を広くとって徐々に絞り込む**段階的計画方式**が必要である。

　参画する住民の選出方法が問題となる。争点に関係する諸団体から適切に選抜するやり方がある（**テーマ型コミュニティ参加方式**）。逆に、自治体が個別事案ごとに選抜することは容易ではないため、機械的に一定範囲の住民を設定することもある（**機械的参加方式**）。市民一般が参加できる制度にしておけば、対象住民も参加できる（**市民参加代替方式**）。いずれにせよ、住民参加の制度化はか

なり難しい。住民運動の実態が不確定的に流動するため、住民参加制度は常に、住民の「真」の意向から乖離して形骸化しやすい。このため、しばしば、制度化をしないまま、行政と住民の**直接交渉方式**になる。

実務では、個別の苦情や質問・相談に対して、電話・窓口や戸別訪問による説明が基本である。また、一定の範囲に影響が及ぶような事業については、**説明会**を開催することが多い。さらに、民間事業に起因する案件については、行政は民間事業者に対して、住民への個別説明や説明会の実施を求める。

第3節　市民としての住民の直接参加

■直接参政制度

イニシアティブとは、住民が直接的に条例制定などを請求し、議会の審議にかけ、仮に議会で否決されても最終的には住民の投票で決定する制度である。レファレンダムは、自治体が決定する際に、住民の投票による承認を要する制度である。リコールは、自治体公職者を、住民の投票によって解職する制度である。

日本における**条例の制定又は改廃の請求**は、住民発議を認めているが最終的な決定権は住民にないため、完全な意味でのイニシアティブではない。レファレンダムは、地方自治法上の一般的な法制としては制度化されていない。リコールは、議員・首長の**解職請求**と、その後の住民による**解職投票**が法制化されている。このため、解職請求がもっとも実効的に活用されてきた。なお、これらの直接参政制度は、一定数以上の署名による直接請求を必要とするため、頻繁に活用できない。大規模自治体では人口比では一定の緩和がされてはいる。しかし、人口30万人以上の自治体でのリコールの事例は2010年の名古屋市の議会解散の直接請求まで皆無だった。このほか、**事務監査請求**もある。

■住民投票

住民投票を自治体が条例によって制度化して、実施するケースが1990年代より増加した。当初は、新潟県巻町の原子力発電所、沖縄県・名護市の米軍基地、岐阜県御嵩町の産業廃棄物処分場などの個別の迷惑施設に関する個別型の

住民投票が多かった。その後、一般的な常設型の**住民投票**制度がつくられ、また、2000 年代前半には争点として「**平成の大合併**」に関わるものが頻発した。現行法制のもとでは、住民投票の結果が首長・議会を拘束する拘束型ではなく、諮問型とされている。しかし、住民の多数の意思が明確に示される場合には、政治的な効果を発生させ、とくに首長が住民投票の結果に反する行動をすることは稀である。

　現在のところ、一般的な意味での住民投票法制はない。住民投票には、多数の住民の意思から大きく乖離した首長・議会・一部団体による政策決定を覆す効果はあり得る。しかし、住民投票は、住民の多数派意思によって、少数派を封じ込めるおそれもある。さらに、首長が印象操作などで住民を動員する**プレビシット（翼賛型人民投票）**になり、かえって首長など為政者による暴走を助長することもある。住民投票は、投票に至るまでの公平で十分な議論、少数派意見への配慮、情報公開、選択肢（設問）の作り方、投票運動の公平性、首長のスタンス、首長など為政者による道具にならないために為政者の介入の限定など、さまざまな条件が求められる。

■請願・陳情・提案・意見提出

　願意に賛成する議員の紹介によって議会に提出されるものを**請願**と呼ぶ。それ以外の雑多な意見・要望の伝達は**陳情**と呼ばれる。近年では、建議型の住民活動を反映して、対等な立場で積極的な代案を提示する提案の形態も増えている。さらに一部の法制や**パートナーシップ協定**では、住民などの提案権に対して、自治体行政側の考慮・尊重・回答義務を課す。また、行政の原案などが公告・縦覧され、住民が意見書を提出できる手続もある。より一般的には、行政手続における**パブリックコメント（意見照会・意見提出）**である。行政側が住民の請願などを真摯に受け止めて再検討を行うことも、内部的に決まったことに固執して、住民意見に耳を傾ける気がないことも、あり得る。

■住民監査請求・住民訴訟

　住民監査請求は、財務会計上の違法な行為などによって、自治体や納税者でもある住民（法人も含む）が損失を受けることに関して、監査委員に対して住民が監査を求める制度である。監査委員の監査結果に不服などがあるときには、

その住民は住民訴訟を提起できる。直接請求は一般的に多数の住民の署名を必要とするが、住民監査請求と**住民訴訟**は、１人でも行える。このため、コストが低く、大規模自治体でも活用されている。

　また、住民監査請求は最終的な処置を自治体に求める権限はないが、住民訴訟は裁判所の判断として明確に決定されるため、市民参加の手法としてはきわめて強力である。ただし、対象が財務会計行為に限定されている。とはいえ、機能的には政策への異議申立にも利用されている。いわゆる**市民オンブズマン**活動などでは住民訴訟は多用されてきた。

　首長など自治体関係者からは、住民監査請求・住民訴訟に伴う**賠償責任**の重さ（億単位もあり得る）には不満があった。そこで、原則として 2020 年度以降から、内部統制・監査の充実などとセットで、条例において、首長・職員の自治体に対する賠償責任について、その職務を行うにつき善意でかつ重大な過失がないときは、賠償責任額を限定して、それ以上の額を免責することを定めることが可能になった。とはいえ、条例の制定に関して、免責に関する参酌基準や責任の下限額は国が設定する。

　他方、住民訴訟に対して、団体としての自治体の賠償請求権の放棄を議会が議決をすれば、首長などに賠償をさせられないため、議会の協力を得られる首長などは住民訴訟に伴う賠償責任を免れてきた。そこで、住民監査請求があったのちに、当該請求に関する賠償請求等の放棄に関する議決をしようとするときは、議会は監査委員からの意見を聴取することとされた。住民訴訟の適切な設計と運用は今後も課題になり続けるだろう。

■参考文献
大畑裕嗣・成元哲・道場親信・樋口直人（編）『社会運動の社会学』有斐閣選書、2004 年
篠原一『市民の政治学』岩波新書、2004 年
新藤宗幸（編）『住民投票』ぎょうせい、1999 年
西尾勝『権力と参加』東京大学出版会、1975 年
西尾勝「行政過程における対抗運動―住民運動に関する一考察」日本政治学会『政治参加の理論と現実』岩波書店、1975 年
西尾勝『新版・行政学』有斐閣、2001 年
西尾勝・大森彌・寄本勝美・新藤宗幸『自治行政要論』第一法規出版、1986 年
R. パットナム『哲学する民主主義』NTT 出版、2001 年
松原治郎・似田貝香門『住民運動の論理』学陽書房、1976 年

Column ㉒　多様な市民参加の手法

　現在、自治体では、多様な市民参加の手法が採られるようになっている。その代表的なものは、以下のようなものがある。

　公募市民委員：審議会などの委員に、公募の市民を選出する。ただし、応募した市民全員を入れるとは限らないが、その場合に、誰がいかなる基準でどのように選定するかは問題となる。また、公募委員と、それ以外の委員との人数比も重要である。単なる「お飾り」になることもあり得るからである。

　大量市民参加方式：公募市民を中心とする大量人数の会議体を形成して市民参加を図る手法である。この場合には、応募した市民は全員参加という形態を採ることが可能になる。ただし、現実には、大量の市民会議体を運営していく場合には、事務局や運営・世話役グループが必要になるため、寡頭支配の法則は貫徹するともいえる。

　パブリック・インボルブメント：広く市民を巻き込んで市民参加をしていく形態であり、その要素として、ワークショップを行ったり、大量市民参加方式が組み合わされたりする。しかし、住民を行政側が巻き込んで動員する方向にも機能する。

　ワークショップ：自治体の事業・政策案を市民が集まって、「工房」のようにつくり上げていく市民参加の手法である。もっとも、その成果を実際の政策につなげることが容易ではない。そのため「学芸会」のようになってしまうこともある。しばしば、付箋（ポストイット）を使って意見を次々と貼り付けていき、それらを意見の集合として集約して、名付けていく、いわゆるＫＪ法が多用されている。

　提案公募：市民からの政策提案を、自治体の内部の政策立案と結びつけようという手法である。たとえば、市民企画公募型補助金では、市民からの補助金申請を事業企画とともに募集し、公開プレゼンテーションなどを経て、審査して採択するものである。しかし、熟度の高い提案をすることも、適切に審査することも、簡単ではない。

　タウンミーティング：自治体の首長や職員が、地域で住民との直接的な対話を行う方式である。市民討議、市民集会、車座集会、首長と語る会、地元説明会など、いろいろな名称で古くから行われてきた手法の焼き直しでもある。その意味で、形骸化したり、「サクラ」の動員や「ヤラセ」になることもある。

　このほか、いろいろな**コンセンサス会議**や無作為抽出の陪審員的会合（計画細胞（プラーヌンクスツェレ）・**市民討議会**）、円卓会議、ワールドカフェ方式などの多様な試みが各地で展開されている。また、そのような会議の進行を促進するファシリテーターが重要になっている。

参 考 文 献

■教科書・入門書
縣公一郎・藤井浩司（編）『ダイバーシティ時代の行政学』早稲田大学出版部、2016 年
稲継裕昭『地方自治入門』有斐閣、2011 年
稲継裕昭『自治体ガバナンス』放送大学教育振興会、2013 年
今井照『図解 よくわかる地方自治のしくみ［第 5 次改訂新版］』学陽書房、2017 年
今井照『地方自治講義』ちくま新書、2017 年
今川晃・牛山久仁彦・村上順（編）『分権時代の地方自治』三省堂、2007 年
大森彌『現代日本の地方自治』放送大学教育振興会、1995 年
大森彌・大杉覚『これからの地方自治の教科書』第一法規出版、2019 年
北村亘・青木栄一・平野淳一『地方自治論―2 つの自律性のはざまで』有斐閣、2017 年
幸田雅治（編）『地方自治論―変化と未来』法律文化社、2018 年
佐藤俊一『地方自治要論［第 2 版］』成文堂、2006 年
柴田直子・松井望（編著）『地方自治論入門』ミネルヴァ書房、2012 年
新藤宗幸『日曜日の自治体学』東京堂出版、2013 年
新藤宗幸・阿部齊『概説 日本の地方自治』東京大学出版会、2006 年
曽我謙悟『日本の地方政府』中公新書、2019 年
田村明『自治体学入門』岩波書店、2001 年
土岐寛（編著）『行政と地方自治の現在』北樹出版、2015 年
西尾勝・大森彌・寄本勝美・新藤宗幸『自治行政要論』第一法規出版、1986 年
福島康仁（編）『地方自治論［第 2 版］』弘文堂、2018 年
村松岐夫（編）『テキストブック地方自治［第 2 版］』東洋経済新報社、2010 年
山口道昭（編著）『明快！地方自治のすがた』学陽書房、2014 年

■その他の参考文献
青木栄一『地方分権と教育行政』勁草書房、2013 年
秋月謙吾『行政・地方自治』東京大学出版会、2001 年
秋月謙吾・南京兌（編）『地方分権の国際比較』慈学社出版、2016 年
秋吉貴雄『入門 公共政策学』中公新書、2017 年
秋吉貴雄・伊藤修一郎・北山俊哉『公共政策学の基礎［新版］』有斐閣、2015 年
阿部昌樹『ローカルな法秩序―法と交錯する共同性』勁草書房、2002 年
阿部昌樹『争訟化する地方自治』勁草書房、2003 年
阿部昌樹『自治基本条例―法による集合的アイデンティティの構築』木鐸社、2019 年
天川晃『天川晃最終講義 戦後自治制度の形成』左右社、2017 年
有馬晋作『東国原知事は宮崎をどう変えたか』ミネルヴァ書房、2009 年
有馬晋作『劇場型首長の戦略と功罪』ミネルヴァ書房、2011 年
石田雄『自治―一語の辞典』三省堂、1998 年
礒崎初仁（編著）『変革の中の地方政府―自治・分権の制度設計』中央大学出版部、2010 年

礒崎初仁『自治体議員の政策づくり入門』イマジン出版、2017 年

礒崎初仁『知事と権力―神奈川から拓く自治体政権の可能性』東信堂、2017 年

礒崎初仁『自治体政策法務講義［改訂版］』第一法規出版、2018 年

市川喜崇『日本の中央・地方関係』法律文化社、2012 年

伊藤修一郎『自治体政策過程の動態』慶應義塾大学出版会、2002 年

伊藤修一郎『自治体発の政策革新―景観条例から景観法へ』木鐸社、2006 年

伊藤正次『日本型行政委員会制度の形成―組織と制度の行政史』東京大学出版会、2003 年

伊藤正次（編著）『多機関連携の行政学』有斐閣、2019 年

稲垣浩『戦後地方自治と組織編成』吉田書店、2015 年

稲継裕昭『日本の官僚人事システム』東洋経済新報社、1996 年

稲継裕昭『人事・給与と地方自治』東洋経済新報社、2000 年

稲継裕昭『自治体の人事システム改革』ぎょうせい、2006 年

今井照『「平成大合併」の政治学』公人社、2008 年

今井照『自治体再建：原発避難と「移動する村」』ちくま新書、2014 年

今村都南雄（編著）『自治・分権システムの可能性』敬文堂、2000 年

今村都南雄（編著）『現代日本の地方自治』敬文堂、2006 年

岩﨑忠『自治体の公共政策』学陽書房、2013 年

岩﨑忠『自治体経営の新展開』一藝社、2017 年

打越綾子『自治体における企画と調整』日本評論社、2004 年

打越綾子・内海麻利（編著）『川崎市政の研究』敬文堂、2006 年

江藤俊昭『協働型議会の構想―ローカル・ガバナンス構築のための一手法』信山社、2004 年

江藤俊昭『議会改革の第 2 ステージ』ぎょうせい、2016 年

大谷基道『東京事務所の政治学』勁草書房、2019 年

大谷基道・河合晃一『現代日本の公務員人事』第一法規出版、2019 年

大森彌『自治体行政学入門』良書普及会、1987 年

大森彌『自治行政と住民の「元気」―続・自治体行政学入門』良書普及会、1990 年

大森彌『自治体職員論―能力・人事・研修』良書普及会、1994 年

大森彌『分権改革と地方議会［新版］』ぎょうせい、2002 年

大森彌『人口減少時代を生き抜く自治体』第一法規出版、2017 年

大森彌・佐藤誠三郎（編）『日本の地方政府』東京大学出版会、1986 年

小滝敏之『地方自治の歴史・思想と哲学』公人社、2010 年

小滝敏之『縮減社会の地域自治・生活者自治』第一法規出版、2016 年

金井利之『財政調整の一般理論』東京大学出版会、1999 年

金井利之『自治制度』東京大学出版会、2007 年

金井利之『実践自治体行政学』第一法規出版、2010 年

金井利之『原発と自治体』岩波ブックレット、2012 年

金井利之『自治体議会の取扱説明書』第一法規出版、2019 年

金井利之（編著）『縮減社会の合意形成』第一法規出版、2018 年

神原勝『議会が変われば自治体が変わる』公人の友社、2019 年

神原勝・大矢野修『総合計画の理論と実務』公人の友社、2015 年

喜多見富太郎『地方出向を通じた国によるガバナンス』東京大学行政学研究会、2007 年

喜多見富太郎『地方自治護送船団』慈学社、2010 年

北村喜宣（編著）『分権条例を創ろう！』ぎょうせい、2004 年

北村亘『地方財政の行政学的分析』有斐閣、2009 年

北村亘『政令指定都市』中公新書、2013 年

北山俊哉『福祉国家の制度発展と地方政府』有斐閣、2011 年

木寺元『地方分権改革の政治学』有斐閣、2012 年

金今善『自治体行政における紛争管理』ユニオンプレス、2016 年

金宗郁『地方分権時代の自治体官僚』木鐸社、2009 年

久保孝雄『知事と補佐官―長洲神奈川県政の 20 年』敬文堂、2006 年

小原隆治・稲継裕昭『震災後の自治体ガバナンス』東洋経済新報社、2015 年

佐々木信夫『地方議員』PHP 新書、2009 年

佐々木信夫『都知事』中公新書、2011 年

佐藤竺・八木欣之介（編著）『地方議会活性化ハンドブック』ぎょうせい、1998 年

佐藤俊一『日本広域行政の研究―理論・歴史・実態』成文堂、2006 年

佐藤俊一『日本地方自治の群像［第 1 巻］～［第 9 巻］』成文堂、2010-18 年

嶋田暁文・阿部昌樹・木佐茂男（編）『地方自治の基礎概念』公人の友社、2015 年

島田恵司『分権改革の地平』コモンズ、2007 年

新藤宗幸『地方分権［第 2 版］』岩波書店、2002 年

新藤宗幸『概説日本の公共政策』東京大学出版会、2004 年

砂原庸介『地方政府の民主主義』有斐閣、2011 年

砂原庸介『大阪』中公新書、2012 年

曽我謙悟・待鳥聡史『日本の地方政治』名古屋大学出版会、2007 年

田尾雅夫『自治体の人材マネジメント』学陽書房、2007 年

田尾雅夫『公共マネジメント』有斐閣、2015 年

武智秀之『政策学講義―決定の合理性［第 2 版］』中央大学出版部、2017 年

田村秀『市長の履歴書』ぎょうせい、2003 年

田村秀『自治体ナンバー 2 の役割』第一法規出版、2006 年

田村秀『暴走する地方自治』ちくま新書、2012 年

辻清明『日本の地方自治』岩波新書、1976 年

辻中豊・伊藤修一郎（編著）『ローカル・ガバナンス』木鐸社、2010 年

辻中豊・山内直人（編著）『ソーシャル・キャピタルと市民社会・政治』ミネルヴァ書房、
    2019 年

辻陽『戦後日本地方政治史論』木鐸社、2015 年

辻陽『日本の地方議会』中公新書、2019 年

辻山幸宣『地方分権と自治体連合』敬文堂、1994 年

辻山幸宣ほか（編）『シリーズ新しい自治がつくる地域社会［全 3 巻］』ぎょうせい、2006 年

土山希美枝『高度成長期「都市政策」の政治過程』日本評論社、2007 年

東京市政調査会（編）『分権改革の新展開に向けて』日本評論社、2002 年

東京市政調査会（編）『大都市のあゆみ』東京市政調査会、2006 年

東郷尚武ほか（編）『シリーズ東京を考える［全 5 巻］』都市出版、1994-95 年

特別区職員研修所『特別区職員ハンドブック 2004』ぎょうせい、2004 年

中田実『新版 地域分権時代の町内会・自治会』自治体研究社、2017 年

中邨章『地方議会人の挑戦』ぎょうせい、2016 年

中邨章監修『自治体議会の課題と争点』芦書房、2012 年

鳴海正泰『戦後自治体改革史』日本評論社、1982 年

鳴海正泰『自治体改革のあゆみ』2003 年

名和田是彦『コミュニティの法理論』創文社、1998 年

名和田是彦（編）『コミュニティの自治』日本評論社、2009 年

西尾勝『権力と参加―現代アメリカの都市行政』東京大学出版会、1975 年

西尾勝『未完の分権改革―霞ヶ関官僚と格闘した 1300 日』岩波書店、1999 年

西尾勝『行政の活動』有斐閣、2000 年

西尾勝『地方分権改革』東京大学出版会、2007 年

西尾勝『自治・分権再考』ぎょうせい、2013 年

西尾勝（編）『シリーズ分権型社会を創る［全 12 巻］』ぎょうせい、2001 年

西尾勝・岩崎忠夫（編）『21 世紀の地方自治戦略［全 14 巻］』ぎょうせい、1992-93 年

西尾勝・神野直彦（編）『自治体改革［全 10 巻］』ぎょうせい、2004 年

日本都市センター（編）『自治体の予算編成改革』ぎょうせい、2012 年

林嶺那『学歴・試験・平等―自治体人事行政の 3 モデル』東京大学出版会、2020 年

原田尚彦『地方自治の法としくみ［新版］』学陽書房、2005 年

松尾聖司『裁量の拘束と政策形成』東京大学行政学研究会、2005 年

松下圭一『市民自治の憲法理論』岩波新書、1975 年

松下圭一『政策型思考と政治』東京大学出版会、1991 年

松下圭一『自治体改革―歴史と対話』法政大学出版局、2010 年

松下圭一・西尾勝・新藤宗幸（編）『岩波講座 自治体の構想［全 5 巻］』岩波書店、2002 年

真山達志（編著）『ローカル・ガバメント論』ミネルヴァ書房、2012 年

馬渡剛『戦後日本の地方議会』ミネルヴァ書房、2010 年

水口憲人ほか（編）『変化をどう説明するか：地方自治篇』木鐸社、2000 年

水谷利亮・平岡和久『都道府県出先機関の実証研究』法律文化社、2018 年

光本伸江『自治と依存』敬文堂、2007 年

光本伸江（編著）『自治の重さ―夕張市政の検証』敬文堂、2011 年

箕輪允智『経時と堆積の自治』吉田書店、2019 年

宮本憲一『日本の地方自治その歴史と未来』自治体研究社、2005 年

村上祐介『教育行政の政治学』木鐸社、2011 年

村松岐夫『地方自治』東京大学出版会、1988 年

村松岐夫・伊藤光利『地方議員の研究』日本経済新聞出版社、1986 年

村松岐夫・稲継裕昭（編著）『包括的地方自治ガバナンス改革』東洋経済新報社、2003 年

森田朗ほか（編）『新しい自治体の設計［全 6 巻］』有斐閣、2003-04 年

森田朗・金井利之（編著）『政策革新と制度設計』ミネルヴァ書房、2012 年

森田朗・金井利之・田口一博（編著）『分権改革の動態』東京大学出版会、2008 年

山崎幹根『国土開発の時代―戦後北海道をめぐる自治と統治』東京大学出版会、2006 年

山谷清志『政策評価の実践とその課題』萌書房、2006 年

吉田民雄『都市行政学Ⅰ―都市・市民・制度』中央経済社、2008 年

吉田民雄『都市行政学Ⅱ―政府・政策・政府体系』中央経済社、2008 年

寄本勝美・小原隆治（編著）『新しい公共と自治の現場』コモンズ、2011 年

リード、スティーブン・R.『日本の政府間関係―都道府県の政策決定』木鐸社、1990 年

索　引

ホーンブック　地方自治［新版］

2007 年 9 月 20 日　初版第 1 刷発行
2010 年 4 月 1 日　初版第 3 刷発行
2011 年 5 月 10 日　改訂版第 1 刷発行
2013 年 4 月 1 日　改訂版第 4 刷発行
2014 年 4 月 15 日　第 3 版第 1 刷発行
2019 年 4 月 15 日　第 3 版第 6 刷発行
2020 年 4 月 1 日　新版第 1 刷発行
2024 年 4 月 1 日　新版第 6 刷発行

著　者　　礒　崎　初　仁
　　　　　金　井　利　之
　　　　　伊　藤　正　次

発行者　　木　村　慎　也

印刷／製本　モリモト印刷

発行所　株式会社　北 樹 出 版
URL：http://www.hokuju.jp

〒 153-0061　東京都目黒区中目黒 1-2-6　☎ (03) 3715-1525 (代表)

©Isozaki Hatsuhito et. al, 2020, Printed in Japan
ISBN978-4-7793-0632-7　　（落丁・乱丁の場合はお取り替えします）